»Als Kafka mir entgegenkam ...«

Portrait (1920)

»Als Kafka mir entgegenkam ...«

Erinnerungen an Franz Kafka

Herausgegeben
von Hans-Gerd Koch

Verlag Klaus Wagenbach Berlin

Herausgeber und Verleger widmen dieses Buch Malcolm Pasley (1926–2004), dem Freund und hochverdienten Kafka-Forscher

Die Originalausgabe erschien 1995 im Verlag Klaus Wagenbach. Die Neuausgabe von 2005 wurde um sieben Texte erweitert.

Wagenbachs Taschenbuch 528
2. Auflage der erweiterten Neuausgabe 2013

Redaktion: Waltraud John. Umschlaggestaltung: Julie August unter Verwendung eines Fotos © 2005 Hans-Gerd Koch. Herausgeberphoto © Verlag Klaus Wagenbach. Reihenkonzept: Rainer Groothuis. Das ›Krähnickel‹ auf Seite 1 zeichnete Horst Rudolph. Gesetzt aus der Borgis Bodoni Old Face durch die Offizin Götz Gorissen, Berlin. Gedruckt und gebunden bei Pustet, Regensburg.

ISBN 978 3 8031 2528 6

INHALT

Vorbemerkung

A good storyteller is a person
who has a good memory
and hopes other people haven't.
Irvin S. Cobb

Et tout d'un coup le souvenir m'est apparu.
Marcel Proust, *Du côté de chez Swann*

Der Nachwelt fällt es schwer, sich die Person eines Autors vorzustellen, wenn das Werk den Blick auf den Menschen so sehr versperrt, wie es bei Franz Kafka der Fall ist. Die erst lange nach seinem Tode einsetzende breite Rezeption führte zu einer Flut wechselnder Deutungen seines Werkes, die zumeist die jeweils aktuellen Moden aufnahmen. Gemeinsam wirkten die oft miteinander konkurrierenden Ansätze freilich an einem Bild, das sich schließlich verselbständigte: Franz Kafka, der introvertierte, an seinen Lebensumständen leidende Autor, der mystische Dichter, Seher einer dunklen, absurden, von anonymen Bürokratien beherrschten Welt. Allein sein Name und das davon abgeleitete Attribut »kafkaesk« rufen bereits diese stereotype Vorstellung hervor – und das weltweit. Es entstand eine Kunstfigur, die weit entfernt ist von dem Bild, das im Gedächtnis der Zeitgenossen haften blieb, die den realen Franz Kafka kannten.

Während biographische Darstellungen – selbst wenn sie auf penibelster Forschungsarbeit beruhen – mit ihren Aneinanderreihungen von Lebensdaten und -stationen, mit ihren psychologischen Analysen kaum ein lebendiges Bild des Menschen Franz Kafka wiederzugeben vermögen, gelingt dies den auf direkten persönlichen Umgang zurückgehenden Beschreibungen problemlos – und das trotz oftmals völlig gegensätzlicher (und manchmal wohl auch falscher) Wahrnehmungen.

Im Gedächtnis der meisten Menschen, die ihm nahestanden oder auch nur flüchtig begegneten, nimmt Franz Kafka eine besondere Stellung ein. Daher sahen sich viele in späteren Jahren denn auch in die Freundespflicht genommen, das von dritter Seite im nachhinein beschworene Bild durch eigene Erinnerungen zu korrigieren. Andere wurden Jahrzehnte nach Kafkas Tod als letzte Überlebende jener Epoche bedrängt, ihr Gedächtnis nach weit zurückliegenden Begebenheiten zu durchforschen. Und schließlich gibt es noch jene, die kaum verhohlen versuchen, sich in das Scheinwerferlicht zu drängen, das auf den aus längst entschwundenen Zeiten flüchtig Bekannten gerichtet ist – der Leser wird sie leicht auseinanderhalten. Der Abstand der Jahre hat manchmal zu ungenauen oder nicht ganz zutreffenden Darstellungen geführt; manche »Erinnerung« mag auch erst aufgrund des nach 1945 schnell wachsenden, den Zeitgenossen überraschenden Ruhms des Prager Versicherungsbeamten und Schriftstellers hervorgerufen worden sein und allenfalls im Kern auf eine tatsächliche Begebenheit zurückgehen. Einander widersprechend, ergänzend oder korrigierend vermögen sie aber am Ende doch alle – getreu dem Kafka-Wort, daß nur im Chor eine gewisse Wahrheit liegt – einen Beitrag zu einem annähernd authentischen Bild zu liefern.

Bei der Zusammenstellung der hier versammelten Erinnerungen wurde auf all jene verzichtet, deren Autoren sich zwar auf eine persönliche Bekanntschaft oder Begegnung berufen können, aber nahezu ausschließlich über sich selbst und nur wenig über Kafka berichten; ferner auf Darstellungen, die sich bei der Wiedergabe biographischer Fakten so sehr verirren, daß nahezu jeder Satz einer Richtigstellung bedurft hätte, oder die einen eher fiktiven Charakter haben. Auch in Buchform vorliegende Erinnerungen oder biographische Darstellungen wurden nicht aufgenommen – allerdings mit Ausnahme der für diesen Band ausgewählten Beiträge von Gustav Janouch und Max Brod. Da die Person Franz Kafka im Vordergrund stehen soll, wurden die zugrundegelegten Texte in wenigen Fällen gekürzt oder zusammengefaßt; die Quelle wird in jedem Fall nachgewiesen. Die Abfolge der Texte orientiert sich an Kafkas Lebenslauf – mit zwei Ausnahmen: Den Abschluß bilden Erinnerungen Max Brods, der sich dem Freund und dessen Werk ein Leben lang verpflichtet fühlte. Hier beschreibt er nicht nur die äußere Erscheinung Kafkas, sondern er stellt auch manches, was in anderen Reminiszenzen vermittelt wird, aus seiner Sicht richtig. Eröffnet wird der Band mit dem Nachruf eines anderen engen Freundes, Felix Weltsch. Unter dem unmittelbaren Eindruck der Todesnachricht gelingt es ihm, die einzigartige Persönlichkeit Kafkas in wenigen Worten zu schildern und seinem sehr persönlichen Bild Züge zu verleihen.

Die Auswahl der Erstausgabe von 1995 wurde um sieben Beiträge erweitert. Die meisten von ihnen halten Momenteindrücke fest, die über ein langes und ereignisvolles Leben hin im Gedächtnis haftengeblieben sind. Sehr zeitnah ist dagegen ein Beitrag, auf den seiner Ausnahmestellung wegen zunächst verzichtet worden war: Das drei Jahre vor Kafkas Tod aus der sehr lebendigen Nähe ihrer Liebesbeziehung von Milena Jesenská gezeichnete Persönlichkeitsbild. Hinzu kommt schließlich eine Textänderung: Die nacherzählten Erinnerungen Tile Rösslers wurden gegen ihre inzwischen aufgefundenen, detailreichen eigenen Aufzeichnungen ausgetauscht.

Für ihre Unterstützung bei der Bearbeitung des Bandes danke ich Jana Zoubková (Prag).

Hans-Gerd Koch

Franz Kafka gestorben

NACHRUF VON FELIX WELTSCH

Am Dienstag, den 3. Juni um 12 Uhr mittags ist Franz Kafka im Sanatorium Kierling bei Wien gestorben. Seit Wochen wußten schon seine Freunde, daß sein Zustand nach dem Urteil der medizinischen Wissenschaft hoffnungslos sei, aber da ein jeder trotzdem eine leise, menschliche, außermedizinische Hoffnung hegte, kommt nun die Nachricht seines Todes doch überraschend und erschütternd. Im 41. Lebensjahre ist Franz Kafka gestorben, ein Mensch von überirdischer Feinheit der Seele und kristallner Klarheit des Geistes, ein Dichter, dessen Ruhm erst die Nachwelt erleben wird, ein Jude von tiefster Verbundenheit mit dem Judentum, ein glühender Zionist.

Nicht zahlreich sind die Werke, die er geschaffen hat. Sechs nicht sehr umfangreiche Bücher sind erschienen: ›Betrachtung‹, ›Das Urteil‹, ›Der Heizer‹, ›Verwandlung‹, ›In der Strafkolonie‹, ›Der Landarzt‹. Ein siebentes Buch ist im Erscheinen begriffen. Einige wenige Novellen sind noch in Zeitschriften und Zeitungen verstreut. Es ist – der Masse nach – wenig; der Qualität nach unendlich viel; denn, was Kafka geschrieben hat, ist vollendet, unantastbar, geradezu absolut.

Kafka ist als Dichter von jedem, der ein Urteil hat, überaus geschätzt; als Mensch war er von jedem, der ihn kannte, geliebt. Soviel Tadel und Neid es in der Literatur auch gibt, Kafka blieb verschont davon; so viel Haß es auch unter Menschen gibt, an Franz Kafka kam er nicht heran.

Aber auch er haßte nicht und verwarf nicht. Er hatte ein strenges Urteil und fand doch an jedem sein besonderes Gutes. Nur gegen sich war er unerbittlich; beinahe alles, was von ihm publiziert ist, mußte ihm von seinen Freunden, vor allem von Max Brod, entrissen werden.

Genial wie sein Werk war sein Schaffen. Er schrieb – obwohl ihm solche Rede wohl fremd war – unter dem Diktat einer Inspiration. Seine Novelle ›Das Urteil‹ ist das Werk einer Nacht, in der er das Ganze ohne Vornotizen und ohne Korrektur in einem

Zuge niederschrieb. Darum produzierte er so selten, darum pausierte er oft jahrelang. Nur das Vollendete trat in Erscheinung.

Eine neue Wirklichkeit schuf Kafka in seinen Werken, eine neue, eigene Atmosphäre, reiner, kälter, strenger als unsere, und doch nur Abbild und Ausdruck *unserer* Wirklichkeit, nur unerhört neu gefaßt von einem Genie der ›Betrachtung‹. Nicht jedem und nicht leicht ist diese neue Welt zugänglich. Sie macht dem Außenstehenden oft den Eindruck des Seltsamen, ja des Sinnlosen. Und doch gibt es eine Brücke, einen Zugang, der jedem offensteht: es ist die Form, genauer der Rhythmus und die Musik seiner Sprache, der unsagbar schöne Wunderbau seiner Perioden, der den Leser, vielmehr noch den Hörer mit festem Zwang in seinen Bann zieht – und mit überwältigender Kraft, wenn Franz Kafka selbst uns vorlas...

Seine Sprache ist rein und konsequent; sein Stil Rhythmus und Melodie. Und diese wunderbare Vermählung von Logik und Musik bildet den Zauber seiner Sprache.

Franz Kafka ist einer der anerkanntesten Beherrscher der deutschen Sprache. Die Seele aber, die in dieser Sprache schrieb, ist jüdisch durch und durch. Seine Not ist jüdisch, ebenso seine Problematik und seine Konsequenz. Es wird noch Gelegenheit sein, die inneren Zusammenhänge dieses großen westjüdischen Dichters deutscher Zunge mit dem Judentum aufzudecken. Es zog Kafka bewußt immer fester zum Judentum hin. Er war seit Jahren Zionist, voll von Interesse für alles, was Palästina und den Aufbau des Landes betraf; er lernte seit Jahren Hebräisch, viele Monate war dies seine ausschließliche Beschäftigung, und er dachte in den letzten Jahren immer konkreter an seine Übersiedlung nach Palästina.

Es darf vielleicht an dieser Stelle bemerkt werden, wie lieb ihm die ›Selbstwehr‹ war; wie oft er uns geraten und mit uns gesorgt hat. Als ich ihn vor sechs Wochen in Kierling besuchte, da legte er mir mehrere Male ans Herz, seine neue Adresse nicht zu vergessen, daß er die Zeitung richtig zugestellt erhalte. Es ist die erste Nummer, die er nicht liest; sie enthält sein Bild und die Anzeige seines Todes...

Franz Kafka führte ein äußerlich wohlgeordnetes und gesichertes Leben. Aber er war innerlich voll von Hemmungen und

Nöten. Er vermochte mit dem Leben nicht ins reine zu kommen. Vor sechs Jahren wurde er lungenkrank. Allmählich, mit kleinen Schwankungen, überwältigte ihn die Krankheit. Der Tod war ihm gnädig. Schmerzlos ist er verschieden, bis zum Schluß von klarstem Geist und nicht ohne Hoffnung, in den letzten Wochen mit unendlicher Liebe gepflegt von zwei Menschen, denen er alles war.

»*Ich heiße auch Franz.*«

FRANTIŠEK X. BAŠÍK

Ein kleiner, etwa zehnjähriger Junge, den er am Nachmittag im Laden kaum bemerkt hatte, als er bei seiner Mutter aufgetaucht war, schlurfte schüchtern auf Frantík zu. Es war der Sohn der Kafkas.

Er kam zu Frantík und sagte: »Du bist der neue Lehrling Franz, oder? Ich heiße auch Franz.« Frantík war erfreut, daß sich eine Gelegenheit bot, mit jemandem zu reden. Er lächelte den Jungen an, der ganz freundlich aussah, und kam mit ihm ins Gespräch. Er erfuhr, daß der Junge in eine deutsche Schule ging – freilich, die Kafkas, wie alle Juden, fühlten sich als Deutsche, zumindest hielten sie mit ihnen unter allen Umständen zusammen, und auf Tschechen sahen sie herab, auch wenn sie selbst ganz

Kafka als etwa Zehnjähriger
mit seinen Schwestern (von links) Valli und Elli

Zeltnergasse 3, das Haus »Zu den drei Königen«,
in dem die Familie von 1892 bis 1907 wohnte

gut Tschechisch sprachen. Also unterhielt er sich mit dem Jungen, und so vergaß er zumindest etwas seine Müdigkeit.

Als eines Vormittags der Frantík von Kafkas aus der Schule kam, rief Frau Kafka unseren Frantík und teilte ihm mit, daß das Söhnchen in der Schule Schwierigkeiten mit dem Tschechischen habe und daß sie sich wünsche, daß er ihrem Buben Unterricht gebe. Gleichzeitig bestimmte sie, daß sie oben in der Wohnung lernen sollten, jeden Nachmittag zumindest eine Stunde, und daß sie dann für eine weitere Stunde zusammen spazierengehen. Sie sollten gleich heute beginnen, und zur Belohnung bekomme er jedesmal eine Brotzeit und – als gesondertes Honorar, drei Gulden monatlich.

Das war fabelhaft! Als ihm bewußt wurde, daß er täglich zwei Stunden weniger im Laden und in den Lagern beschäftigt sein und im Gegenteil mit dem jungen Kafka in Ruhe und gemütlich lernen werde und daß er dazu noch jeden Tag guten Kaffee mit einem Hörnchen bekam (oder sogar mit zweien?) und außerdem so viel Geld wie monatlich sein Lehrlingslohn ausmachte, hätte er vor Freude aufschreien können. Kafkas hätten ihm diese neue Pflicht ja auch ohne eine besondere Belohnung auferlegen können, und er hätte sich auch dann gefreut. Vor dem Unterricht hatte er keine Angst, er war sich sicher, daß er das leicht bewältigen würde. Hatte er doch schon öfter einen der Herren Lehrer in den unterschiedlichsten Klassen der Volksschule für ein oder zwei Stunden vertreten, sogar den Herrn Direktor, wenn er einen Behördengang hatte oder anderswie beschäftigt gewesen war.

Er bedankte sich bei Frau Kafka, und sie machten noch aus, daß er dem jungen Kafka immer ab vier Uhr nachmittags den Gesellschafter spielen würde, wenn dieser aus der Schule kam, und bis sechs Uhr am Abend. Dann ging er wieder an seine Arbeit im hinteren Lager.

Die Zeit verging schnell. Nach vier Uhr suchte ihn der Frantík von Kafkas auf und begleitete ihn nach oben in die Wohnung. Er bekam dort ein Haferl guten Kaffee und ein Hörnchen – manchmal auch zwei – und dann machten sie sich ans Lernen. Er bemühte sich, den jungen Kafka mit Hilfe der einschlägigen Lehrbücher mit der Grammatik und dem Stil der tschechischen Sprache vertraut zu machen. Nach fünf brachen sie dann zu einem gemeinsamen Spaziergang auf, wobei sie vorher bei der Chefin unten im Laden vorbeigingen, die ihrem Jungen immer einen Zehner gab, damit sie sich unterwegs etwas zum Naschen kaufen konnten, und der Junge hat mit Frantík – zwar nicht gerade halbe-halbe – jedoch immer bereitwillig geteilt. Sie beeilten sich nicht, nach Hause zu kommen, nur am Donnerstag achtete Frantík darauf, rechtzeitig in der Abendschule zu sein.

Es kam ein heißer Sommer und Frau Kafka fuhr mit den Kindern und der Kinderfrau in die Sommerfrische, diesmal nach Říčany. Sie nahmen Frantík mit, und er verbrachte dort vierzehn Tage. Als er zu Hause verkündete, daß ihn die Kafkas eingeladen hatten, war man freudig überrascht und auch etwas verwundert. Wer hätte je gehört, daß der Chef den Lehrbuben mit seinen

Kindern in die Sommerferien schickte! Und noch dazu ein Jude einen christlichen Jungen.

In Říčany ging es ihm ausgezeichnet. Er hatte mit dem Frantík von Kafkas ein eigenes kleines Zimmer, sie haben gut und viel gegessen und waren unentwegt im Wald oder im Garten. Wie sehr wünschte er sich, länger bleiben zu können, aber es war nichts zu machen. Er mußte zurück und in der Schreibstube nachholen, was er versäumt hatte. Diese Ferien, obwohl nicht allzu lang, doch in sorgloser Behaglichkeit und mit Essen in Hülle und Fülle, haben ihm freilich sehr gut getan.

Einmal fiel ihm ein Buch über das Geschlechtsleben in die Hände, aber er verstand nichts davon, nur seine Neugier war noch mehr angestachelt. Das Buch war offensichtlich für erfahrene Menschen und Eheleute geschrieben, es waren eine Menge Fremdwörter und medizinische Ausdrücke darin, so daß es einem jungen Menschen, ja noch einem Buben, keine Aufklärung bieten konnte. Dafür enthielt es irgendwelche geheimnisvollen Andeutungen, die zu verschiedenen Mutmaßungen über ihm unbekannte Sachen verführten. Weil es ihm nicht einmal einfallen durfte, sich mit einem solchen Buch in der Hand mit Bitte um Erklärung an einen Erwachsenen zu wenden, blieb er auch weiterhin unwissend – in den wichtigsten Fragen des Geschlechtslebens.

Im Nachwort des Buches war ein Absatz enthalten, der die Ehe über den Stand der Ledigen erhob und der mit einem Satz mit ungefähr folgender Aussage schloß: Es gibt im Menschenleben nichts Schöneres als das zufriedene Eheleben. Dieser Satz blieb Frantík irgendwie im Kopf haften.

Die Ferien vergingen, und die Kinder der Kafkas kehrten mit der Mutter, Frau Anna und der Köchin nach Prag zurück. Die Schule begann und mit ihr der Tschechischunterricht oben in der Wohnung. Und die üblichen Spaziergänge nach der Stunde an schönen Septembertagen. Die Jungen sprachen über alles mögliche, und Frantík kam sich mit seinen sechzehn Jahren im Vergleich zu dem zwölfjährigen Kafka als sehr weiser und erfahrener Mensch vor. Er bemühte sich, wie es in diesen Lebensjahren so ist, sich klüger und wichtiger zu geben, als Lehrer und

Der Stadtpark; im Hintergrund der Franz-Josefs-Bahnhof

überhaupt ernsthafter Mann. Als sie eines Tages am Teich im Park unterhalb des Franz-Josefs-Bahnhofs die herumschwimmenden bunten Enten und stolzen Schwäne bewunderten, verkündete Kafkas Franz:

»Weißt du, Frantík, der kleine Teich mit diesen Felsen, dem Wasserfall, den Blumen und Fischen, Enten und Schwänen gefällt mir sehr gut, das ist schön.« Frantík stimmte lebhaft zu, und es entwickelte sich ein Gespräch über die verschiedenen Arten von Schönheit und was auf der Welt das Schönste ist. Sie begannen im Ausdenken verschiedener Beispiele zum Begriff der Schönheit und der Worte »Schönheit« und »schön« zu wetteifern, bis der kleine Kafka, der wohl annahm, daß er ein Beispiel für die größte Schönheit entdeckt hatte, eine triumphierende Miene machte und rief:

»Das Schönste ist die Freundschaft!« Er hatte wohl den Satz irgendwo aufgeschnappt oder in einem Jugendbuch gelesen, denn der Junge hatte – wie Frantík wußte – weder einen Freund noch Gelegenheit, sich mit jemandem anzufreunden. Frantík mußte freilich seinen Schüler »übertrumpfen«, und er versuchte schnell etwas zu finden, mit dem er ihm seine Überlegenheit in der Beurteilung, was schön sei, zeigen konnte. Da tauchte in seinem Gedächtnis jener Satz aus dem Buch über das Geschlechtsleben auf, und er benutzte ihn sofort, ohne zu überlegen. Ernsthaft und würdig, wie ein Prediger, verkündete er:

»Es gibt im Menschenleben nichts Schöneres als das zufriedene Eheleben.« Erst beim Anblick des erstaunten Kafka wurde ihm bewußt, daß er eine unverbesserliche Dummheit angestellt hatte. Der Junge fragte mit lebhaftem Interesse:

»Wieso? Die Ehe sind Mama und Papa, was ist daran Schönes?« Frantík strengte sich arg an, das Gespräch irgendwie in eine andere Richtung zu lenken, aber der Junge beharrte darauf, daß Frantík ihm die Schönheit des Ehelebens erklären solle. Er sagte also:

»Na, ist es nicht schön, daß du Papa und Mama hast, die sich um dich kümmern, dich gern haben und daß du, wenn du gut lernst, wieder ihnen Freude machst? Und andere Kinder auch! Na, ist das nicht schön?« Der Junge schwieg eine Weile, offensichtlich nicht zufriedengestellt, er überlegte und es kam ihm eine neue Idee; plötzlich platzte er heraus:

»Und wie bekommt man Kinder? Woher kommen die? Sag es mir!«

Erst jetzt wurde Frantík starr vor Schreck, und zu spät tat ihm seine Unüberlegtheit leid, daß er das Gespräch auf die Ehe gebracht hatte; gleichzeitig fühlte er, daß das alles irgendwie dumm enden würde, und er irrte sich nicht. Eigentlich hätte er auf die Frage des Jungen antworten können, daß er das nicht weiß, und er hätte die Wahrheit gesagt, aber er fürchtete, daß viel von der hohen Meinung seines Schutzbefohlenen über Frantíks Wissen verlorengehen würde und er also irgendeine Antwort geben mußte, und so erzählte er ihm das, was er damals als kleiner Schuljunge von seiner Mama gehört hatte: »Das ist so, wenn Mama und Papa sich ein Kind wünschen, dann beten sie und finden es eines Tages im Bett.« Da waren sie schon in der Zeltnergasse, und gleich drauf trippelte der kleine Kafka die Treppe hoch in die Wohnung und Frantík in den Laden und die ›Hühnersteige‹. Man wartete schon auf ihn.

Einige Zeit nach dem letzten Spaziergang mit dem Franz der Kafkas (als es für ein paar Tage regnete) rief Frau Kafka Frantík zu sich, gab ihm drei Gulden – es war erst der Fünfzehnte – und sagte ihm, daß er ihren Sohn nicht mehr unterrichten würde, sie sollten jetzt in der Schule einige Stunden Tschechisch mehr haben, und so werde er für den Nachhilfeunterricht nicht mehr gebraucht. Es überraschte ihn nicht allzusehr. Er konnte sich denken, daß der Junge zu Hause etwas aus ihrem Gespräch wiedergegeben hatte, und verstand, daß, auch wenn nichts Unrechtes passiert war, seine Eltern doch mit einer solchen Art der Belehrung ihres Sohnes nicht einverstanden waren. Aber sie haben nichts gesagt und machten ihm nicht den geringsten Vorwurf.

František Xaver Bašík

Schulzeit und Studium

ERINNERUNGEN VON HUGO BERGMANN

Ich war Schulkollege Kafkas von unserem ersten Schultage im Herbst 1889 bis zu unserer Reifeprüfung im Sommer 1901, also durch 12 Jahre.

Wir wohnten als Kinder nahe beieinander und hatten denselben Schulweg in unsere Volksschule am Fleischmarkt. Wenn wir, von der Umgebung der Theinkirche kommend, in die Schule gingen, hatten wir erst vorbeizugehen an den vielen Fleischläden des Marktes. Den Fleischläden gegenüber stand die tschechische Schule, eine Konkurrenz unserer deutschen Schule. Am Eingang der Konkurrenzschule war die Büste des großen tschechischen Pädagogen Komensky angebracht, und darunter standen in tschechischer Sprache seine Worte: »Ein tschechisches Kind gehört in eine tschechische Schule!« Die Worte waren hier als Warnung für tschechische Eltern gemeint, die ihre Kinder in die deutschen Schulen brachten. Aber waren wir tschechische Kinder?! Wir trugen, ob wir es wußten oder nicht, tausendjähriges Erbe und Schicksal eines Volkes, das zwischen den Völkern zu leben gewohnt war. Unsere Großeltern hatten wohl unter tschechischen Bauern gelebt, unsere Eltern waren in die Stadt gezogen, und sicherlich war eines der wichtigsten Motive für die Abwanderung der Juden vom Lande in die Stadt die Tatsache gewesen, daß die jüdischen Dorfschulen, die alle in deutscher Sprache geführt worden waren, unter dem, übrigens völlig verständlichen Druck des tschechischen Nationalismus, geschlossen werden mußten. Es ist schwer, in Kürze zu schildern, welche große geistige Bedeutung diese kleinen jüdischen Dorfschulen, für ganz wenige Familien mit großen Geldopfern eingerichtet, für die Kinder der Juden auf dem Dorfe gehabt haben. Sie erhielten eine intensive jüdische Erziehung, jüdische Atmosphäre, und zugleich eine deutsche Bildung, die es ihnen ermöglichte, auf dem tschechischen Dorfe, wohl zum Ärger der tschechischen Postmeister, deutsche Zeitungen zu abonnieren, das ›Prager Tagblatt‹ oder das ›Prager Abendblatt‹, oder in besonderen Fällen auch die Wiener ›Neue Freie Presse‹, und so einen viel weiteren Horizont zu erhalten, als ihnen das Dorf bieten konnte. Wenn die Juden in die Stadt zogen, waren sie jüdisch entwurzelt, wie gerade Kafkas Jugendbiographie zeigt, aber sie konnten ihren Kindern wenigstens die deutsche Schulerziehung bieten und mußten nicht auf eine Sprache verzichten, wie die deutsche, die ihnen die Freizügigkeit ermöglichte. Zuhause sprach man deutsch und »böhmisch«. Böhmisch vor allem mit den Dienstmädchen, die aus tschechischen Dörfern kamen und viel vom Brauchtum und von dem Dufte des Dorfes mit sich brachten.

So kam es, daß wir beide am 15. September 1889, an der Büste Komenskys und jener Aufschrift vorbei, den Fleischbänken entlang in die »Deutsche Volks- und Bürgerschule in Prag I« geführt wurden, um dort vier Jahre lang zu lernen. So wurde dem deutschen Volke einer seiner großen Prosameister geschenkt.

Ich habe aus diesen Kinderjahren nur eine deutliche Erinnerung an Franz Kafka. Er lehrte mich, was das Wort »Wöchnerin« bedeutet, vermutlich im Zusammenhang mit der Geburt einer seiner drei Schwestern. Ich möchte aber hier, um nicht falsche Assoziationen aufkommen zu lassen, erwähnen, daß im Laufe unserer zwölfjährigen Schulgemeinschaft und unserer vieljährigen Freundschaft, soweit ich mich erinnere, niemals zwischen uns ein Gespräch über erotische Dinge stattfand. Wir sprachen über Schulangelegenheiten, über Religion und Philosophie und sehr viel über Politik, besonders in der Zeit des Burenkrieges, als Franz leidenschaftlich für die Buren eintrat, aber niemals über erotische Dinge.

Von der Volksschule habe ich nicht viel zu berichten. Wenn ich an das Gebäude denke, sehe ich vor mir vor allem Tafeln mit Sprichwörtern, die den Treppen entlang an der Wand befestigt waren. Ich erinnere mich aber nur eines Sprichwortes, das uns entgegengrüßte: »Morgenstunde hat Gold im Munde.«

Vier Jahre verbrachten wir in der Volksschule auf dem Fleischmarkt.

Die 5. Klasse konnten wir überspringen, wenn wir uns einer Aufnahmeprüfung im Gymnasium unterzogen. Im Herbst 1893 begannen wir unser Studium im »Deutschen Staatsgymnasium Prag Altstadt«.

Ich habe nun die Aufgabe, dieses Gymnasium zu charakterisieren, in welchem wir die entscheidendsten Jahre unserer Jugend verbrachten. Fritz Mauthner hat in seiner Autobiographie[1] seine Gymnasialjahre in Prag, eine Generation vor uns, in den düstersten Farben geschildert, und hat dadurch die Biographen Kafkas, vor allem Klaus Wagenbach, in die Irre geführt; in seiner überaus verdienstvollen Jugendbiographie Kafkas[2] ist das Kapitel »Gymnasium« falsch gezeichnet, indem er von dem »verknöcherten, konservativen k.u.k. Schulgeist« spricht. Es muß hier natürlich heißen, – k.k. – (ohne »und«), denn »k.u.k.« waren die Österreich und Ungarn gemeinsamen Angelegenheiten, vor allem die Armee, das Gymnasium aber war nicht österreichisch-ungarisch, sondern österreichisch, also »k.k.«. Ich erwähne diesen kleinen Lapsus, weil er zeigt, wie schwer es den Heutigen fällt, sich in die Zeit des 19. Jahrhunderts zu versetzen, in welcher man glaubte, durch ein »und« Welten überbrücken zu können. Es waren die letzten Jahrzehnte der aus vielen Völkern bestehenden Monarchie im Herzen Europas.

Angesichts der, gelinde gesagt, schlimmen Entwicklung des Nationalismus in Europa müssen wir mit Bezeichnungen wie »verknöchert, konservativ« heute vorsichtiger sein. Wir müssen die Schwierigkeit der Aufgabe würdigen, welche einem deutschen Gymnasium in Prag um diese Zeit zufiel: in einer Zeit des aufblühenden tschechischen Nationalismus und des erstarkenden antisemitischen Alldeutschtums eine Schule zu führen, die deutsch hieß und deren Lehrer Deutsche waren, während die größte Zahl der Schüler Juden waren. Die Idee eines viel-nationalen Österreichertums wäre hier die gegebene Lösung gewesen, hätte sie innere Kraft gehabt. Unsere Lehrer waren österreichische Beamte, sie erschienen einmal im Jahre, bei der Zeugnisverteilung, in ihren prächtigen Uniformen mit dem Beamtendegen, aber ihr Aufzug machte den Eindruck einer Operette. Der große Gedanke eines übernationalen Österreichs war zur Operette herabgesunken. In einer Zeit gewaltiger Stürme konnte sich eine solche Schule nur behaupten, wenn sie aus der Zeit heraustrat, wenn sie sich mit geistigen Mauern umgab und wie ein Kloster das Leben ihrer Schüler völlig beherrschte.

Die berühmte »Disziplinarordnung«, die wir zu Beginn jedes

Jahres lesen mußten, war wie ein Treueid der Schulgemeinde, die, nebenbei gesagt, eine völlig freiwillige war; die Wahl der Mittelschule war den Eltern freigestellt.

Um Ihnen ein Beispiel für das Gesagte zu geben, möchte ich Ihnen ein Schulerlebnis erzählen, das sich tief in meine Erinnerung eingegraben hat.

Unser Klassenvorstand durch all die acht Jahre hindurch war Emil Gschwind, Priester des Piaristenordens, ein Hüter der alten Tradition. In der 3. Gymnasialklasse, ich war noch nicht 13 Jahre alt, heiratete ein Onkel von mir in Brünn, und ich erhielt die Erlaubnis, zwei Tage wegzubleiben, um an der Hochzeit teilzunehmen. Meine Eltern ließen sich von der Familie bereden, aus zwei freien Tagen vier zu machen, und ich versäumte unentschuldigte sieben Schulstunden. Als ich zurückkam, ging die Hölle los. Ich erhielt eine strenge Rüge, und unser Klassenvorstand trug mir diesen Treubruch durch Monate nach. Ich war der Primus der Klasse und wegen der Mittellosigkeit meiner Eltern vom Schulgeld befreit. Diese Befreiung war daran gebunden, daß der Schüler im sittlichen Betragen die Note »1« oder mindestens »2« erhielt; die Note »3« bedeutete Verlust der Befreiung. Es war klar, daß ein Schüler, der eine Rüge erhalten hatte, damit die Note »1« verwirkte. Aber wird Gschwind zustimmen, daß ich »2« erhalte und weiterhin die Befreiung genieße? Der Tag des Gerichts, der Verteilung der Zeugnisse über das Wintersemester kam. Gschwind übergab mir das Zeugnis, die Milde hatte gesiegt. Noch heute höre ich seine Stimme: »Sie haben in sittlichem Betragen ›befriedigend‹[3]. Ich habe dagegen gestimmt, wurde aber überstimmt. Und ich habe mich gern überstimmen lassen.«

Ich erzähle diese Geschichte, um Ihnen zu zeigen, wie ernst es diesem Klassenvorstand um die Schule ging. Die Schule sollte vor allem eines lehren: Pflichterfüllung. Die Lehrer waren gute und schlechte. Aber den Ton der Klasse bestimmte dieser katholische Priester. Er begnügte sich nicht mit den sieben oder acht Wochenstunden Latein. Er verlangte Privatlektüre und Sammlung von »Parallelstellen« in einem dicken Heft. Dieses Heft führte ich wohl mit Franz zusammen, und wir begaben uns einigemal im Jahre am freien Sonntag in das Piaristenkloster, um uns über unsere private Arbeit auszuweisen. Ich weiß nicht, ob wir einen Begriff von der Kultur der Antike erhielten, aber wir haben eine Sprache bis in die feinsten Details der Grammatik gelernt, und dies war ein Geschenk für das ganze Leben, wie, nebenbei gesagt, in den praktischen Fächern die Gabelsberger Stenographie ein Geschenk des Gymnasiums für mein ganzes Leben war. Bewußt oder unbewußt sah das Gymnasium seine Aufgabe darin, durch eine Art Klosterleben die Überlieferung durch die Stürme der Zeit zu retten. Freilich, in den oberen Klassen konnte uns die »Disziplinarordnung« nicht gegen die Einflüsse der Zeit abschirmen. Eine Zeitlang wurden wir alle vom Rausch des deutschen Nationalismus erfaßt und sangen: »Schwarz-rot-gelb – ist der deutsche Held; weiß-rot-blau – ist die tschechische Sau.« Da kamen, wohl um 1899, als Gegenreaktion, Sozialismus und Zionismus. Franz trug (natürlich außerhalb der Schule) die rote Nelke der Sozialisten, ich wurde Zionist. Wir erlebten zusammen die Erregungen des Non-Konformisten. Wir waren beide, wie die meisten Schüler unserer Klasse, Mitglieder einer Schülerverbindung, einer offiziell streng verbotenen »Blase«, deren nicht eingestandene Tendenz es war, als Pflanzschule für den »Altstädter Kollegentag« zu dienen, der eine farbentragende Verbindung an der deutschen Universität Prag war. Offiziell war unsere »Blase« unpolitisch. Da geschah es eines Tages, daß eine »Kneipe« abgeschlossen wurde durch das Singen der »Wacht am Rhein«. Alle Kameraden standen auf, Franz Kafka und ich blieben sitzen. Die Folge war natürlich, daß wir ausgeschlossen wurden. Wir haben es leicht verwunden, denn neue Gedanken, neue Ideen erfüllten unser Leben. Im ersten Jahre des 20. Jahrhunderts, 1901, verließen wir die Schule, der wir uns in den letzten Schuljahren längst entfremdet hatten. Die Dankbarkeit für das, was wir im Gymnasium gelernt hatten, kam uns erst viel später zum Bewußtsein.

Auch den ersten Schritt unserer Universitätsstudien haben wir zusammen getan. Und dies kam so: einem Juden, der die Universität absolviert hatte, blieben unter den damaligen Umständen, wenn er sich nicht taufen lassen wollte, um eine staatliche Karriere einzuschlagen, praktisch nur die »freien« Berufe übrig: Arzt oder Advokat zu werden. Da wir beide dies nicht wollten, sahen wir uns nach einer anderen Möglichkeit um und man riet uns, Chemie zu studieren, weil für Juden die Möglichkeit bestand, in die chemische Industrie aufgenommen zu werden. So gingen wir denn beide zusammen in das chemische Institut der Deutschen Universität in Prag, das unter der Leitung eines getauften Juden, Professor Goldschmied, stand, und wurden nach einem Gespräch mit ihm aufgenommen. Wir hatten beide nicht überlegt, daß man Chemie nicht aus Büchern, sondern im Laboratorium lernen muß. Die Arbeit im Laboratorium war für uns beide nicht leicht, denn unsere Hände waren nicht geschickt genug, mit den chemischen Eprouvetten umzugehen. Kafka hielt es nicht lange durch. Er ging noch zu Beginn des Semesters von der Chemie zum Jus über, das er früher verschmäht hatte, hörte aber tatsächlich vor allem, als Gasthörer, die Vorlesungen über deutsche Literatur bei August Sauer. Ich selbst habe immerhin ein Jahr durchgehalten, bevor ich die Chemie aufgab, und mich der Mathematik, Physik und Philosophie zuwendete.

Wir beide waren von erster Jugend an befreundet. Die Mutter von Franz Kafka kannte meine Mutter, und so wurde ich bald ein Hausgenosse von Franz in ihrem Hause in der Zeltnergasse. Es machte auf mich einen großen Eindruck, daß Franz schon als junger Schüler ein eigenes Zimmer hatte, von dem man in die Zeltnergasse herabsehen konnte; ja daß er sogar einen eigenen Schreibtisch besaß. An diesem Schreibtisch saßen wir beide oft zusammen und bereiteten unsere Aufgaben für die Schule vor. Die Mutter Kafkas, mit einem gütigen, etwas traurigen Lächeln, habe ich in guter Erinnerung. Auch der Vater steht mir lebendig vor Augen: ich sah ihn freilich nicht mit den Augen seines Sohnes, wie er ihn in dem ›Brief an den Vater‹ schildert[4] (dieser Brief ist, glaube und hoffe ich, niemals in seine Hände gelangt), sondern als einen jüdischen Geschäftsmann jener Jahre, der mit beiden Füßen in seiner physischen Wirklichkeit, in seinem Geschäft, stand. Die Schwestern waren damals viel zu jung, um von mir beachtet zu werden.

Oft kam natürlich Franz auch zu uns, zu mir und meinem älteren Bruder Artur. Es muß in den ersten Gymnasialjahren gewesen sein, daß Kafka uns erzählte, er wolle Schriftsteller werden. Bei meinem Bruder, der keine besonderen Beziehungen zur Literatur hatte, erregte dieses Bekenntnis Hohn und Spott. »Also das erste Buch, das Du schreiben wirst, wirst Du mir widmen«, sagte er. Kafka versprach, aber hat dieses Versprechen sicherlich längst vergessen gehabt, als sein erstes Buch erschien.

Als Junge von 8 Jahren, 1891, erhielt ich, nach der Sitte jener Zeit ein »Album«, in welches meine Verwandten und Freunde ihre Sprüche und Wünsche eintrugen und das für die Lebensgeschichte von Franz eine gewisse Bedeutung hat, von der wir gleich sprechen werden. Doch seien zunächst einige Worte über die anderen Eintragungen gesagt. Die erste Eintragung ist lateinisch, im Zeichen des lateinischen Gymnasiums und lautet:

Amore	
More	} iunguntur amicitiae
Ore	
Re	

Es muß die Zeit gewesen sein, wo in Prag als große Neuerung Gaslaternen eingeführt wurden, denn eine Eintragung in dem Büchlein lautet:

Unsere Liebe, die soll brennen,
Wie die Prager Gaslaternen,
Unsere Liebe, die soll sein,
Wie die Festung Karls-tein.

Die Eintragung vom 16.2.1897 braucht einigen Verstand, um gelesen zu werden. Sie lautet: »S.N.D. Nie Unsere Freundschaft«. Das Rätsel löst sich, wenn der Anfang gelesen wird: »Es En-De Nie Unsere Freundschaft«.

Gleich neben diesem optimistischen Wunsch (der nicht in Erfüllung gegangen ist) stehen zwei düstere Zeilen von Franz Kafka[5]:

Es gibt ein Kommen und ein Gehn
Ein Scheiden und oft – kein Wiedersehn.
Prag, den 20. November Franz Kafka

Der heutige Leser, der diese Zeilen liest, ist meist erstaunt über den düsteren, »kafkaesken« Charakter jener ersten erhaltenen Schrift. Ich möchte nicht entscheiden, ob sich der 14jährige Kafka wirklich der ganzen Schwere dieser Zeilen bewußt war.

Unser Verhältnis hatte jedenfalls nichts von Bitterkeit oder Schwere in dieser Zeit. Die gute Laune spiegelt sich in jener Begegnung mit meinem Bruder Artur, von der ich oben erzählte, oder in folgender Anekdote: Wir gingen einmal am Prager Rathaus vorbei und kamen zu dem Auslagefenster des Hauses »Minuta«. Da gab es ein Auslagefenster einer großen Buchhandlung, und Franz sagte zu mir: Jetzt prüfe mich einmal. Ich schließe die Augen und Du wirst mir die Titel der ausgestellten Bücher nennen und ich rate die Verfasser. Ich tat es, und Franz bestand seine »Prüfung« in glänzender Weise, die auf mich großen Eindruck machte.

Franz hatte in jener Zeit eine atheistische oder pantheistische Periode und wollte mir meinen jüdischen Glauben unbedingt abspenstig machen.[6] Er war ein sehr guter Dialektiker. Es war im Frühling vor dem Pessachfeste und dem Sederabend, den ich um meiner Eltern willen sehr liebte. Im Herzen brannte der Wunsch: wenn ich nur bis zum Sederabend durchhalte! Und es gelang. Diesmal besiegte mich die Dialektik von Franz nicht. Viel später suchte er selbst den Glauben, den er mir vergebens hatte nehmen wollen.

In den höheren Mittelschulklassen gab ich, um etwas zum Haushalt beizusteuern, Privatstunden. Mein Schüler wohnte am Petersplatz, unweit des Nordwestbahnhofs, ¼ Wegstunde entfernt vom Hause von Franz in der Zeltnergasse. Franz kam oft, wenn ich mit meiner Lektion fertig war, mir entgegen und wir besprachen auf dem Heimwege die Dinge, die uns interessierten. Ich erinnere mich deutlich an die Begeisterung, mit welcher Franz von den Buren sprach, die um ihre Freiheit kämpften, und an die Leidenschaft, mit der er gegen die Engländer redete. Das muß also in der Zeit des Burenkrieges, 1900, gewesen sein, vermutlich in der 7. Gymnasialklasse.

In dem letzten Schuljahr, 1900/1901, muß unsere Freundschaft etwas erkaltet sein, und vermutlich konnte ich sein Interesse an der schönen Literatur nicht so teilen, wie andere Klassengenossen, vielleicht war auch sein Sozialismus und mein Zionismus zu stark und die später gefundene Verschmelzung beider Ideale in einem »sozialistischen Zionismus« noch unbekannt. Als die Prager Zionisten am 24. April 1899 ihre erste öffentliche Versammlung einberiefen, in der Produktenbörse, waren es jüdische Sozialisten, welche diese Versammlung sprengten.

In den letzten Jahren unserer Universitätsstudien trafen wir uns wieder bei jenem philosophischen Zirkel im Hause Fanta, aus welchem später der »Louvre Zirkel« (genannt nach dem Kaffeehaus Louvre, in dem er sich versammelte) entsprang, der unter dem geistigen Patronate des Brentano-Schülers Professor Anton Marty stand. Als ich am 18. Dezember 1905 zum Doktor der Philosophie an der Deutschen Universität in Prag promoviert wurde, überreichten mir die Mitglieder des Louvre-Kreises als Geschenk das Buch von Ludwig Busse ›Geist und Körper, Seele und Leib‹. Das Buch trägt die Inschrift »Zur Erinnerung an unser gemeinschaftliches Streben. Berta Fanta, Dr. Max Lederer, Emil Utitz, Oskar Pollak, Ida Freund, Leopold Pollak, F. Kafka.« Dem Graphologen, der die Inschrift ansieht, wird vermutlich auffallen, daß alle Namen einer unter den andern geschrieben sind, während F. Kafka allein und seitwärts steht, vielleicht ein Symbol seiner Einsamkeit.

Es kann nicht die Aufgabe dieser Zeilen sein, die geistige Biographie meines Freundes zu erzählen, wozu ich auch gar nicht kompetent wäre. Ich bin eingeladen worden, meine persönlichen Erinnerungen hier zu erzählen. Max Brod hat wiederholt und mit der ihm eigenen Eindringlichkeit die Wendung zum Judentum in den letzten Lebensjahren von Franz dargestellt. Wir wissen, daß diese Wendung zunächst 1911/12 durch die Begegnung mit einer jüdischen Schauspielertruppe aus Polen eintrat, die in einem obskuren kleinen Kaffeehaus auf dem Ziegenplatz in Prag Vorstellungen gab und in einem merkwürdigen Spiel des Schicksals, zu einem Wendepunkt im Leben von Franz wurde. Franz erlebte hier mit glühendem Herzen jenes Bild eines lebendigen Judentums, nach welchem seine Seele gedürstet hatte.[7] Ich erinnere mich an seine Mitarbeit in der Toynbeehalle im jüdischen Rathaus, wo er mit Begeisterung einem proletarischen oder halb-proletarischen jüdischen Publikum (Proletariat im eigentlichen Sinn gab es in Prag kaum) den Michael Kohlhaas von Kleist vorlas.[8]

Hugo Bergmann in Offiziersuniform mit Frau und Kindern während des Ersten Weltkriegs

Seine Suche nach einem lebendigen jüdischen Volk brachte ihn in Kontakt mit dem von Siegfried Lehmann begründeten »Volksheim« in Berlin. (Die Begegnung selbst fand eigentlich in einer Ferienkolonie des Volksheims in einem Ostseebad statt.)

Wenige Monate vorher, im März 1923, war ich auf Einladung des Keren Hajessod (Palestine Foundation Fund) aus Jerusalem, wo ich seit 1920 wohnte, nach Prag gekommen, um mit meinen palästinensischen Erfahrungen den Sammlungen des Keren Hajessod zu Hilfe zu kommen. Damals veranstaltete der Keren Hajessod in der Produktenbörse in Prag eine große Versammlung, in welcher Artur Hantke, der Direktor des Keren Hajessod und ich sprachen. Kafka wohnte dem Vortrag bei und als ich nach meinem Vortrag in einem kleinen Zimmer ausruhte, kam Kafka begeistert zu mir, drückte mir die Hand und sagte: »Diesen Vortrag hast Du nur für mich gehalten.«

Kafka lud mich in sein Haus ein – er wohnte jetzt nicht mehr in der Zeltnergasse, sondern am Altstädter Ring – und ich verbrachte einen Abend mit ihm, den Schwestern, Max Brod und seiner Frau, erzählend, Fragen beantwortend.

Wenn man heute die Briefe und Tagebücher nachliest, so fühlt man, wie das zionistische Interesse von Franz in den letzten Jahren seines Lebens stetig gewachsen ist. Im Dezember 1921 schreibt Kafka an seinen Freund und Arzt Dr. Robert Klopstock, es freue ihn, daß sich Palästina mehr und mehr in seinen Gesichtskreis zu schließen beginnt. Im gleichen Briefe bietet er ihm an, ihm meine Aufsatzsammlung ›Jawne und Jerusalem‹ zu schicken. Er spricht in demselben Briefe von dem Berufswechsel eines ihm bekannten Pragers, der nach ein paar Jahren Jus Studium es gelassen hat und Schlosserlehrling geworden ist und jetzt nach Palästina gehe.[9] 1922 beschäftigt er sich eingehend und mit tiefem Ernst mit Hans Blühers Buch ›Secessio Judaica‹.

Es hat den Anschein, wie wenn Kafka für das jüdische Volk und für sich persönlich in Palästina den Anfang zu einem neuen Leben sah, einen wirklichen Neubeginn in Reinheit, in Verwirklichung des Himmlischen Jerusalem auf Erden.

Sein Bild von Jerusalem war freilich nicht das eines irdischen Jerusalem. Dies wird bis zur Komik handgreiflich in einem Brief an Oskar Baum vom 12. Juni 1923.[10] Franz hatte mir vor meiner Rückkehr nach Jerusalem, Ende Mai, versprochen, sich für die Aktien der Arbeiterbank zu interessieren, wenn ihm die Bank Informationen zukommen ließe. Ich hatte dies an die Bank weitergegeben und die Bank hatte entsprechend geantwortet. Franz nahm den Brief mit einer ungewöhnlichen Begeisterung auf, sandte an Oskar Baum (den blinden Dichter, der mir übrigens bei meiner Aktion für den Keren Hajessod in Prag sehr geholfen hatte) eine Übersetzung und schloß den Brief an Baum mit den Worten: »Den Brief lasse ich mir auf ein paar Tage zur Propaganda. Einem meiner Schwäger gegenüber (der Palästina leugnet) sind Papiersorten das stärkste Argument. Ich will es mit dem Brief versuchen.«

Mir selbst schreibt Franz aus Müritz an der Ostsee: er sei an die Ostsee gefahren, um seine Transportabilität zu prüfen, mit anderen Worten, um sich für die Reise nach Jerusalem vorzubereiten. Er dankt mir für meine Wünsche »es war die erste hebräische Schrift, die ich aus Palästina bekam. Der Wunsch in ihr hat vielleicht große Kraft.« »Ein Glück hatte ich dabei jedenfalls. 50 Schritte von meinem Balkon ist ein Ferienheim des Jüdischen Volksheims in Berlin. Durch die Bäume kann ich die Kinder spielen sehn. Fröhliche, gesunde, leidenschaftliche Kinder. Ostjuden, durch Westjuden vor der Berliner Gefahr gerettet. Die halben Tage und Nächte ist das Haus, der Wald und der Strand voll Gesang. Wenn ich unter ihnen bin, bin ich nicht glücklich, aber vor der Schwelle des Glücks.«[11]

Es war die Zeit, wo er in der Ferienkolonie des »Jüdischen Volksheims« seine spätere Lebensgefährtin Dora Diamant kennenlernte.

An meine erste Frau, die damals in Prag war, schrieb er gleichzeitig, die kleine Vorprobe zur großen Reise sei überstanden. Auch in diesem Briefe spricht er mit Begeisterung von der Begegnung mit der Ferienkolonie des »Volksheims« und schließt den Brief: »Heute werde ich mit ihnen [den Kindern des Volksheims] Freitag Abend feiern, ich glaube zum erstenmal in meinem Leben.«[12]

Meine erste Frau hatte damals Kafka eingeladen, die große Reise nach Palästina mit ihr zusammen zu machen und teilte ihm gleichzeitig mit, er müsse sich rasch entschließen, denn die Schiffsplätze seien schon vergeben. Ihr antwortete Kafka in einem traurigen Brief: er könne jetzt nicht fahren, das wäre keine Palästinafahrt, »sondern im geistigen Sinn etwas wie eine Amerikafahrt eines Kassierers, der viel Geld veruntreut hat.«

Mit anderen Worten: Kafka fühlte sich nicht wert, nicht rein genug, um jetzt nach Palästina zu gehen. Der Zionismus, Palästina, Jerusalem erscheint ihm als etwas viel zu Reines, viel zu Hohes, als daß er es jetzt verwirklichen könne. Aber »die Hoffnung bleibt für später«. Damit schließt der Brief.

Ein Jahr später, am 3. Juni 1924, ist Kafka gestorben.

Zwölf Jahre in der Schule mit Franz Kafka

ERINNERUNGEN VON HUGO HECHT

Am 16. September 1889 ging Kafka das erste Mal zur Schule. Seine Eltern wohnten damals im Haus Nr. 2 am Altstädter Ring. Es war nur ein kurzer Spaziergang zur Schule, wohin auch ich am selben Tage von meiner Mutter gebracht wurde. Die deutsche Knaben-, Volks- und Bürgerschule stand am Fleischmarkt, die tschechische um die Ecke. Es konnte nicht ausbleiben, daß es oft zu Zusammenstößen zwischen den Vertretern der beiden Nationalitäten kam. Und wie immer in der Weltgeschichte, wir Juden standen in der Mitte und wurden oft von beiden Gruppen geschlagen. Meine Mutter kannte Kafkas Mutter, da sie beide Mitglieder derselben jüdischen Frauenvereine waren. Was war natürlicher, als daß die beiden Mütter nach dem ersten Schultag den kurzen Weg zu Kafkas Haus zusammen gingen. Und vor ihnen schritten brav die kleinen Söhne – Kafka und ich. Der erste Schultag war nur formal gewesen, der Lehrer Hans Markert wies den Kindern ihre Sitze an, die kleinen vorne, die größeren weiter rückwärts. Und dann rief er die Schüler bei ihrem Namen auf, die sich mit einem lauten Hier zu melden hatten. Das war alles für den ersten Tag. Draußen warteten die Mütter und nahmen ihre Söhnchen in Empfang. Vom nächsten Tag an wurden die Schüler von den älteren Geschwistern – wie ich – zur Schule gebracht oder von den Dienstmädchen – wie Kafka.[13] Aber schon nach wenigen Tagen lernten wir, den Heimweg allein zu machen. Prag war damals eine etwas schläfrige, stille Provinz-Hauptstadt mit wenig Verkehr. Auf unserem Wege vom Haus zur Schule hatten wir nur einmal die Pferde-Straßenbahn zu kreuzen, so daß man uns Kleine ruhig allein gehen ließ. Auch wenn Kafka von dem Dienstmädchen oder einem Angestellten aus dem Geschäft seiner Eltern abgeholt wurde, gingen wir fast stets in Gruppen in verschiedenen Richtungen zusammen. Fast stets war Kafka in unserer Gruppe, die an seinem Hause vorbei gehen mußte, um nach Hause zu gelangen. Natürlich gingen wir selten den kürzesten Weg nach Hause. War es doch so schön, erst durch verschiedene winkelige Gassen und Gäßchen zu schlendern, in die Auslagefenster zu blicken oder gar in die alten Höfe hinein zu schauen. Unsere Schule war ein verhältnismäßig neues Gebäude. Aber die Häuser, an denen wir vorbei mußten, waren 200 und mehr Jahre alt, mit dunklen Toreingängen und weiten Höfen, in denen allerlei Dinge zu sehen waren: Handwagen, Kinderwägelchen, Lastwagen und Kutschen. In einigen Hinterhäusern gab es sogar Pferdeställe – welch eine Gelegenheit, Verstecken und andere Knabenspiele zu spielen. Kafka machte stets mit, und wenn wir uns dabei verspäteten, hatten wir stets eine Ausrede bereit; allerdings, wenn er zuerst seinem Vater begegnete, war es nicht leicht, eine Entschuldigung zu finden. Wir Kinder hatten Angst vor dem großen, starken, finsteren Mann mit dem langen Bart.[14] Aber Mutter Kafka war stets lieb und zeigte Verständnis für ihren kleinen Jungen. Kafka war stets ein Musterschüler; ich kann mich nur eines Vorfalles erinnern, wo er ermahnt werden mußte. Es war eines schönen Maitages, es war warm und die Sonne strahlte über dem Schulhofe, die Fenster waren geöffnet, so daß ein leichter Frühlingswind hereinwehte. Wir Schüler der zweiten Klasse hatten Mühe, unsere Aufmerksamkeit dem Lehrer zu widmen, da sich gerade ein Spatz aufs Fensterbrett gesetzt hatte – nahe der Bank, in der Kafka saß. Was war natürlicher, als daß Kafka wie gebannt dem Treiben des frechen Spatzen folgte und den Aufruf des Lehrers gar nicht hörte. Erst als sein Name mit Nachdruck und zu wiederholtem Male gerufen wurde, konnte er seine Augen vom Fenster losreißen.

Damals wohnten Kafkas am Altstädter Ring Nr. 2. Erst 1896 zog er mit seiner Familie in die Zeltnergasse Nr. 2[15], das zweite Haus vom Altstädter Ring und nur wenige Schritte von unserem Gymnasium entfernt. Dort wohnte Kafka bis zum Jahre 1907; er übersiedelte damals in die Pariser Gasse[16], die auch auf den Altstädter Ring einmündete. So wohnte Kafka fast 30 Jahre in nächster Nähe des Altstädter Rings, wo das Gymnasium stand, das Rathaus mit der berühmten Uhr, die Theinkirche mit Tycho Brahes Grab, die Mariensäule und das Husdenkmal. Das war der Platz, wo 1621 nach der Schlacht am Weißen Berge die Blüte Böhmens von den siegreichen Österreichern unter Qualen hingerichtet wurde. Das war der Platz, wo nationale Kundgebungen wie der Sokolkongreß viele Tausende von begeisterten Tschechen zusammenführte. Auch wir jüdischen Kinder lernten, die Hinrichtungsstätte mit Ehrfurcht zu betrachten, wenn dort am Jahrestag der Hinrichtung tschechische Patrioten Blumenkränze niedergelegt hatten, die allerdings bald von der Polizei entfernt wurden. Lebten wir doch damals noch im katholischen Österreich!

Vier Jahre hindurch besuchten wir die deutsche Knaben-Volksschule am Fleischmarkt. Das Gebäude stand noch fast unverändert, als ich es im Sommer 1947 durchwanderte. Nur war es nicht mehr ein Schulgebäude, sondern der Sitz städtischer Ämter. Zu unserer Schulzeit war es fast modern, nur war der Hof für die vielen Schüler zu klein, um allen in der 10-Uhr-Pause den Aufenthalt in frischer Luft zu gestatten. Wie halfen sich damals die Schulbehörden? Es wurde niemand auf den Hof hinausgelassen. Wir verbrachten die Pausen auf den Gängen oder in den Klassenzimmern. An unseren Direktor Franz Fiegert erinnere ich mich ganz gut. Für uns Volksschüler schwebte er in unerreichbaren Regionen. Wenn er einen von uns ansprach, fühlten wir uns sehr geehrt. Sehr nett waren auch unsere Lehrer. In der ersten Klasse hatten wir Hans Markert, in der zweiten Karl Netuka. Sie machten keinen dauernden Eindruck auf uns. Dagegen war unser Lehrer in der dritten und vierten Klasse, Moritz Beck, ein hervorragender Pädagoge, dessen auch Kafka in seinen späteren Tagebuchaufzeichnungen mit Achtung gedenkt.[17] Er trachtete, unser Zutrauen zu gewinnen. Oft sprach er mit uns außerhalb der Unterrichtsstunden, fragte nach den Familien, interessierte sich für unser Leben außerhalb der Schule, stand mit den Eltern in Verbindung. Da mein älterer Bruder mir in der Schule ein Jahr voraus war, kannten mich die Lehrer durch ihn. Als mein jüngster Bruder vier Jahre später in die Schule eintrat, hatte er dieselben Lehrer. Doch war er nicht sehr begeistert, da er sehr lebhaft war – leider auch während des Unterrichts – und oft hören mußte, wie brav sich seine älteren Brüder in der Schule benommen hatten. Im Fortschritt waren wir Brüder eigentlich gleich, wir gehörten zur oberen Mittelgruppe, waren aber nie Vorzugsschüler. Da war Kafka ganz anders! Immer war er ein Musterschüler, oft Vorzugsschüler; die Lehrer hatten den bescheidenen, stillen, guten Schüler sehr gern.

Als Gymnasiast (etwa 1899)

Nach einer wohlbestandenen Aufnahmeprüfung traten wir ins Altstädter Staatsgymnasium ein. Brod hat es als strengstes in Prag bezeichnet, und darin hatte er recht. Wir mußten sehr fleißig sein, um nur durchzukommen. Aber sonst war es wie alle anderen Mittelschulen. Ernst Weiß hat das alt-österreichische Gymnasium gut beschrieben – »Ernest Shackleton« in ›Das Unverlierbare‹ –, wenn seines auch nicht in Prag, sondern in Brünn stand. Alle waren gleich in Organisation und Ziel: »Was an Idealen in den jungen Menschen sich entwickeln soll, wird hier gesät, der künftige Sportsmensch, der Fußballenthusiast ist der Vertreter der einen Richtung, der Ehrgeizige, der Autoritätsmensch, der an die Sendung der Menschheit Glaubende ist der andere Typus, und der dritte ist derjenige, der die wirklichen Werte des Lebens, Geld und Macht, Auftreten und Besitzen schon in der Schule und gegen die Schule erfaßt. Denn in der Schule wird man keineswegs zum praktischen Leben und zur realen Auffassung der wünschenswerten Dinge in der Welt erzogen. Wie könnte denn auch dies in einer Anstalt geschehen, wo man von der Macht des Geldes nie etwas erfährt, wo Mathematik und

Griechisch gelehrt werden, aber die Kunst, mit Menschen zu sprechen, noch auch die größere, [...] ihnen seinen Willen aufzuzwingen und sie dabei im Glauben zu lassen, es wäre der ihre?«

Das Altstädter Staatsgymnasium war im Kinsky-Palais untergebracht, welches im 18. Jahrhundert nach den Plänen des italienischen Architekten Luragho und K. I. Dientzenhofers erbaut wurde. Es hatte – und hat noch heute – einen prächtigen Herrschaftstrakt an der Straßenfront und ausgedehnte Hintergebäude, die zwei weite Höfe einschlossen. Auf diesen verbrachten die Schüler die 10-Uhr-Pause. Unter Aufsicht der Professoren. Die meisten Schüler brachten das »Gabelfrühstück« – zweites Frühstück – von zu Hause mit. Die Söhne der wohlhabenden Eltern konnten es sich leisten, ihr Gabelfrühstück beim Schuldiener Kletetschka zu kaufen. Die Krone des Genusses bildeten heiße Würstchen – in Prag »Paarl« genannt – mit frischem Brot. Und die Eckstücke der Brote dick mit Butter beschmiert! Man mußte bald da sein und Glück haben, um eines zu ergattern. Wir nannten diese Eckstücke »Ranfteln«. In der Pause plauderte man beim Essen, besuchte Freunde in anderen Klassen, vereinbarte die Unternehmungen der freien Nachmittage und raufte hie und da verstohlen in entfernten Winkeln, wenn die Professoren gerade nicht zuschauten. Kafka hat nie gerauft, er war ein absoluter Tugendbold, immer sehr rein, sehr nett gekleidet, immer etwas entfernt, distanziert von uns. Er nahm an allem teil, wenn man ihn aufforderte, war nie ein Spielverderber, aber – er war nie aktiv. Nie kam ein Vorschlag von ihm, obwohl wir wußten, daß er sehr gescheit war.

Er war stets, die ganzen acht Jahre Gymnasium, ein sehr guter Schüler, zuweilen hatte er ein Vorzugszeugnis. In allen Gegenständen war er über Durchschnitt, nur in Mathematik nicht. Trotz bestem Willen – manchmal hatte er sogar häusliche Nachhilfe – ging ihm Mathematik nicht in den Kopf. In Sprachen, Literatur, Philosophie, kurz, in allen humanistischen Fächern war er sehr gut, dagegen behagten ihm die Realwissenschaften, Physik, Naturgeschichte, Mineralogie, Geographie usw. nicht zu sehr. Aber mit Fleiß und Ausdauer schaffte er auch dies. Nur Mathematik nicht! Da mußte ihm sein guter Engel, Hugo Bergmann, oft aushelfen. Auch war er vollständig unmusikalisch; ihm ging

Das Kinsky-Palais am Altstädter Ring (rechts angeschnitten), in dessen Rückgebäude sich das Gymnasium Kafkas befand. Aquarell von Vaclav Jansa (1896)

eben das Verständnis dafür ab. In unserer Klasse gab es eine Gruppe von Wagner-Enthusiasten, die in den Kampf um Wagner aktiv eingriff: im Stehparterre und auf der Galerie bildeten wir eine sehr laute, freiwillige Claque. Aber Kafka beteiligte sich nie an diesen jugendlichen Begeisterungsausbrüchen. Allerdings – die Maifestspiele in Prag brachten die hervorragendsten Wagner-Sänger zusammen, so daß selbst eingefleischte Tschechen bei dieser Gelegenheit ins deutsche Theater kamen, das sie sonst mieden. Dagegen waren wir jungen Juden häufige Besucher der deutschen und tschechischen Bühnen, viele Jahre hindurch hatte unsere Familie zu gleicher Zeit Abonnements in beiden Theatern, so daß wir auch tschechische Wagner-Aufführungen sahen. Auch Kafka besuchte das tschechische Theater, aber so weit ich mich erinnern kann, nur bei Schauspielen. Er sprach gut tschechisch; wie es um seinen tschechischen Stil bestellt war, kann ich nicht sagen. Doch besuchte er nie, ebensowenig ich, tschechische Schulen.

Wie in jeder Jugendgruppe, wurden auch in unserer sexuelle Gespräche geführt. Im Untergymnasium waren wohl die meisten mehr oder minder unorientiert. Und wie in jeder Jugendgruppe gab es auch bei uns Frühreife. Im Obergymnasium war das Verhältnis umgekehrt. Kafka beteiligte sich nie, soweit ich mich erinnern kann, an unseren sexuellen Unterhaltungen. Wir scheuten uns, ihn heranzuziehen, zumal da er nie mit einem Mädchen zu sehen war. Wir nahmen an, daß er etwa in der Septima schon orientiert war, zumal da ihm Oskar Pollak, der zu den Reifsten gehörte, damals am nächsten stand. Pollak wollte sogar einmal eine »Redeübung« – jeder Schüler mußte einen Vortrag über ein von ihm gewähltes Thema halten, das vom Deutsch-Professor genehmigt werden mußte – über Häckels Entwicklungslehre halten und hatte schon einen Teil davon ausgearbeitet; aber soviel Freisinn war im alten Österreich nicht gestattet. Seine verspätete Entwicklung erwähnt Kafka nach vielen Jahren in seinem Tagebuche: Am 10. April 1922 ist vermerkt, daß er als Junge[18] (und wäre es sehr lange geblieben, wenn er nicht mit Gewalt auf sexuelle Dinge gestoßen worden wäre) hinsichtlich sexueller Angelegenheiten so unschuldig und uninteressiert war wie heute etwa hinsichtlich der Relativitätstheorie. Nur Kleinigkeiten (aber auch die erst nach genauer Belehrung) fielen ihm auf, etwa, daß gerade die Frauen, die ihm auf der Gasse die schönstangezogenen schienen, schlecht sein sollten.[19]

Im Gymnasium gab es damals im Unterricht keinerlei Hinweise auf das Geschlechtsleben. Die Schüler waren sich selbst überlassen. Es ist mir kein Fall aus unserer Klasse bekannt, wo die Eltern den Kindern dabei geholfen hätten.

Kafka beteiligte sich, wie schon erwähnt, nie an unseren sexuellen Gesprächen, konnte aber nicht verhindern, daß manchmal in seiner Gegenwart darauf die Rede kam. Er reagierte nie darauf. Doch hatten wir den Eindruck, daß er nicht unwissend war. Er kannte vielleicht die Tatsachen, aber sicher nicht aus eigener Erfahrung.

Oft sehe ich, wenn ich an Kafkas Geschlechtsentwicklung denke, eine Zeichnung (von T. T. Heine?) in einer Frühlings-Nummer des ›Simplicissimus‹ vor mir, die einen Bauernhof im März darstellt: Sonne – schüchternes Grün auf den Bäumen und Wiesen – ein Gänserich interessiert sich für eine Gans – zwei Tauben schnäbeln am Dache – der Hengst äugt nach der Stute – der Knecht streichelt die Magd – vor einen Heuwagen ist ein

Paar Ochsen vorgespannt, einer sieht den anderen an und brummt: »Ich weiß nicht, was Tiere und Menschen nur heute haben.« Der Geschlechtslose versteht eben nicht das Erwachen des Naturtriebes im Frühling.

So ähnlich muß Kafka gefühlt haben, wenn seine Mitschüler sich für das andere Geschlecht zu interessieren begannen. Allerdings – wie in jeder Jugendgruppe gab es auch hier Abstufungen: Der eine wird früher reif, der andere später. Wir hatten zwei Mitschüler, die vorzeitig entwickelt waren. Beide Söhne wohlhabender Eltern, die ihnen nichts versagten. Das war ihr Unglück: Der eine verübte im Alter von 19 Jahren Selbstmord wegen Spielschulden, der andere steckte sich noch als Gymnasiast mit Syphilis an.[20] Als er 15 Jahre nach der Matura in meine Ordination kam, sah ich eine menschliche Ruine vor mir: Rückenmarkschwindsucht. Damals war so etwas noch unheilbar. Er starb im Alter von 36 Jahren.

Aber die Mehrzahl von uns hatte die übliche »erste Liebe« schon vor der Matura hinter sich – mehr oder minder platonisch. Meistens platonisch, wenn die Geliebte dem Mittelstand angehörte. Zu Beginn dieses Jahrhunderts war die Emanzipation der Frauen noch nicht so weit vorgeschritten als nach dem ersten Weltkriege. Also liebte man platonisch, da an eine frühe Ehe nicht zu denken war. Einige von uns hatten keine Zeit für Liebeleien. Sie betrieben eifrig Sport – Fußballspielen war die große Mode und Tennis – oder Musik oder waren gezwungen, sich durch Stundengeben zu ernähren, wodurch ihre ganze freie Zeit absorbiert wurde. Für Kafka kam Liebe damals noch nicht in Betracht, da er sexuell noch in den Kinderschuhen steckte. Er war eben noch nicht reif, und war es nicht, als er sich zum ersten Male verlobte.

Kafka war ein schlechter Turner. Im Untergymnasium war es Pflichtgegenstand, eine merkwürdige fortschrittliche Einrichtung im reaktionären Österreich zu Ende des 19. Jahrhunderts! Sobald Turnen dem freien Willen des Schülers anheimgestellt war, gingen viele eben nicht Turnen. Auch Kafka nicht. Aber fast alle unsere Mitschüler waren begeisterte Schwimmer. Wer Zeit hatte, ging täglich schwimmen, besonders während der Ferien. Wir zogen die Civil-Schwimmschule vor, vielleicht, weil mein Va-

Klassenbild (1898).
Kafka: obere Reihe, zweiter von links. Oskar Pollak: zweite Reihe von oben, zweiter von links. Hugo Bergmann: zweite Reihe von unten, dritter von links. Felix Ewald Přibram: zweite Reihe von unten, erster von rechts

ter und auch der Kafkas dieselbe besuchten. Beide Väter waren Naturschwimmer, die mit großem Gepuste ihre mäßigen Künste zeigten.[21] Wir Jungen hatten Schwimmen gelernt und konnten auch springen. Einige von unserer Gruppe waren gute Springer, insbesondere die, die auch gut turnten. Als Mittelschüler war Kafka ein mäßiger Schwimmer, der nie das Sprungbrett benützte. Man kann nicht sagen, daß er sich fürchtete, aber er war darin recht ungeschickt. Dagegen lernte er bald, recht geschickt mit dem »Maňásek« (Kajak) umzugehen und erfreute sich in dieser Beziehung eines guten Rufes.

Nur ein Lehrer (Beck) unserer Volksschulzeit hatte einen nachhaltigen Einfluß auf uns ausgeübt. Im Gymnasium waren es zwei: Dr. phil. Emil Gschwind und Prof. Adolf Gottwald. Gschwind war Piarist und wohnte im Piaristenkloster. Kafka erwähnt dessen Zweizimmer-Wohnung dort in seinen Tagebüchern. Nur guten Schülern wurde die Auszeichnung zuteil, die Schulhefte dem Herrn Professor zu bringen. Als schlechter Schüler hatte ich nie Gelegenheit, Gschwinds Wohnung zu betreten, Kafka (und andere) oft. Gschwind war ein hervorragender Lateiner, guter Grieche, ausgezeichneter Philosoph. Er war unter anderem ein Schüler von Wilhelm Wundt (1832–1920), dem Gründer des ersten Laboratoriums für experimentelle Psychologie an der Leipziger Universität. Er legte den Grundstein zum besseren Verständnis der Psychologie in ihren Beziehungen zu den Einzelwissenschaften. Prof. Gschwind lehrte in den letzten zwei Jahren »philosophische Propädeutik« als obligaten Unterrichtsgegenstand. Er war alle acht Jahre hindurch unser Lateinlehrer. Zwar waren wir nicht immer sehr begeistert, aber zu Gschwinds Ehre muß gesagt werden, daß er es verstand, bei den meisten unserer Klasse Interesse für Philosophie zu erwecken. Erst jetzt, nach einem halben Jahrhundert, ist es mir klar, daß es gerade dieser Gegenstand war, der unserem Denken die logische Grundlage gab. Die sechs Schüler – von 24 insgesamt – die sich im Leben über den Durchschnitt erhoben, verdanken meiner Ansicht nach ihre Erfolge vor allem Prof. Gschwind. Er nahm regen Anteil an der späteren Entwicklung seiner Schüler, und manch einer hat wohl nachher auch seinen Rat gesucht. Obwohl wir in den Jahren nach der Matura in Prag lebten, habe ich ihn merkwürdigerweise nie getroffen, nur gelegentlich des Begräbnisses zweier Mitschüler, die beide Selbstmord verübten (1902 und 1907)[22], habe ich ihn gesehen. Aber wie das Schicksal es schon fügt, trafen wir uns zufällig, als ich im Herbst 1908 einmal in die Straßenbahn einstieg. Er saß da, groß, dick, fast unverändert. Ich trat auf ihn zu und begrüßte ihn. Er schaute mich überrascht an: »Ah, der Hecht…« und faßte mich am Kinn, wie er es in der Schule oft getan hatte, wenn er zu Schülern sprach. Wir alle waren für ihn »seine Kinder«. Ich sah jünger aus, als ich damals – mit 25 Jahren – war, mit meiner kleinen Gestalt und magerem Gesicht.

»Wie gehts Ihnen denn? Was studieren Sie?«

Und nun kam der Augenblick meiner größten Genugtuung. Er hatte mich immer für unfähig gehalten – was ich ja den Zeugnissen nach auch war – und hatte mir vom Studium ernstlich abgeraten. Und so konnte ich sagen: »Ich studiere nicht mehr. Ich bin seit zwei Jahren Doktor der Medizin und derzeit Assistent der dermatologischen Universitätsklinik.«

Gschwind war einen Augenblick sprachlos. –

»Schau mal an, wer hätte das gedacht?«

Aber er freute sich meines Erfolges. Dann sprachen wir über vergangene Zeiten und die Geschicke meiner Mitschüler.

In einer anderen Richtung führte uns Prof. Adolf Gottwald. Er hatte angefangen, Medizin zu studieren, mußte aber vor Beendigung des langen Studiums einen rasch erreichbaren Brotberuf ergreifen. Und so wurde er Mittelschullehrer. Er unterrichtete Naturgeschichte, Physik, Botanik, Zoologie, Mineralogie und Astronomie in der ihm eigenen Weise: Die Schüler brauchten zuhause nichts zu lernen, wenn sie seinem Vortrage aufmerksam folgten. Auswendiglernen haßte er. Der Schüler sollte in eigenen Worten ausdrücken, was er vom Vortrag behalten hatte. Mit einfachen Worten verstand er es, den Schülern die Wunder der Natur näher zu bringen. Er erwähnte aber auch Sachen, die nicht im Lehrplan inbegriffen waren; so sprach er gelegentlich über Geologie, Paläontologie, vor allem über moderne Ergebnisse der Physik und Chemie, was durch sie erreicht wurde und was in nächster Zukunft von ihnen zu erwarten sei. Es sei an uns, der jungen Generation, gelegen, die Menschheit auf eine höhere Kulturstufe emporzuheben. Ich glaube es vor allem ihm zu verdanken, wenn ich versuchte, mich der Wissenschaft zu widmen. Für alle diese realen Fächer zeigte Kafka wenig Interesse. Oft sprach Gottwald in Gleichnissen, insbesondere, wenn er über Liebe und Geschlechtsleben Bemerkungen einfließen ließ. Das war damals – 1899! – an den Mittelschulen nicht gestattet. Einmal gab es sogar einen vollendeten »Aufklärungsvortrag«. Wir waren für so etwas vollkommen unvorbereitet. Nur fiel uns auf, daß der Direktor gleich zu Beginn der Unterrichtsstunde mitkam, sich in die letzte Bank setzte und bis zum Schlusse aufmerksam zuhörte. Aber Prof. Gottwald konnte nicht zu ausführlich sein. Doch verstanden wir ihn fast alle und diskutierten noch viele Tage nachher den Sinn seiner Worte. Wie ich es verstand: Genuß ist keine Sünde, kein Verbrechen, wenn Vernunft und Verantwortung ihn leiten. Natur hat den Menschen nicht zum Verzichten geschaffen; er soll ausnützen, was ihm an Fähigkeiten mitgegeben wurde – auf allen Gebieten.

Die Civilschwimmschule

Zehn Jahre später sprach ich von derselben Stelle zu den Schülern der letzten Klassen meines früheren Gymnasiums. Als mich der Direktor Frank der Klasse als früheren Schüler vorstellte, hatte ich ein stolzes Gefühl der Genugtuung: ich konnte frei zu den Jungen über Geschlechtsleben sprechen, konnte sie vor den Gefahren der Geschlechtskrankheiten warnen und ihre Fragen beantworten. Nach weiteren zehn Jahren wurden diese Vorträge obligatorisch.

Erwähnt muß werden, daß Gottwald nie Gott erwähnte; ich glaube nicht, daß wir den Mut hatten, ihm dieses Problem vorzulegen. Andere Probleme wurden zwanglos erörtert.

Nach der Matura sahen wir uns oft, da wir beide – Kafka und ich – Mitglieder der »Lese- und Redehalle deutscher Studenten« in Prag waren, die einen Lesesaal hatte und eine große Bibliothek, die wir eifrig benützten. Auch auf der Schwimmschule sahen wir uns häufig. Aber ich gehörte nicht zu seinen intimen Freunden wie Max Brod, Hugo Bergmann, Oskar Pollak, die Brüder Weltsch u.a., da mir meine Sporttätigkeit und das Medizinstudium keine Zeit für diesen geistigen Kreis gestatteten. Aber wir trafen uns im Theater, im Kaffeehaus (Continental oder Arco) und in Tanzkränzchen gelegentlich. Doch hat er sich mir nie anvertraut. Nach dem Kriege sah ich ihn sehr selten, da er infolge seiner Krankheit vielfach außerhalb Prags weilte.

Erinnerungen eines Mitschülers

AUS EINEM INTERVIEW MIT ZDENKO VANĚK

Mein Vater war Verwalter einer Herrschaft in Politz a.d. Mettau (Police nad Metují) und ich besuchte das deutsche Gymnasium in Braunau (Broumov). Ich war aber immer eine rebellische Natur und deswegen bekam ich eine »5« in Religion und mußte daraufhin gleich das Gymnasium verlassen. In Prag hatte ich einen Verwandten, Prof. Lukas, durch seine Beziehungen kam ich dann auf das Altstädter Gymnasium, wo, wie sich auch Max Brod erinnert, eine sehr strenge Ordnung herrschte. Hauptsächlich half mir Prof. Rosický, der einzige Tscheche in der Lehrerschaft. Er war Kafkas Tschechischlehrer. Ich kam gleich in die Oktave und war der einzige tschechische Schüler.

Meine Mitschüler waren vor allem Söhne aus reichen jüdischen Fabrikanten- und Kaufmannsfamilien. Nur wenige unter uns hatten eine andere Religionszugehörigkeit und deswegen mußten wir immer die Klasse verlassen, wenn die Religionsstunde anfing und der Rabbiner kam. Die damalige jüdische Jugend war von der zionistischen Bewegung beeinflußt, die auch mich interessierte. Ich stand unter dem Einfluß von Hugo Bergmann und auch von Kafka, der schon während seiner Schulzeit ein begeisterter Zionist war.[23] Oftmals erläuterte er mir die Prinzipien und Ziele dieser Bewegung, vor allem wenn wir wieder zusammen die Schule schwänzten. Kafka und ich standen in dieser Hinsicht unter dem starken Einfluß von Bergmann, der sich dann später an der Prager Universität zu einem Anhänger des rationalen Theismus von Brentano entwickelte. Er war Brentano-Schüler, wie sich auch Brod in seiner Monographie erinnert. Bergmann heiratete später die Tochter des bekannten Prager Apothekers Fanta; zu den »Kant-Abenden« im Hause Fanta ging auch Kafka.

Unser Gymnasium war im Kinsky-Palais am Altstädter Ring untergebracht, wo später Kafkas Vater Hermann – direkt im Palais – sein Geschäft aufmachte. Kafka war eine Klasse unter mir, in der Septima, und bald nach meiner Ankunft freundeten wir uns an. Er wohnte damals direkt gegenüber dem Gymnasium im Oppelt-Haus, an der Ecke zum Altstädter Ring.[24] Er war ein stiller, grübelnder und nachdenklicher Typ, er gefiel mir wegen seiner sehr ruhigen Art. Sein Gegenteil war Egon Erwin Kisch. Er war von kleiner Gestalt, hatte einen sehr aggressiven, zudringlichen Charakter und, wie man sagt, ein loses Mundwerk.[25]

Kafka schien mir dagegen eher ein stiller, grübelnder Philosoph zu sein. Ich ging öfters zu ihm in die Wohnung, wo er viele verschiedene soziologische Zeitschriften und diverse Monatsblätter hatte, die er begierig las. Er paßte überhaupt nicht in sein Familienmilieu, das ich auch sehr gut kannte. Kafkas Vater hatte kein Verständnis für die Interessen des Sohnes und hätte sich gewünscht, daß er ebenfalls Händler wird. Zum Glück ist dies nicht geschehen.

Acht Jahre auf dem Altstädter Gymnasium

ERINNERUNGEN VON EMIL UTITZ

Acht Jahre besuchte ich mit Franz Kafka das Altstädter Staatsgymnasium in Prag: von der Prima bis zur Matura. Damals – im alten Österreich der Jahrhundertwende – hatte dieses Institut eine Besonderheit: seine Schüler waren fast ohne Ausnahme Juden.

Bei diesem Umstand muß ich ein bißchen verweilen, weil ich ihn als entscheidend für Franz Kafkas geistige Entwicklung betrachte. Er wurde oft als ein genialer dichterischer Repräsentant der heute so populären Existenzialphilosophie bezeichnet. Ich halte diese Zuordnung für nicht gerade gelungen, obwohl es hier eine gewisse Verwandtschaft gibt.

Die Existenzialphilosophie – in gröbsten Umrissen erklärt – beschreibt eine Randsituation, die auf den ersten Blick keinen Ausweg bietet und daher zu einer großen Konzentration auf sich selbst zwingt. Die meisten flüchten sich in die Konvention des Systems, um sich darin zu verstecken. Nur ein paar Auserwählte am Rande des Abgrundes, der ins Nichts führt, wagen es, sich mit letzter Konsequenz einer Prüfung zu unterziehen, die zu einer Entscheidung führt, die die innersten Tiefen der Persönlichkeit erschüttert.

Eine beispielhafte Situation dieser Art ist sicher der Schützengraben des Ersten Weltkriegs: vor ihm der Tod, hinter ihm eine kaum mehr verständliche Welt. Die meisten Insassen halten sich an irgendeiner Parole fest und nur wenige unterziehen sich einer radikalen Selbstüberprüfung.

Unser Gymnasium war aber alles andere als ein gefährlicher Schützengraben; es war aber ein Symptom der insulären Geschlossenheit, in der die meisten Prager Juden zu Anfang des Jahrhunderts lebten. Ich habe später oft von einem Naturpark gesprochen, dessen Größe sich immer mehr und mehr verkleinert, von einem Eisberg, dessen Ränder täglich durch das ihn umgebende Wasser angegriffen werden.

Diese Juden hatten ihre eigene Presse und eigene Theater,

ihre eigenen Vorträge und ihre eigene Gesellschaft. Sie lebten in einem freiwilligen Ghetto, ohne es zu merken. Der Auftritt Adolf von Sonnenthals war eines der großen Ereignisse des Jahres, Lessings ›Nathan der Weise‹ war »ihr« klassisches Stück, eine Aufführung von Goldmarcks Oper ›Die Königin von Saba‹ ein »nationales« Ereignis, Emil Orlik ein äußerst wichtiger Maler, Hugo Salus und Friedrich Adler die »großen« heimischen Dichter. Sie versuchten, alle europäischen kulturellen Werte, auf die man größten Wert legte, in diesen engen und ziemlich bürgerlichen Rahmen hineinzuzwängen.

Es erscheint überraschend, und doch ist es charakteristisch – wir haben bis jetzt keine Studie, die sich ernsthaft mit diesen Umständen, die vor allem aus psychologischer und soziologischer Sicht interessant sind, befaßt –, daß sich dieses freiwillige Ghetto überhaupt nicht assimilieren wollte, es modifizierte ganz im Gegenteil alle äußeren Einflüsse nach eigenem Gutdünken.

Die österreichische Welt sah einfach und elegant aus, aber sie nahmen sie nicht ganz ernst. Sie verachteten den österreichischen Antisemitismus und Klerikalismus. Die aristokratische Hofkultur Wiens entsprach nicht dem liberalen Bürgertum der Prager Juden, die nur unbedeutende Beziehungen zur Armee und den hohen Hofämtern hatten; sie verdienten das Geld und legten es an, damit ihre Söhne studieren konnten. Überhaupt kein Verhältnis hatten sie zu den Sudetendeutschen. Der wenig schmeichelhafte Beiname »Randorl« zeigt schon die totale Distanzierung. Die Reichsdeutschen wurden von ihnen wegen ihrer Tüchtigkeit sehr bewundert, aber nicht geliebt. Es war für sie eine ganz andere, unsympathische Welt. Das Tor zum tschechischen Volk öffnete erst T. G. Masaryk mit seinem Auftritt in der Hilsneraffäre.[26] Einem kleinen Kreis dienten in dieser Hinsicht auch die frühen Gedichte von R. M. Rilke und seine fabelhafte Novelle ›König Bohusch‹.

Heute, da ein halbes Jahrhundert seit diesen Tagen vergangen ist, gehört alles unwiederbringlich und definitiv der Vergangenheit an. Langsam zerbrachen die Mauern des freiwilligen Ghettos. Nach der Gründung der Tschechoslowakei trat die Mehrheit der jüngeren jüdischen Generation in das tschechische oder zionistische Lager über, und Hitlers Aufstieg zog dann einen

Abiturbild (1901)

Schlußstrich unter diese Epoche. Vielleicht wirkt sie in manchem ein bißchen seltsam; wenn man sich aber die vielen Talente, die sie hervorbrachte, die vielen berühmten Namen in allen Kunst- und Wissenschaftsrichtungen, die in ganz Europa, sogar in der ganzen Welt, Anerkennung fanden, vergegenwärtigt, muß man ihr schon Anerkennung zollen. Denn dies war der Weg wirklicher Assimilation: zu kulturellen Werten.

Dieses Milieu umgab uns also, als wir Gymnasiasten waren. Wir spürten alle die Randsituation, Begrenztheit und Künstlichkeit unserer Position. In unserer Klasse waren neben Franz Kafka der Philosoph Hugo Bergmann, später Rektor der Jerusalemer Universität, der Kunsthistoriker Oskar Pollak, Protegé von Dvořák[27] – er fiel im Ersten Weltkrieg – der Journalist Paul Kisch, der Dermatologe Hugo Hecht, später Mitglied des kommunistischen Stadtrats in Prag. Die Klasse unter uns besuchte unter anderen auch der Schriftsteller Max Brod, der engste Freund Franz Kafkas und sein Entdecker[28]. Wir hatten einen kleinen Kulturzirkel, wo heftig über alle modernen Fragen diskutiert wurde: über Naturalismus, Jugendstil und Symbolismus; über Sozialismus, Zionismus und Nationalismus; über Individualismus und Kollektivismus; über Religion und Atheismus usw. Wir stritten miteinander und versöhnten uns wieder. Noch heute erinnere ich mich an den Sog geistiger Berauschung, der uns immer ergriff. Er ist in bestimmter Hinsicht eine natürliche Schicksalsfügung jeder jungen Generation. Aber die zugespitzte Randsituation führte zu einer besonderen, eigentümlichen Stellung der Prager Juden.

Und wie verhielt sich Franz Kafka? Innerlich – das merkte ich aber erst sehr viel später – erlebte er die Randsituation am stärksten. Sein ganzes Leben ist ein fortwährendes Bemühen, sie zu bewältigen; ein Prozeß, den er mit sich selbst führte; jeder seiner Texte steht für eine existentielle Entscheidung von äußerster Aufrichtigkeit.

Äußerlich war er der ruhigste, stillste und enthaltsamste Mensch. Sollte ich über Kafka etwas Allgemeingültiges und Charakteristisches sagen, dann ist es, daß an ihm äußerlich nichts Auffälliges war.

Seine Eltern waren weder arm noch reich. Ihr Geschäft befand sich im Gebäude des Kinsky-Palais, in dessen zweiter Etage unser Gymnasium war, am Altstädter Ring. Ebendort wohnte er, als ich ihn ein paar Wochen vor seinem Tod besuchte.[29] Wegen seiner Tuberkulose sollte und durfte er nicht sprechen; er lächelte freundlich, ruhig, scheu und ein bißchen rätselhaft, dasselbe Lächeln, das ihn schon seit seinen jungen Jahren begleitete.

Auch sein Anzug verriet weder den Dichter noch den Bohemien: er war immer sauber und ordentlich, unauffällig und in keinem Falle abgenützt, aber auch nie elegant gekleidet.

In den letzten Jahren seiner Gymnasialzeit befreundete er sich näher mit dem Mitschüler Ewald Felix Přibram, dem wir alle mit scheuer Ehrfurcht begegneten, weil er getauft war – damals war das eine große Seltenheit – und deshalb nicht am Religionsunterricht teilnahm. Er gehörte zu einer großen Gelehrtenfamilie gleichen Namens. Sein Vater war leitender Angestellter der Versicherungsgesellschaft am Poříč, wo auch Franz Kafka angestellt war, nachdem er seinen Doktor an der juristischen Fakultät gemacht hatte. Auch daran ist nichts Außergewöhnliches, sondern es handelte sich um einen sogenannten »normalen« Lebensweg.

Příbram selber – der Arme ist in Belgien auf der Flucht vor den Deutschen ertrunken – war auf seine Weise genau wie Kafka: immer höflich, liebenswürdig, lächelnd, zurückhaltend.

Als ich sehr viel später Ernst Barlach kennenlernte, den genialen Bildhauer und Maler, dessen Werk unter dem Einfluß der Russen stand, erinnerte ich mich auf einmal an den jungen Franz Kafka: auch er war unauffällig in seiner Kleidung, seinem Wohnen, seinem Benehmen. Ein Handwerker, der mit einfachen, gewöhnlichen Leuten lebte, dessen Seele aber von allen Dämonen der Hölle und des Himmels verfolgt wurde.

Das, was ich sagte, gilt auch für den Schüler Kafka. Er war nicht eben ein hervorragender Schüler, drohte aber auch nie durchzufallen. Nur vor der Matura hatte er große Angst. Sonst stand er aber ein wenig abseits des schulischen Geschehens. Keineswegs jedoch eingebildet, sondern irgendwie fremd, als handele es ich um eine Angelegenheit, die ihn innerlich überhaupt nicht interessierte, die aber ordentlich erledigt werden mußte.

Stolz oder Arroganz waren wirklich das letzte, dessen man ihn verdächtigen konnte. Genauso absurd wäre es, Kafka der Frechheit oder Zudringlichkeit zu beschuldigen. Wir alle hatten ihn sehr gern und verehrten ihn auch, aber wir waren mit ihm nie richtig vertraut: eine dünne Glaswand umgab ihn. Mit seinem stillen, gütigen, beteiligten Lächeln öffnete und verschloß er sich der Welt gleichzeitig. Er nahm auch nie an unseren lauten Geselligkeiten teil; nur einmal war er mit uns in einem sehr dubiosen Lokal. Aber auch da war er nicht anders als üblich: ein Gast, der die ungewohnte Umgebung mit Interesse wahrnimmt, verständnisvoll über sie lacht, aber sich doch von ihr distanziert.

Es ist nicht viel, was ich über Kafka erzählen kann: seinen

menschlichen Wert erkannte ich, aber ich muß auch zugeben, daß ich den Dichter in ihm erst sehr viel später erkannte. Es ist bestimmt mein Fehler, aber es ist auch kennzeichnend für ihn. Denn über andere Mitschüler, die später eine gewisse Bedeutung erlangten, könnte ich unverhältnismäßig mehr erzählen, weil sie einfach mitteilsamer waren. Was in meiner Erinnerung blieb, sind nicht einzelne Aussagen und Geschehnisse, sondern ein fast rührendes Bild von einem schlanken, hochgewachsenen, knabenhaft aussehenden Menschen, der so still, fein und fast heilig aussah, der gut war und ein wenig verlegen lachte, der bereitwillig gleich wessen Verdienste anerkannte und doch immer ein wenig distanziert und fremd blieb.

Der junge Kafka

ERINNERUNGEN VON LEOPOLD B. KREITNER

Es muß im Herbst 1902 – sicherlich aber nicht später als Frühling 1903 – gewesen sein, als ich Kafka zum ersten Mal in Prag begegnete. Es war ein etwas schmerzhaftes Zusammentreffen: er verabreichte mir eine ordentliche Tracht Prügel, denn ich und zwei andere boshafte Zehnjährige hatten es gewagt, den etwa zehn Jahre älteren Jugendlichen bei einer amourösen Schäkerei mit seiner Begleiterin in einem kleinen öffentlichen Park zu stören. Wir kannten ihn, denn wir waren Schüler der gleichen Schule, des Altstädter Gymnasiums: wir die Sextaner, er der »Maturant«, der kurz davor stand, die Schule zu verlassen und auf die Universität zu gehen.[30] Bei unserer zweiten Begegnung – zehn Jahre später – hatte er die erste nicht vergessen, um so weniger, weil wir uns unter beinahe den gleichen Umständen wiedersahen, und zwar in der Wohnung seiner Eltern in der Niklasstraße; dort überraschte er mich im Zimmer seiner Schwester Ottilie mit seiner reizenden Cousine Martha. Entschuldigungen und Gelächter, aber keine Handgreiflichkeiten. Ich kann nicht sagen, daß dies der Beginn einer Freundschaft war, aber dennoch begegneten wir uns von dieser Zeit an recht häufig bis zum Beginn des Ersten Weltkrieges; ich hatte die Möglichkeit, Franz Kafka sowohl in seiner familiären Umgebung als auch in seinen literarischen Kreisen zu treffen.

Kafka war kein introvertierter Mensch – dies steht sicherlich im Gegensatz zu dem Eindruck, den ein Leser vor dem Hintergrund seiner Werke gewinnen mag; für diese Zeit gilt nahezu das Gegenteil. In Gesellschaft konnte er – und meistens war er es auch – lustig und witzig sein, immer mit einem Wortwitz bei der Hand, sei es auf Deutsch, sei es auf Tschechisch. Natürlich, er war ein deutscher Schriftsteller, oder, um präziser zu sein, ein auf deutsch schreibender Schriftsteller. Diesen Umstand zu betonen, scheint mir von größter Bedeutung, weil hierin ein großer Teil der Besonderheit seines Schreibens begründet liegt. Franz Kafka ist, wie kein anderer, ein Kind dreier Kulturen: der tschechischen, der deutschen und der jüdischen.

HERMANN KAFKA,
Galanterie-Waren en gros Geschäft
PRAG I., Zeltnergasse Nr. 12., I. St.
H. K. P.
Postsparcassa-Conto Nro. 2131.
Telephon Nro. 141.

HEŘMAN KAFKA,
Praha I., Celetná ulice č. 12, I. posch.
Velkozávod galanterním zbožím.
Přísežný znalec c. k. zemského co trestního soudu v Praze.
Číslo účtu poštovní spořitelny: 2131.
ČÍSLO TELEFONU 141.

Tschechischer und deutscher Briefkopf für die Zeltnergasse 12, mit dem Firmenemblem, der Dohle (tschechisch: kavka)

HERMANN KAFKA,
Galanterie-Waren en gros Geschäft
PRAG I., ~~Zeltnergasse Nr. 12., I. St.~~
Altstädter Ring 16,
H. K. P.
Postsparcassa-Conto Nro. 2131.
Telephon Nro. 141.

HERMANN KAFKA
PRAG I.,
ALTSTADTERRING No. 16
Palais Kinsky.
GALANTERIEWAREN EN GROS.
Sachverständiger des k. k. Landes- als Strafgerichtes.
Postsparkassen-Konto No. 2.131.
TELEFON No. 141.

Überstempelter Briefkopf von 1914, mit der ab Herbst 1912 gültigen Adresse ›Palais Kinsky‹, wie auch der darunter stehende Briefkopf von 1917

HEŘMAN KAFKA
Velkozávod zbožím galanterním.
Telefon čís. 141. Pošt. spoř. čís. 2131.

HERRMANN KAFKA,
Galanteriewaren en gros.
Lager und Comptoir: PRAG-I., Zeltnergasse No. 12 n., I. Stock.

Briefkopf und dazugehöriger Briefumschlag aus dem Jahr 1908

Das Jahr 1860 brachte den Juden die vollständige Gleichberechtigung, und viele ergriffen die Gelegenheit und wanderten in die Hauptstädte Prag und Wien ab; dort suchten sie ihr Leben materiell zu verbessern, indem sie Handelsgeschäfte eröffneten. Da aufgrund eines Gesetzes der Handel zu jener Zeit auf Deutsch geführt wurde – die gesamte Buchführung mußte in dieser Sprache vorgenommen werden –, war zumindest eine teilweise Eindeutschung unausweichlich. Auch Franzens Vater Hermann war unter jenen, die nach Prag gingen, um ein eigenes Geschäft zu eröffnen. Aber er vergaß seine tschechischen Wurzeln und seine tschechische Erziehung nicht, und bis zu seinem Todestag schrieb er seinen Vornamen nur in der tschechischen Schreibweise »Heřman«.[31] Ich erinnere mich, daß er Deutsch mit einem starken tschechischen Akzent, wenn auch sonst sehr korrekt, sprach. Das galt auch für Franz Kafkas Mutter Julie. Sie war eine gute jüdische Mutter, aber auf keinen Fall eine »jiddische Mamma«. »Jargon« zu sprechen war bei den Kafkas verboten, und erst am Ende seines Lebens lernte Kafka Jiddisch, um sich einen Zugang zur chassidischen Literatur zu eröffnen.

Daß Kafka auf deutsch schrieb, ist auf die Tatsache zurückzuführen, daß er auf deutschen Schulen erzogen worden war, und dies wiederum ist auf rein topographische Umstände zurückzuführen. Die der elterlichen Wohnung nächstgelegenen Schulen im Stadtzentrum Prags – auch Altstadt genannt – waren deutsch und nicht weiter als fünf Minuten zu Fuß entfernt. Trotz seines Studiums an der Prager deutschen Ferdinand-Karls-Universität, seiner Mitgliedschaft in der »Lese- und Redehalle der deutschen

Studenten« und im Gegensatz zu fast allen seinen Kommilitonen, brach der junge Jurastudent seine Verbindungen mit der tschechischen Sprache und den Tschechen nicht ab. Max Brod, engster Freund seit 1902, erzählt über seine Verwunderung, als er nach dem Tod Kafkas von den engen Kontakten erfuhr, die dieser mit den tschechischen Dichtern Stanislaw K. Neuman, Fráňa Šrámek, Karel Toman und insbesondere mit dem Verfasser des ›Braven Soldaten Schwejk‹, Jaroslav Hašek unterhielt. (1923 – so erzählte mir Hašeks Verleger Synek – hatte er bei der Suche nach einem Übersetzer des ›Schwejk‹ auf Veranlassung des Verfassers auch Kafka angesprochen, aber ohne Erfolg.) Diese tschechischen Schriftsteller, die sich selbst »Club der Jungen« nannten, trafen sich regelmäßig im Gasthaus »U Brejšků«, wo sie erregte Diskussionen über Literatur, Kunst, Philosophie und eine auf Sozialanarchismus ausgerichtete Politik führten. Wie ich von Hašek und Toman erfuhr, war Kafka ein häufiger, wenn auch nicht regelmäßiger Teilnehmer an diesen Treffen. Kafka besaß eine umfassende Kenntnis der klassischen und zeitgenössischen tschechischen Literatur und besuchte häufig die tschechischen Theater.

Literatur und Philosophie, zum Teil auch Musik (eine Zeitlang spielte Kafka die zweite Violine in einem Streichquartett)[32] waren die Hauptinteressen des Freundeskreises, der sich zuerst in den Kaffeehäusern Français, Louvre und Continental traf, später dann beinahe ausschließlich im Café Arco. Neben dem tonangebenden Brod, bereits ein kleiner Postbeamter, trafen sich der Philosoph Emil Utitz, damals ein junger Lateinlehrer (1933 verlor er als Jude seinen Lehrstuhl für Ästhetik und Philosophie an der Universität in Halle; es war uns aber möglich, ihm den gleichen Lehrstuhl an der Ferdinand-Karls-Universität zu sichern), der Kunsthistoriker Oskar Pollak, der Bibliothekar Felix Weltsch und der Romanist Hugo Bergmann[33], der später der erste Rektor der Jerusalemer Universität werden sollte, sie alle waren Kafkas Mitschüler am Altstädter Gymnasium. In ihren täglichen – oder besser nächtlichen – Treffen beschäftigten sie sich nicht immer mit hochgeistigen oder gar intellektuellen Themen. Oft genug gingen die Freunde, damals noch Junggesellen, nachdem sie sich die Bestände der gutbestückten Sammlung an pornographischen Büchern des Oberkellners zu Gemüte geführt hatten, in das Etablissement der Madame Goldschmidt in der Gemsengasse, wo es vor dem Ersten Weltkrieg Tanz, den besten Kaffee und eine Auswahl an spärlich bekleideten »Damen« gab, mit einem festgelegten Tarif von zehn österreichisch-ungarischen Kronen für professionellen Service. Es ist durch Utitz und Bergmann belegt – und auch durch meine persönliche Kenntnis – daß Kafka zu dieser Zeit auf keinen Fall der scheue zurückgezogene junge Mann war, als der er später von jenen beschrieben wurde, die ihn nur als älteren Mann oder persönlich überhaupt nicht kannten.

Neben diesem Freundeskreis gab es den literarischen Salon von Frau Berta Fanta, in dem die jungen Autoren Ablenkung und Anregung fanden. Im Haus der reichen Apothekerswitwe[34] am Altstädter Ring trafen sich regelmäßig die bereits etablierten und die aufstrebenden Intellektuellen des deutschen Prag. In Frau Fantas Haus konnte man Prof. Christian von Ehrenfels treffen, den etwas skurrilen Philosophen, Schüler Franz Brentanos und damaligen Professor an der Technischen Universität[35], und auch Albert Einstein, niemals ohne seine Geige[36], den Dichter und Gynäkologen Hugo Salus (die Verkörperung des »art noveau«), die jungen Dirigenten Otto Klemperer und Erich Kleiber (später Generaldirigent der Berliner Staatsoper) und einige Berühmtheiten, die sich zu Besuch in der Stadt aufhielten – Rainer Maria Rilke, selbst in Prag geboren, oder Rudolf Steiner, von Goetheschem Ruhm, zu jener Zeit noch Anthroposoph. Frau Fanta sorgte dafür, daß nur die Ausgewählten den Ton angaben, so daß nach dem Ende der Veranstaltungen die frische Luft des Altstädter Ringes ebenso willkommen wie notwendig war. Kafka war meistens nur stiller Zuhörer, gelegentlich warf er eine relevante Frage oder eine scharfe Bemerkung ein, die die »abgehobene« Diskussion wieder auf den Boden der Tatsachen zurückholte. Gelegentlich blieb er den Treffen fern, abgestoßen von der überheblichen Weise, in der sich diese Abende entwickelt hatten. Ich glaube, daß es an einem Abend im Jahre 1913 war, daß die deutsche Dichterin Else Lasker-Schüler einmal der Ehrengast war. Sie hatte ein sehr affektiertes und übertriebenes Wesen. Gegen Mitternacht verließen wir alle (ich erinnere mich, daß Franz Werfel und Egon Erwin Kisch ebenfalls anwesend waren), die Veranstaltung, und unsere Besucherin – sie nannte sich »Prinz von Theben« und versuchte angestrengt auch so auszusehen – sank angesichts des wunderschönen Platzes, der mit seinen gotischen Türmen rechts und links in nahezu überirdisches Mondlicht getaucht war, auf ihre Knie nieder und begann, eine improvisierte Ode zu rezitieren. Ein Polizist griff ein und fragte sie, wer sie sei. Stolz erwiderte sie »Ich bin der Prinz von Theben«, worauf Kafka korrigierte: »Sie ist nicht der Prinz von Theben, sondern eine Kuh vom Kurfürstendamm.«[37]

Ich glaube mich zu erinnern, daß Else Lasker-Schüler uns von Kurt Wolff, dem Leipziger Verleger der Vorkriegsgeneration junger deutscher Schriftsteller, vorgestellt worden war. Wolff kam nach Prag, um hier Kontakte mit neuen Autoren zu knüpfen, von denen er entweder durch Max Brod gehört oder deren Namen er in den vielen kleinen Monatsschriften wie ›Sturm‹ (Berlin) und ›Die Revolution‹ (München) entdeckt hatte. Diese Zeitschriften widmeten sich ausschließlich den non-konformistischen Jungen und wurden auch von diesen herausgegeben. Im Grunde gab es zu dieser Zeit zwei Gruppen junger deutscher Schriftsteller in Prag: zum einen die von Max Brod und seinem Kreis repräsentierte Gruppe der um 1880 geborenen und damit etwa zehn Jahre älteren Literaten, zum anderen die Gruppe von Franz Werfel und seinen Freunden. Brod hatte bereits zwei Romane veröffentlicht: ›Schloß Nornepygge‹ (heute glücklicherweise in Vergessenheit geraten) und einen sehr viel besseren: ›Das tschechische Dienstmädchen‹.[38] Franz Kafka, damals Beamter der Arbeiter-Unfall-Versicherungs-Anstalt, versuchte sich im Schreiben, ohne etwas veröffentlicht zu haben. Über uns Jüngere rümpfte Brod die Nase und Werfel gegenüber empfand er Neid.[39] Seinen wenig freundlichen Gefühlen verlieh er in seinem Schlüsselroman ›Tycho Brahes Weg zu Gott‹ Ausdruck; hier wird Kafka auf der Seite der Engel gezeigt, Werfel in der Gestalt von Brahes Gegenspieler Kepler und die übrigen als bêtes noires. Tatsächlich stand Kafka, den Wolff damals »für seinen Stall anwarb« (ipsissima verba), etwas zwischen den beiden Gruppen. Oft genug saß Kafka mit uns im Café Arco, und wir zählten ihn sogar zu den Unsrigen, besonders nachdem er uns den ersten Entwurf seiner ›Verwandlung‹ vorgelesen hatte. Auf der anderen Seite betrachtete ihn Brod nahezu als sein persönliches Eigentum. Der Kriegsausbruch ermöglichte es ihm, seinen Einfluß auf Kafka noch zu vergrößern, denn wir übrigen waren durch den Krieg gezwungen, Prag zu verlassen. Heute ist der Name Kafka untrennbar mit dem Namen Brods verbunden, weil er ihn zu seinem literarischen Nachlaßverwalter machte.

Nach Ende des Krieges, dessen zweite Hälfte die meisten von uns jüngeren Prager Literaten in Wien verbrachten, kehrte ich nur gelegentlich in die jetzt tschechische Hauptstadt zurück und traf mich auch nur gelegentlich mit Kafka. Er war zu dieser Zeit bereits von der tödlichen Krankheit gezeichnet. Eine noch jüngere Generation war auf der Prager Szene erschienen, die Kafkas Meinung nach weder innovative Kraft zeigte noch Anlaß zu vielversprechender Hoffnung gab. Er interessierte sich hauptsächlich für Philosophie und Judaismus, und als wir über diese Themen sprachen, wurden seine Augen beinahe durchdringend und feurig. Er erschien mir immer noch jung und jungenhaft, auch wenn sich an den Schläfen bereits graue Strähnen in seinem pechschwarzen Haar zeigten. Seine Stimme war leise und zart und recht hoch. Bei einem unserer seltenen Treffen fragte ich ihn, ob er immer noch sänge. (Er hatte eine begrenzte, aber schöne Tenorstimme und sang gelegentlich zuhause.) Wir unterhielten uns damals auf Tschechisch, und er erwiderte mit einer alliterierenden Änderung des Satzes und mit einem etwas ironischen Lächeln: »Víte, kafka jen kráká.« (»Sie wissen, daß eine Dohle nur krächzt.«) Ottla, seine ergebene Schwester und Gefährtin, konnte kaum ihre Tränen zurückhalten, als ich ihr dies später erzählte und gab ihrer Angst vor der Zukunft Ausdruck. Sie beklagte sich, daß Franz »ab und zu entwischte, um mit Frauen zusammen zu sein«. Ich glaube, daß ich hiernach, also wahrscheinlich im Jahr 1923, Kafka nur noch ein- oder zweimal traf. Immer wenn ich nach Prag kam, war er fort, entweder in Wien oder in irgendeinem Ort im Böhmerwald, um eine Besserung seiner Krankheit zu suchen. Er starb 1924.

Als Erzieherin in der Familie Kafka

ERINNERUNGEN VON ANNA POUZAROVÁ
AUFGEZEICHNET VON HANUŠ FRANK
UND KAREL ŠMEJKAL

Frau Anna Pouzarová lebt heute in Veselí nad Lužnicí und ist fast 83 Jahre alt, sie ist gebürtig aus České Budějovice, ihr Vater war Eisenbahner. Den Posten als Erzieherin in der Prager Familie Kafka trat sie am 1. Oktober 1902 auf Empfehlung von Bekannten von Herrn Hermann Kafka aus Strakonice an. Sie war damals ein 21jähriges schlankes und hübsches Mädchen. Franz Kafka war neunzehn Jahre alt. Bestimmt schenkte er dem Dorfmädchen, das erstmalig nach Prag gekommen war, Beachtung, und möglicherweise hat sie ihn auch auf ihre Art angezogen. Auch diese Beziehung beschreiben die Erinnerungen, und es ist bestimmt nicht nur der Zeitabstand, sondern auch beeinflußt von der sittsamen Enthaltsamkeit in den Gefühlsbeziehungen dieser beiden jungen Leute, daß dieser Teil der Erinnerungen von einem ungewöhnlichen Zartgefühl gekennzeichnet ist.

»Ich sorgte als Erzieherin für die drei Schwestern von Franz Kafka«, beginnt die Erzählung von Frau Anna Pouzarová. »Es waren dies die 15jährige Gabriela, die 13jährige Valerie und die 11jährige Otylie (Ottla). Ella besuchte schon die Privatschule von Schönborns, die zwei anderen Mädchen führte ich morgens immer in die Stadtschule in der Masná-Gasse (Fleischergasse). Die Mädchen waren sehr brav, lernten gut, die temperamentvolle Ottla war ein Wildfang, aber auch Lieblingskind. Franz studierte an der deutschen Karls-Universität Rechtswissenschaft. Seine Eltern besaßen in der Zeltnergasse Nr. 3 einen Laden, die Wohnung war im gleichen Haus im zweiten Stock. Das Haus hatte zweigeschossige Keller, vom unteren führte angeblich ein Gang unter den Altstädter Ring.

Zwischen der Pfarrei der Theinkirche und dem Haus Nr. 3 ist ein Gäßchen, durch welches man in die Kirche geht. Die linke Seite des Gäßchens bildete damals eine hohe Mauer, in diese waren verschiedene Kammern und Lagerräume eingebaut, oben bildete

Die Eltern

sie dann eine breite Terrasse. An ihrem Ende war eine verglaste Tür, die in die Kirche führte, zum Oratorium neben der Orgel.

Herr Hermann Kafka war von großer, stattlicher Gestalt, von angenehmem Äußeren, ein strenger Herr. Frau Julie Kafka war mittelgroß, eine liebe und nette Dame. Als sie mich anstellte, sagte sie, daß Fanny, die Köchin, eine stattliche 30jährige, viel Arbeit habe und daß ich vormittags, wenn die Kinder in der Schule wären und etwas Zeit hätte, Fanny helfen sollte. Vor allem sollte ich täglich Franz das Frühstück bereiten.

Frau Kafka ging selbst einkaufen. Sie kam, sagte Fanny, was sie kochen solle, und auf dem Teller bereitete sie für gewöhnlich ein kleines Maß von Kakao, gab ein Stückchen Schokolade hinein, goß Milch in ein Töpfchen, schnitt ein Stück Gugelhupf ab, dazu ein Stückchen Butter, und ich bereitete dann das Frühstück, ordnete alles auf dem Tablett an und trug es in Franz Kafkas Zimmer. In diesem stand neben dem Fenster ein kleines Tischchen, darauf stellte ich immer das Frühstück.

Der junge Herr war groß, schlank, von ernster Natur, wenig gesprächig. Er sprach mit ruhiger, leiser Stimme. Er trug vorwiegend dunkle Anzüge und manchmal einen schwarzen, runden

Hut. Niemals habe ich ihn aufgeregt gesehen, oder daß er laut gelacht hätte. Nach dem Frühstück ging er weg, und Fanny machte das Bett, fegte den Boden, ich wischte Staub. Manchmal kam Herr Franz bald zurück, manchmal erst mittags. Sein einfach eingerichtetes Zimmer war links vom Speisezimmer. Die Tür des Zimmers war ständig geöffnet. Neben der Tür stand der Schreibtisch, auf ihm lag das ›Römische Recht‹ in zwei Bänden. Gegenüber beim Fenster war ein Kasten, davor ein Fahrrad, dann das Bett, daneben ein Nachtkästchen, bei der Tür ein Bücherregal und ein Waschtisch. Von den Büchern, die damals in der Familie Kafka gelesen wurden, erinnere ich mich an die Lektüre über die Tragödie in Mayerling. Der plötzliche Tod des Kronprinzen Rudolf und der Baronesse Marie Wetschera lag den Leuten beständig im Kopf, da man in der ehemaligen Österreichisch-Ungarischen Monarchie darüber nicht sprechen oder schreiben durfte. Ein Buch, das ich mit Interesse durchgelesen habe, es war in Leipzig erschienen.

An Zeitungen las man in der Familie ›Bohemia‹ und das ›Prager Tagblatt‹.

Franz Kafka war auf Abhärtung bedacht. Fanny machte abends sein Bett, aber morgens lagen die Roßhaarmatratzen auf

Die Schwestern (von links) Valli, Elli und Ottla

dem Boden neben dem Fahrrad, das Leintuch schön am Bett gespannt. Ob der junge Herr wohl nur auf dem Strohsack geschlafen hat? Niemand sprach darüber. Neben dem Speisezimmer war ein großes Zimmer. Wenn es nicht zu kühl war, lagen die Mädchen völlig ausgezogen im Zimmer auf dem Teppich und machten über einige Zeit hin Atemübungen, wie Franz angeordnet hatte.

Spazieren gingen wir jeden Tag auf dem Plateau der ›Letna‹. Andermals machten wir uns in Begleitung von Franz zur Überfahrt vom Vyšehrad auf. Die Fähre fuhr ein urwüchsiger ›Podskalák‹, ein typischer Moldauschiffer, Herr Souček. Er kannte alle Kinder Kafkas und liebte sie. Die Mädchen konnten sich auf dem Schiff allerhand erlauben, und Franz drängte immer darauf, daß sie alleine ruderten.

Der junge Herr war sehr fleißig. Wenn er zu Hause war, saß er fast immer am Schreibtisch, studierte und schrieb. Herr Hermann Kafka, die Kinder und ich aßen für gewöhnlich ohne Frau Kafka zu Mittag, diese aß erst, wenn der ›Herr Chef‹ wieder ins Geschäft zurückging. Wenn Franz mittags nach Hause kam, aß er am liebsten erst mit der Mutter. Die Mädchen gingen gleich nach dem Essen mit mir ins Kinderzimmer. Manchmal hatten sie nachmittags noch Schule, ein andermal lernten sie oder machten Schulaufgaben. Im Winter ging man nachmittags zum Eislaufplatz, wo man zu dieser Zeit zu Drehorgelmusik Schlittschuh lief. Zweimal wöchentlich gingen wir zum Französischunterricht nach Žižkov, zweimal kam auch eine Klavierlehrerin. In Freizeiten hatte ich ständig etwas zu nähen, stricken und auszubessern, und so ging das Tag um Tag. Franz hatte sich einmal seinen Hausmantel von der Tasche bis zum Rand zerrissen. Er brachte ihn mit der Bitte, ob ich den beschädigten Stoff richten könne. Ich sagte, ich würde es versuchen. Ich besorgte mir Seide von passender Farbe, setzte mich in der Küche unter das Gaslicht und arbeitete; Ellinka kam mir nach, auch Franz kam schaun und fragte gleich die Schwester, ob sie das auch könne. Ich antwortete für sie, daß sie dies erst lernen werde, Ellinka bejahte. Die Reparatur des Mantels fiel gut aus, Franz freute sich.

Ottla brachte einmal irgendwoher einen kleinen gelben Kanarienvogel mit, und Franz bewunderte ihn ebenso wie seine jüngeren Schwestern. Er gab ihm auch einen Namen – Karabontara –, einen genug komplizierten, die Mädchen mußten ihn üben, damit sie sich nicht die Zunge brachen, wie Franz sagte. Nach einiger Zeit hatte sich das kleine Federtier an die von Franz bestimmte Namensgebung gewöhnt. Der Kanarienvogel flog morgens, wenn wir den Käfig aufräumten, im großen Salon herum, in den man selten ging. War die Zeit zum Spielen um, ging Valerie in den Salon, streckte die Hand aus und rief: Karabontara! Der Kanarienvogel kam geflogen, setzte sich auf die Hand von Valerie und ließ sich in den Käfig tragen. Offensichtlich hat ihn Franz in seinen Mußestunden dazu abgerichtet. Bald nach dem Kanarienvogel kam ein weiteres ›Tier‹-Familienmitglied dazu, als die Mädchen eines Tages irgendwoher ein kleines Hündchen – einen Foxl – mitbrachten. ›Aber wer wird das Hündchen füttern, wenn wir in der Schule sind? Selbstverständlich das Fräulein!‹ Und so war es nötig, einige Zeit auch das Hündchen zu erziehen, das alleine noch keine Nahrung aufnehmen konnte, und wir mußten ihm erst beibringen, Milch aus der Flasche zu trinken und nachher auch aus der Schüssel.

Wenn Franz zu uns in die Küche kam, war es mir und der Köchin Fanny immer lieb. Der junge Herr war kein Freund billigen Lächelns und Geschwätzes. Auch sein froher Blick war auf seine Art zugleich ernst. Er fragte uns nach unserer Laune und ob wir viel Arbeit hätten. Fanny beklagte sich manchmal, daß sie vom Herrn ausgeschimpft worden sei. Franz nickte nur mit dem Kopf, es lag darin aber mehr Verständnis für das Hauspersonal, als von irgendjemandem anderen in der Familie.

In der Küche hing über dem Ausguß mit Wasserleitung ein kleiner Spiegel. Franz ging immer vor dem Mittagessen oder vor dem Nachtmahl zur Wasserleitung, um seine Hände zu waschen. Fanny sagte ihm einmal, daß er sich ganz mit dem Seifenwasser bespritzen würde, wenn er ständig in den Spiegel sähe und darin beobachte, was ich tue. Ich errötete, der junge Herr lächelte nur und ging weg. Einige Tage danach fragte er mich nach dem Frühstück, wovon ich in der Nacht geträumt hätte. Ich erinnere mich nicht, was ich ihm geantwortet habe, ich weiß nur, daß ich zu erröten begann und wir vorzeitig das Gespräch beendeten. Ich war doch etwas älter, und Franz Kafka – auch wenn er sich wie ein erwach-

Aus der Studienzeit

sener Mann benahm – erinnerte mich ständig dem Aussehen nach an einen Jüngling. Wirklich, er sah wie ein Junge aus.

Die Mutter von Franz, Frau Julie Kafka, habe ich vom ersten Tag meines Aufenthaltes in der Familie sehr gern gehabt. Sie war an Wochentagen den ganzen Tag und an Sonntagen vormittags im Geschäft, trotzdem aber auch im Haushalt eifrig und zu jedem freundlich. Eines Sonntagnachmittags kam sie plötzlich in die Küche, ich saß gerade am Tisch und schrieb. Sie streichelte von hinten über mein Haar, ich drehte mich um und sagte ›Mutter‹. Ich stammelte etwas und schwieg, zu guter Letzt habe ich mich auch entschuldigt. Ich hatte doch gerade einen Brief nach Hause geschrieben und an meine Mutter gedacht! Frau Kafka streichelte mir nochmals über die Wange und sagte mir, daß sie mir nicht im geringsten böse sei. ›Ich bin doch Mutter von vier Kindern‹, fügte sie hinzu.«

Von den Fragen, die heute ein Besucher Frau Anna Pouzarová stellt, bleiben nur wenige ohne Antwort. Dennoch kann die damalige Erzieherin im Hause die nähere Beziehung von Franz Kafka zum Vater oder zur Mutter nicht schildern; sie behauptet, daß Familienangelegenheiten – wenigstens in der Zeit ihres einjährigen Aufenthaltes – niemals vor dem Hauspersonal gelöst wurden. Gut erinnert sie sich aber an die jungen Freunde von Franz Kafka, von denen am häufigsten Felix Ewald Přibram kam, weiter Camill Gibian (besonders von diesem freundschaftlichen Verhältnis ist bisher wenig bekannt) und später dann Max Brod. Charakteristisch für die Beziehung zwischen Franz Kafka und Camill Gibian ist ein Vorkommnis aus der Silvesternacht 1902.

»Zu Silvester« – erinnert sich Frau Pouzarová – »waren Kafkas bei der Familie des Bruders von Frau Julie Kafka eingeladen, und mich luden sie ein, ich solle mit ihnen gehen. Ich bat aber, sie möchten mich entschuldigen, weil ich abends zu Hause bleiben wolle. Als sie weggingen, sagte Frau Kafka: ›Franz bleibt auch zu Hause!‹ Etwa eine Dreiviertelstunde vor Mitternacht ertönte die Klingel. Es kam Herr Camill Gibian und fragte gleich, ob Franz zu Hause sei. Als ich bejahte, fragte er, ob er schon schliefe. ›Einen Augenblick, ich werde es gleich feststellen‹, sagte ich und ging im Zimmer des jungen Herrn nachsehen, wo das Licht brannte. Er saß beim Tisch und schrieb, ungern habe ich ihn gestört: ›Junger Herr, Herr Gibian ist hier!‹ – ›Und sagten Sie ihm, daß ich zu Hause bin?‹ – ›Ja!‹ – ›Oh je, oh je!‹ Traurig nickte er mit dem Kopf, zog seinen Rock an, nach einer Weile ging er mit Herrn Gibian weg. Den Abend – eigentlich nur den Rest – verbrachte Franz irgendwo in fröhlicher Gesellschaft. Aber wo er mit Herrn Gibian war, das habe ich nicht erfahren.

Franz Kafka hatte auch einen Vetter in Troja, der dort einen Weinkeller besaß. Einmal machte ich mich mit den Mädchen auf den Weg nach Troja. Franz war schon vor uns mit seinen Freunden Felix E. Přibram und Camill Gibian mit dem Fahrrad dorthin gefahren, sie warteten am Weinkeller. Die Mädchen gingen in den Garten spielen, mich aber lud Franz in den Keller ein, goß in die Gläser Wein ein und ›Prost‹! Ich nippte aus Höflichkeit und wollte nicht mehr trinken. Franz überredete mich, endlich trank ich etwa drei Gläser aus. Dann entschuldigte ich mich, trotz des Drängens aller drei jungen Männer, und lief zu den Mädchen weg.

Unvergeßliche Eindrücke habe ich von dem mir bis heute liebsten Buch – die ›Babička‹ (Großmütterchen) von Božena Němcová. Das war so: Franz interessierte sich dafür, was sich die Mädchen in der Freizeit mit mir erzählten. Ich sagte, daß sie ziemlich fließend tschechisch sprächen, nur die Grammatik beherrschten sie nicht. Franz machte eine abwehrende Handbewegung, ›die Hauptsache, sie sprechen, die Grammatik können sie später lernen.‹ Dann brachte er mir eine schöne illustrierte Ausgabe der Babička, aus welcher ich später den Mädchen eine Reihe von Tagen lang vorlas. Auch ihnen gefiel das Buch sehr.

In meinem einjährigen Aufenthalt in der Familie Kafka erkrankte nicht einmal jemand, alle schienen eine eiserne Gesundheit zu haben. Trotzdem fuhr Franz nach Dresden und war dort im Viertel ›Weißer Hirsch‹ beim Arzt Dr. Lahmann. Nach seiner Rückkehr machte ich ihm jede Woche einen Gugelhupf nach dem Rezept von Dr. Lahmann. Den bekam niemand anderer. Bis heute habe ich das Rezept für diesen Gugelhupf im Kopfe:

25 dkg Zucker wurde an der Schale einer Orange und einer Zitrone abgerieben, den Staubzucker mußte man noch gut absieben, damit keine Klümpchen blieben. Dann gab man sechs Eigelb hinzu und alles wurde weiter gründlich eine halbe Stunde gerührt. Dann wurde etwas Zitronensaft dazugegossen und Stärkemehl im Gewicht zweier roher Eier eingerührt, dazu gab man den sehr festen Schnee von sechs Eiweiß, und der Teig wurde langsam in einer mit Butter ausgefetteten und mit Mehl fein ausgestäubten Form gebacken.

Vor den Ferien kam Franz in Gala in die Küche. Auf dem Kopf eine Zereviskappe, über der Brust eine Schärpe, salutierte ernst und ging weg. Vielleicht hat er Prüfungen abgelegt. Bald nachher fuhren wir zum Ferienaufenthalt nach Zálezly (Salesel) in der Nähe von Ústí nad Labem (Aussig an der Elbe). Wir badeten viel und oft in der Elbe und sonnten uns am Strand, immer getrennt und ohne Badeanzüge, um so am meisten mit der Natur verbunden zu sein und die Sonne und den Sommer ganz zu genießen. Franz fuhr nach Dresden, kam aber bald zurück. Es tat ihm draußen gut. Er fuhr viel Fahrrad und spielte Tennis mit einem hübschen Mädchen. Nach seiner Rückkehr nach Prag schrieb er ein längeres Gedicht ›Stella‹. So hieß nämlich das Fräulein. ›Anna, Franz ist Ihnen untreu‹, sagte mir Ottla.

Als wir eines Sonntagnachmittags alle im Salon saßen, kam plötzlich Ottla angelaufen, sprang um den Tisch herum und sang: ›Čing, čang, ling, čong – unser Franz hat das Fräulein Anne gerne!‹ Sie wiederholte es einigemal. Ella und Vally lachten, sie sahen mich an und sagten nichts. Frau Kafka sagte: ›Ottla, was singst du da?‹ ›No – es ist doch wahr.‹ ›Und das Fräulein, was sagt Sie dazu?‹ (Frau Kafka ›siezte‹ mich.) – ›Nichts – Sie wissen doch, daß Ottla merkwürdige Einfälle hat!‹ Es kam mir doch manchmal direkt sonderbar vor, wie höflich Franz war, immer wieder grüßte, auch wenn wir uns am Tag noch so oft begegneten.

Oft sprachen wir in der Familie Kafka von Südböhmen, sie hatten diese Gegend gern. Ich kannte Strakonice gut und Herr Hermann Kafka erinnerte sich gerne an die Stadt nahe seiner Geburtsstätte – Osek in der Strakonicer Gegend. Franz fuhr nach Planá nad Lužnicí, das war nur ein Stückchen von meinem Wohnort entfernt. Als wir wieder einmal von Südböhmen erzählten, unterbrach Franz Kafka unser Gespräch mit der Frage: ›Und wißt ihr, daß der Gatte der Božena Němcová in Tàbor begraben ist?‹ Das war für uns eine Neuigkeit und wir verabredeten, daß wir einmal gemeinsam das Grab aufsuchen würden.

Als mein Bruder Gustav, Quartaner der Realschule, zu mir nach Prag kam, hat ihn Franz freundlich begrüßt. Er fragte ihn über Südböhmen aus, ob er lieber in der Lužnice oder in der Nežárka bade – das war eigentlich ein Scherz, in Veselí nennt man es ›Alter‹ oder ›Neuer Fluß‹. Als sie sich verabschiedeten, sagte Gustav zu ihm: ›Nazdar!‹ (soviel wie ›Leb' wohl!‹). Franz hat das überrascht, wie rasch der Junge mit ihm ›gut Freund‹ wurde und erzählte später davon. ›Wir waren eigentlich Kameraden, als er mir zum Abschied ›nazdar‹ sagte!‹«

Für die Eltern schrieb Franz Kafka zum Geburtstag und zu anderen feierlichen Anlässen einige Theaterstücke, deren Titel zwar erhalten blieben, die Handschriften aber nicht. Es waren dies die Schauspiele ›Der Gaukler‹, ›Photographien reden‹ und ›Georg von Podiebrad‹. Besonders der Titel des letzten Spieles bezeugt, wie die Besuche des Nationaltheaters Franz Kafka beeinflußt haben. Der Brauch, ein Theaterstück im Familienkreis aufzuführen – Franz Kafka nahm daran als Autor des Textes und Regisseur teil – erhielt sich bis zur Zeit seines Universitätsstudiums. Er inszenierte angeblich mit seinen Schwestern die »Einakter von Hans Sachs«, auf die ihn die Lektüre des Operntextes von Wagners Oper ›Die Meistersinger von Nürnberg‹ brachte.

Frau Anna Pouzarová wirkte in einem der Stücke mit und erinnert sich folgendermaßen daran:

»Frau Kafka hatte Geburtstag und Franz schrieb für das Theater einen Entwurf, wie seine Schwestern sagten. Der Höhepunkt eines einaktigen Auftrittes war die Gratulation. Die Mädchen und ich spielten nach aufgeschriebenem Text von Franz. Wir hatten vorher einige Proben, die Texte mußten wir auswendig lernen, Franz war ein strenger Regisseur. Endlich kam die Premiere näher. Das Publikum saß im Salon, das ganze Speisezimmer war die Bühne, der Vorhang die breite Verbindungstür. Zur Aufführung kam der Vater von Frau Kafka und ihr Bruder mit Familie. Unser Auftritt war angeblich sehr schön und gut gespielt. Mir setzten die Mädchen eine große Brille ohne Gläser auf, damit ich auf der ›Szene‹ gelehrt aussähe. Obwohl der Inhalt des Einakters einfach war, erinnere ich mich nicht daran.

Ein außergewöhnliches Ereignis im Familienleben bei Kafka waren auch einige jüdische Feiertage. Wenn man Pessach feierte, war damit eine Reihe von Arbeiten verbunden. Frau Kafka versperrte erst einmal alles laufend gebrauchte Geschirr und Porzellan in Schränken und Kredenzen. Dann gingen wir mit einem großen Korb auf den Speicher, wo Ersatzgeschirr und -porzellan gelagert war, welches nur zu Feiertagen gedeckt wurde. Wir trugen alles hinunter, spülten es sorgfältig und benutzten es während der Zeit der Feiertage. Alle aßen wir Mazzes, nur Franz Kafka nicht, angeblich schmeckten sie ihm nicht, sagte man von ihm in der Familie. Franz benahm sich auch während der Feiertage, wie an anderen gewöhnlichen Tagen, er arbeitete, las, tat nichts Besonderes. Aus den Mazzes bereiteten wir damals einen Leckerbissen, ›Mazze loks‹ genannt, etwas in der Art eines Puddings. Mazze loks aß Franz sehr gerne.

Und wenn wir schon bei den Leckerbissen sind, Franz Kafka aß auch Spinat gerne. Kaum erschien er im Frühling auf dem

Markt, wurde er bei Kafkas fast zur täglichen Beilage zum Fleisch und zu anderen Gerichten.

Ende Oktober 1903 wurde meine alte alleinstehende Tante krank«, beendet Frau Pouzarová ihre Erzählung, »und so habe ich bei Kafkas gekündigt, damit ich sie pflegen konnte. Franz empfahl der Mutter, sie sollten als Ersatz für mich eine Französin aufnehmen, mit der alle Familienmitglieder die Gelegenheit zur französischen Konversation hätten. Ich ging ungern weg, Valerie hat mir einige Male geschrieben und zweimal kam ich später mit den Mädchen auf einem Spaziergang durch Prag zusammen. Immer begleitete sie eine französische Erzieherin. Sie konnte gut Deutsch, und auch mit ihr wechselten wir einige Sätze. Einmal bin ich Franz Kafka selbst begegnet. Höflich wie immer verneigte er sich leicht, gleich als er mich erblickte, lächelte, zog den Hut. Vielleicht war er in Eile, denn zu einem Gespräch blieben wir nicht zusammen stehen. Schade, es war dies unsere letzte Begegnung.

Mehr habe ich von ihm nicht mehr gehört. Erst im Juni 1924 – vor vierzig Jahren – habe ich in der ›Tribuna‹ einen Nachruf gelesen, den Max Brod geschrieben hat: ›Franz Kafka ist gestorben.‹«

Tête-à-tête mit Nietzsche

ERINNERUNGEN VON SELMA ROBITSCHEK

Wer ich bin? Die Tochter des Oberpostmeisters Kohn aus Roztok bei Prag. Kennen Sie Roztok, den Wald? Erinnern Sie sich an den steilen Weg dahin und wie man plötzlich auf der herrlichsten Waldlichtung steht, das hohe Gras voll Himmelschlüssel, Marientränen, Glockenblumen und mitten darin eine sehr sehr alte Eiche! Unter dieser Eiche sind wir Kinder, Franz und ich, oft gesessen und er hat mir Nietzsche vorgelesen, was und ob ich es verstand, Dr. Brod, es liegen 55 Jahre dazwischen, wir haben uns gegenseitig angeschwärmt, wie man damals war, ich war schön und er war sehr klug und beide waren wir so himmlisch jung. Kafkas wohnten einen Sommer lang bei uns im 1. Stock. Und unser Garten lief in einen hohen Berg aus. Oben stand eine Bank und des Abends gingen wir oftmals, Franz eine brennende Kerze in der Hand, zu dieser Bank – man sah so weit, das ganze Tal, das silberne Band der Moldau, am andern Ufer Klettau und Bruky beleuchtet und er wollte mich überreden, meinen Vorsatz zu studieren auszuführen. Aber es nützte nichts, mein Vater erlaubte es nicht – man hat damals den Vätern gefolgt – und so kamen wir auseinander.

Es tut mir leid, daß ich nicht mehr sagen kann, aber es liegt zu weit – in meiner Erinnerung steht er als meine erste Liebe – unvergeßlich.

Roztok an der Moldau

Rückblick auf eine Freundschaft

ERINNERUNGEN VON OSKAR BAUM

Es fällt mir immer noch sehr schwer, richtiger gesagt: es ist mir unmöglich, über Franz Kafka, über den Menschen wie über seine Kunst, die so sehr eins waren, objektiv und angemessen zu sprechen oder gar zu schreiben. Es ist immer noch zu bald. Sein Hingang ist noch zu sehr Gegenwart, der eben erst geatmete Augenblick. Zu selbstverständlich ist es, daß er danebensteht und ich es ihm ins Gesicht sagen und denken muß. Mit entsetztem – nein, so grelle Dinge gibt es bei ihm nicht – mit einem erstaunten fragenden Nichtbegreifen, mit nachsichtiger verweisender Bestimmtheit greift er stumm lächelnd nach meiner Hand, damit ich nicht über das erste Wort hinauskomme – und ich nütze mit quälendem Gewissensdruck seine physische Verhinderung aus und schreibe doch.

Was könnte ich Fremden über ihn aussagen? Wer ihn nicht kannte, kann sich vielleicht ein so bis ins letzte einzigartiges Wesen nicht vorstellen. Die geringste Reflexbewegung noch hatte etwas von dieser persönlichsten Eigenart.

Mit einer nicht überbietbaren Schärfe und Klarheit des Blicks prüfte und entzauberte, entschälte er das Echte des äußern und innern Lebens bei sich und anderen. Er verurteilte nie; er stellte fest; ohne Haß und Scheu, aber auch ohne verzärtelnde Empfindsamkeit faßte er das Skelett jeder Seele, jeder Begebenheit, jeder sich ereignenden Situation sicher, doch dabei mit so zarten behutsamen Fingern, daß auch die Kälte des unbarmherzigen Beschauers – war es die Grazie des Ausdrucks, war es die unverwelkliche Güte des reinen Willens? – nie wehtat, niemals frösteln machte. Daß ihm die Liebe zum Irrweg, die Verliebtheit in das Nebenher, in das Kleid der Dinge nicht fehlte, braucht man bei einem so bildkräftigen Dichter nicht zu betonen. Aber er wußte das Wie, das Nebenher, das Kleid der Dinge so durchsichtig und dahinter die Wahrheit des Kerns so greifbar existent zu finden, zu erfinden, daß die Einheit des Ewigen und des Zufälligen, des Wesentlichen und seines zufälligen, wechselnden Gesichts zu einer magischen unwiderstehlichen Selbstverständlichkeit wurde.

Oskar Baum

Unsere erste Begegnung steht mir noch in klarer Erinnerung. Max Brod vermittelte sie. Er brachte Franz Kafka zu mir und las uns an jenem Herbstnachmittag 1904 seine eben vollendete Novelle ›Ausflüge ins Dunkelrote‹ vor. Wir waren damals wenig über zwanzig Jahre alt. Aus dem begeisterten Meinungswechsel, in den uns die Probleme der Erzählung verwickelten, und der in äußerst gezügelter Wortsparsamkeit nach unserer damaligen Art geführt wurde, ist mir noch mancher Ausspruch erinnerlich. So sagte unter anderem Kafka: »Wenn man nicht nötig hat, durch Stileinfälle vom Geschehen abzulenken, ist die Verlockung hiezu am stärksten.«

Den tiefsten Eindruck hatte mir die erste Bewegung, mit der Kafka in mein Zimmer getreten war, hinterlassen. Er machte mir, während der vorstellenden Worte Brods eine *stumme* Verbeugung. Das war, sollte man glauben, eine sinnlose Förmlichkeit mir gegenüber, der ich sie ja nicht sehen konnte. Sein glattgestrichener Haarscheitel berührte indes, wohl infolge meiner etwas zu heftigen gleichzeitigen Verbeugung flüchtig meine Stirn. Ich fühlte eine Ergriffenheit, deren Grund mir im Augenblick nicht in vollem Umfang klar war. Hier hatte einer als *Erster* unter allen Menschen, die mir begegnet waren, meinen Mangel als etwas, das nur mich allein anging, nicht durch Anpassung oder Rücksicht, nicht durch die geringste Veränderung seines Verhaltens, festgestellt.

So war er. So wirkte seine einfache und natürliche Entfernung vom Zweckhaft-Üblichen, so überbot seine strenge kühle Distanz die landläufige Güte (die ich sonst bei ersten Begegnungen durch grundlos gesteigerte Wärme der Reden, des Tonfalls, des Händedrucks kennenlerne) an Tiefe der Menschlichkeit.

Solche Einordnung jeder unwillkürlichen Bewegung, jedes alltäglichen Wortes in seine so ganz persönliche Weltauffassung gestaltete trotz der abstrakten Kämpfe, die ständig seinen Geist beherrschten, sein Auftreten, seine äußere Erscheinung ungemein lebensvoll.

Wenn er vorlas – das war seine besondere Leidenschaft – dann unterordnete sich der Ausdruck des einzelnen Worts bei voller Klarheit jedes Lauts, in zuweilen schwindelerregendem Zungentempo, ganz einer musikalischen Breite der Phrasierung von endlos langem Atem und gewaltig sich steigernden Crescendi der dynamischen Terrassen – wie ihn ja auch seine Prosa hat, deren abgeschlossene Stücke zuweilen wie ›Die Zirkusreiterin‹[40] im Wunderbau eines einzigen Satzes gewachsen sind.

Durch gewisse eigene Züge prägte sich mir die Zeit ein, da Kafka an seinem Drama schrieb, von dem niemand je ein Wort zu lesen bekam. Es sollte, glaube ich, die ›Grotte‹ oder die ›Gruft‹ heißen[41] und spielte – folge ich den Andeutungen, die ihm zuweilen in der aufgeschlossenen Freude nach der Arbeit entschlüpften, – unter Hirten und Schäfermädchen vor dem Eingang zu bereitstehenden Grabgewölben. Ein Kampf gegen und für den Tod in einem heitern Spiel der Gefühle, die ihre Macht und Süßigkeit aneinander messen. Man schämt sich des Todes wie etwas beinahe Ungehörigen und Unanständigen, weil er als Strafe gilt, ohne daß es sich freilich herausbringen ließe, für welche Art von Sünde er verhängt wird, denn es werden ja auch andere Strafen verteilt. Wenn junge Menschen sich den Tod zuschulden kommen lassen, fühlen sie es als besonders beschämend. Die Ehrfurcht vor alten Menschen kommt daher, daß sie so lange schon leben und ihn noch nicht verdienten. Daß ihn einer nie verdienen würde, auf den Gedanken kommt man überhaupt gar nicht, aber sicher ist, daß sich immer nur vor ihm zu hüten, nur an das Nicht-Sündigen zu denken, die schlimmste und gefährlichste Sünde ist.

Von der Handlung des Dramas verriet er nichts. Er erzählte nur, wie er in der Zeit, da er daran schrieb, nach der Arbeit immer in Seligkeit federnd die endlosen Stufen der Treppe vom Goldmachergäßchen zum Klaarplatz hinabschwebte. Er kam dann an einer Buchhandlung vorbei, wo eine neue Shakespeare-

Ausgabe im Schaufenster ausgelegt stand. Der Anfang des ›Hamlet‹ war als Druckprobe aufgeschlagen und da las er täglich die Reden des Horatio und seiner Freunde bis zu der Zeile, die das darunter stehende Buch verdeckte. Er zerbrach sich den Kopf darüber, wie es dort weiter hieß; er hätte es um alles in der Welt gern gewußt; er grub in seinem Gedächtnis nach, es verfolgte ihn, diesem Ideal dramatisch bewegter Rede nachzugeben – aber daheim in den Bücherschrank zu greifen – nein, das hätte ja jede Möglichkeit nachzustreben vereitelt.

Als das Drama vollendet war, weigerte er sich, daraus vorzulesen. Wir wußten von manchem frühern Werk her, was es damit auf sich hatte, wenn er es für mißlungen erklärte; aber er schlug unsere innigsten, schlauesten und derbsten Angriffe ab. »Das einzig Nichtdilettantische an dem Stück ist, daß ich es nicht vorlese«, sagte er.

Es war dann wohl unter der großen Zahl von Manuskripten, die er, vor seiner Abreise von Berlin an seine Sterbestätte, langsam eines nach dem andern ins Feuer warf.[42]

Um die Zeit, als jenes Drama entstand, hatte er drei Wohnungen. Er, der sonst so Lufthungrige, wählte für die Arbeit eines der niedrigen engen Zwerghäuschen mit einem einzigen Gelaß, in denen der Überlieferung nach die Alchimisten Kaiser Rudolfs gehaust haben. Der Ofen qualmte, aber hier war es unüberbietbar still, vollkommene Einsamkeit.

Für den Schlaf mietete er einen der überhohen luftigen saalartigen Räume mit riesigen Fenstern in einem alten Adelspalais, den freilich im Winter kein Ofen der Welt erwärmen konnte. Für das unausweichlich Übliche: für Mahlzeiten, menschlichen Umgang diente sein Zimmer in der Wohnung seiner Eltern.

Das war eine für sein Schaffen sehr günstige Einteilung, die ihn aber seine Gesundheit kostete.

Zu Anfang 1918 war ich acht Tage lang mit ihm in Zürau, einem damals tief verschneiten Dorf bei Saaz, wo seine tapfere Schwester ein Gütchen bewirtschaftete. In den langen Nächten, die wir bis zum Morgen durchplauderten, erfuhr ich mehr von ihm, als in den zehn Jahren vorher und den fünf nachher. Vielleicht gelingt es mir einmal, ein einigermaßen zusammenhängendes Bild seines damals sehr bittern und lebensabgewandten Seelenzustandes wiederzugeben.

Von den vielen Entwürfen und Plänen, die er mir in jenen Nächten ohne die Hoffnung, ja ohne die Absicht sie je auszuführen, erzählte, möchte ich hier nur eine kleine phantastische Geschichte andeuten. Ein Mann will die Möglichkeit einer Gesellschaft schaffen, die zusammenkommt, ohne eingeladen zu sein. Menschen sehen und sprechen und beobachten einander, ohne einander zu kennen. Es ist ein Gastmahl, das jeder nach seinem Geschmack, für seine Person bestimmen kann, ohne daß er irgendwem beschwerlich fällt. Man kann erscheinen und wieder verschwinden, wenn es einem beliebt, ist keinem Hauswirte verpflichtet und ist doch, ohne Heuchelei, immer gern gesehen. Als es zum Schluß tatsächlich gelingt, die skurrile Idee in Wirklichkeit umzusetzen, erkennt der Leser, daß auch dieser Versuch zur Erlösung des Einsamen nur – den Erfinder des ersten Kaffeehauses hervorgebracht hat.

Die Ausnahmestellung Franz Kafkas und seines literarischen Werks im Schrifttum unserer Tage läßt sich begründen, aber nur wer die tiefe innere selbstverständliche Übereinstimmung jeder seiner flüchtigsten Äußerungen, seiner Worte, seines Tonfalls mit dem Geschehen und den Charakterphysiognomien in seinen Erzählungen erlebt hat, wird etwas von dem Rätsel dieses schöpferischen Geistes begreifen.

Kafka als Freund

ERINNERUNGEN VON FELIX WELTSCH

Ich bin Kafka bereits auf dem Gymnasium begegnet; er saß eine Klasse höher, aber wir trafen uns im jüdischen Religionsunterricht, in dem immer zwei Klassen zusammengefaßt wurden. Aus dieser Zeit habe ich allerdings nur seine äußere Erscheinung in guter Erinnerung. Genauer habe ich ihn erst auf der Hochschule kennengelernt, und zwar durch Max Brod, durch den ich anfangs weit mehr über Kafka und seine Dichtung erfuhr als durch Kafka selber. Wir bildeten damals mit Oskar Baum eine kleine Gruppe, die viele Jahre hindurch mindestens alle vierzehn Tage zusammenkam, wobei Oskar Baum, Max Brod und seltener Kafka vorlasen, was sie in dieser Zeit geschrieben hatten. Kafka war ein wunderbarer Vorleser, aber auch ein nicht minder guter Zuhörer.

Was Kafka als Freund kennzeichnete, war die Gabe des Wohlwollens und Ernstnehmens. Es ist gar nicht leicht, diese beiden Einstellungen zu vereinen. Kafka vermochte es in erstaunlicher Weise. Dieser Mann, der gegen sich selber von äußerster Härte und Strenge war, war bei allem Ernst in seinem Urteil dem Freund gegenüber mild und entgegenkommend. Er, der die Arbeit an seinen großen Werken am liebsten mit dem Wort »Kritzeln« abtat, nahm meine eigenen kleinen philosophischen Versuche zum Beispiel sehr ernst, schrieb in seinen Briefen immer großartig über »Deine Ethik«, zu der ich damals wohl einige Vorbereitungen traf, die aber nie druckreif geworden ist. Ich hielt in der Zeit des Ersten Weltkrieges eine Reihe von Kursen über philosophische und literarische Themen. Das geschah gerade zu jener Zeit, als Kafka außerhalb Prags weilte, und so fand ich unter seinen Briefen viele, in denen er voller Bewunderung über meine Vortragstätigkeit spricht, eigens nach Prag kommen will, um daran teilzunehmen, mich sogar ersucht, ihm gelegentlich Privatvorlesungen zu halten, im nächsten Brief freilich diesen Wunsch als für mich zu beschwerlich und weitgehend wieder zurücknimmt. Der Gedanke an meine Kurse verfolgte ihn bis in

Felix Weltsch

seine Träume, die er mir dann genau in der ihm eigenen Art schildert. Nicht weniger bewunderte er meine Leistungen als Leiter der ›Selbstwehr‹, einer zionistischen Zeitung, welche ich in den Jahren 1919–1938 redigierte. Er schrieb:

»Deine Arbeitsleistung und vor allem der Mut zu ihr und in ihr ist mir unbegreiflich. Und mit welcher Überlegenheit, Ruhe und Treue gegen Dich Du das Ganze führst. Von Deinen persönlichen Schmerzen nicht das geringste zu merken; so die Zeitschrift zu führen, heißt sich schon bei Lebzeiten verklärt sehen. Und dabei kann ich die politische Kunst kaum beurteilen.«[43]

In dieser Zeit schrieb ich mein Buch ›Gnade und Freiheit‹. Kafka las die Korrekturbogen mit großer Gewissenhaftigkeit, und ich besitze noch seine Anmerkungen dazu. Es waren vor allem Bemerkungen stilistischer Natur, denn philosophisch-systematische Erwägungen lagen ihm nicht. Er schrieb mir zu den Korrekturen:

»Es sind alles nur Kleinigkeiten, mit größeren Fragen wage ich nicht aufzutreten, nicht Dir gegenüber, nicht der Sache gegenüber. Als Erbauungsbuch bedeutet es mir viel und wird mir viel bedeuten.«[44]

Wenn ich heute seine Briefe aus jener Zeit lese, geben sie mir manches zu denken. Woher dieses weit über jede Berechtigung hinausgehende Lob? An Unaufrichtigkeit, an Schmeichelei, an plumpe Aufmunterungsversuche ist bei Kafka nicht zu denken. Er glaubte, was er schrieb. Es war einfach so, daß ihm die kleinste positive Leistung des Freundes bewunderswert erschien, weil er sie mit den Augen des Freundes sah, und mit der Vorstellung verglich, die er von seiner eigenen Leistung hatte, die er mit den Augen des Feindes sah.

Über dreißig Jahre sind seit dem Tode des Freundes vergangen und immer noch steht sein Bild in seiner klaren Lebendigkeit vor mir: schlank, hochgewachsen, zart; die Haltung vornehm, die Bewegungen ruhig; der Blick seiner dunklen Augen fest und doch warm, das Lächeln bezaubernd; sein Mienenspiel fesselnd. Zu allen Menschen war er freundlich und aufmerksam, den Freunden gegenüber treu und zuverlässig; nur in den kleinen Verabredungen des Tages versagte er, entschuldigte sich aber mit solcher Überzeugungskraft, daß man ihm glaubte. Ja, man glaubte es ihm unbedingt, daß seine körperlichen und seelischen Leiden und alle die kleinen Hindernisse, welche das tiefe Unglück an die Oberfläche des Tages schickt, ihn hinderten, seinen Tag so einzuteilen, daß er zeitliche Verabredungen genau hätte einhalten können. Es gab wohl niemand, dem er nicht warme Zuneigung eingeflößt hätte; er war bei seinen Kollegen beliebt und wurde von den Prager Literaten deutscher und tschechischer Zunge, soweit sie ihn kannten, verehrt.

Ich kann diese kleine Erinnerung an ihn nicht besser beschließen als durch einige Sätze Milena Jesenskás an Max Brod, die sie zu einer Zeit schrieb, da ihre Beziehung zu Kafka längst nicht mehr bestand[45]:

»Ich glaube, daß wir alle, die ganze Welt und alle Menschen, krank sind und er der einzige gesunde und richtig auffassende und richtig fühlende und der einzige reine Mensch. Ich weiß, daß er sich nicht gegen das Leben wehrt, sondern nur gegen diese Art von Leben, – da wehrt er sich ... Ist es denn möglich, daß dieser Mensch etwas fühlte, was nicht richtig wäre? Er weiß von der Welt zehntausendmal mehr als alle Menschen der Welt ... Und dabei gibt es auf der ganzen Welt keinen zweiten Menschen, der seine ungeheure Kraft hätte: diese absolute unumstößliche Notwendigkeit zur Vollkommenheit hin, zur Reinheit und zur Wahrheit. So ist es, bis zum letzten Blutstropfen weiß ich, daß es so ist.«

Fahrstuhlgespräche mit Franz Kafka

ERINNERUNGEN VON ANNA LICHTENSTERN

»Kindern unter vierzehn Jahren ist der Besitz eines Fahrstuhlschlüssels verboten.« Diese sich in stilistischer Hinsicht um nichts von derartigen Verboten unterscheidende Hausverordnung prangte deutlich sichtbar am Fahrstuhl des Hauses Nr. 36 der Niklasstraße. Sie prangte sogar in deutscher Sprache, denn die heutige Zeit war – man schrieb das Jahr 1908 – noch in weiter Ferne. Man nahm damals ganz im Gegenteil auf die reindeutschen Mieter dieses Hauses noch die denkbar größte Rücksicht.

Ich war damals leibhaftige Schülerin Professor Kios, den Franz Werfel in seinem ›Abituriententag‹, allerdings nur den Eingeweihten merklich, so trefflich schildert. Professor Kio, zu dessen Schülern wohl sämtliche jetztlebenden Deutschprager mit humanistischer Bildung gehören, verstand es in der Tat vorzüglich, diesen seine eigene Weltanschauung einzuimpfen, die darin gipfelte, daß der Mensch einzig und allein dazu geboren sei, um Ge- und Verbote zu befolgen. Im übrigen hatten die Schüler und Schülerinnen des genannten Professors kaum die Zeit, über diese Weltanschauung nachzudenken, da sie, wie es damals üblich war, überlastet waren.

So kam es, daß ich, das häusliche Fahrstuhlverbot treulich befolgend, täglich gegen ein Uhr mittags die Treppen unseres Wohnhauses emporklomm. Ich tat es etwas linkisch und schüchtern. Linkisch, weil ich erst zwölf Jahre zählte und schüchtern wohl aus dem Grunde, weil die Erziehungsmethode Professor Kios und seiner Kollegen die Wurzeln zu Minderwertigkeitsgefühlen in sich barg. Doch dies nur nebenbei.

»Darf ich Sie mitnehmen, kleines Fräulein?« fragte mich eines Tages Franz Kafka, dessen Eltern eine Treppe höher wohnten als die meinigen. Er war damals etwa zwanzig Jahre alt, Student, Fahrstuhlschlüsselbesitzer, daher Respektsperson.

»Danke schön«, sagte ich beim Ein- und »Küß die Hand« beim Aussteigen. Dazu knixte ich, wie man das nur im alten Österreich, wo man Höflichkeit und Subordination für dasselbe hielt, konnte.

Blick über die Moldau auf das Haus »Zum Schiff« (Mitte), in dem die Familie von 1907 bis 1913 wohnte

Das im Fahrstuhl Mitgenommenwerden wiederholte sich nun regelmäßig. »Sie brauchen doch nicht ›Küß die Hand‹ zu mir sagen«, meinte Franz Kafka einmal. Doch dies verstand ich nicht, weil für Respektspersonen eben keine andere Grußformel existierte.

»Was lesen Sie denn?« fragte er mich einstmals, als es ihm angebracht schien, in diesen dreißig Sekunden irgend etwas zu sagen.

»Heimburg, Eschstruth und Karl May.«

»Das ist sicher sehr schön«, meinte er und sah mich aus seinen dunklen Augen, die stets so wehmütig, eigentlich unjugendlich blickten, an.

Als ich dreizehn Jahre alt war, erhielt ich einen eigenen Fahrstuhlschlüssel. Die Portierfrau legte bei seiner Verleihung mehr auf ein ordentliches Trinkgeld als auf die Einsichtnahme in den Geburtsschein Gewicht.

Franz Kafka sah ich kaum jemals. Das gemeinsame Dach über dem Kopf, der gleiche Ausblick auf die Moldau und das Belvedere vermochten keine näheren menschlichen Gemeinsamkeiten herbeizuführen.

Im Jahre 1918, kurz vor Beendigung des Krieges, als die Tschechen mit der Hellhörigkeit des Hasses gegen den Militarismus bereits ihre Freiheit für gekommen sahen, begegnete mir Kafka zum letzten Male im Leben.

Er stand in einer Prager deutschen Leihbibliothek und wollte sich Bücher auswählen. Da er scheinbar nichts Passendes finden konnte, wandte er sich an mich:

»Brachten Sie etwas Anständiges, ich meine Lesenswertes zurück, das ich nehmen könnte?«

»›Köpfe‹ von Maximilian Harden. Ich halte es für sehr lesenswert.«

»Das, was jetzt geschrieben wird, ist ekelhaft. Empfinden Sie das auch so? Wissen Sie, wie verlogen und falsch die ganze Kriegsliteratur ist?«

»Ja, sie ist widerlich.«

»Weil die Menschen gegen ihre innerste Überzeugung solche Bücher schreiben. Es liegt ein zwar ungeschriebenes, aber darum nicht minder hartes Gebot in der Luft, falsches Pathos zu verzapfen!«

»Man kann sich diese Bücher aber schenken. Es ist meiner Ansicht nach richtiger, heutzutage nur ältere Bücher zu lesen.«

»Man wird einmal die wahren Kriegsbücher schreiben«, sagte er sinnend. »Lassen Sie nur ein Jahrzehnt vorübergehen. Wenn sich die Dinge abgesetzt, wenn die Menschen eine gewisse Distanz zu den heutigen Erlebnissen genommen haben werden, dann wird die ganze Literatur von diesem Kriege profitieren.«

Gemeinsam stiegen wir die gewundene echt Altprager Treppe hinab.

»Hungern Sie sehr?« fragte ich. Man pflegte das damals zu fragen.

»Nicht allzusehr. Es kann ja nicht mehr lange dauern.«

Meinte er den Krieg? Oder sein Leben und literarisches Schaffen?

Prager Jugendjahre

ERINNERUNGEN VON WILLY HAAS

Nachdem Max Brod mir öfter von seinem geheimnisvollen, genialen Freund erzählt hatte, sagte er sich einmal bei mir zu Hause an, um ein paar Fragmente Kafkas vorzulesen, die demnächst in einer neuen, höchst luxuriösen und snobistischen Zeitschrift ›Hyperion‹ erscheinen würden.[46] Außer mir sollte nur noch Werfel zugegen sein.

Die Vorlesung spielte sich in dem einigermaßen grotesken Repräsentationsraum oder »Speisezimmer« unserer Wohnung ab. Schwere geschnitzte Eichenmöbel in einem tollen gotisch-ägyptischen Mischstil, mit Sphinxen und Spitzbogen, dazu Perserteppiche und Meißner Rokoko-Prozellanfiguren bildeten die Szenerie.

Brod las eine Skizze von Kafka, noch eine, und noch eine dritte. Werfel und ich schauten einander verwundert an. Dann sagte Werfel, ziemlich aufgebracht:

»Das kommt niemals über Bodenbach hinaus!« Bodenbach war die Grenzstation zwischen Böhmen und Reichsdeutschland.

Bitter und stumm empört packte Brod die Manuskripte ein. Wir sprachen nicht mehr darüber.

Diese Szene, eine der merkwürdigsten meines Lebens, hat viele Böden und Spiegelungen.

Erstens: Werfel war vollkommen im Recht. Niemals hätte man aus diesen exzentrischen Skizzen auf den späteren Kafka schließen können.

Zweitens: Brod war mit seinem Glauben an Kafka ebenfalls und noch mehr im Recht. Er hatte es leichter. Er war Kafkas Freund, er kannte ihn ganz aus Gesprächen und Diskussionen, er kannte vermutlich auch schon die ersten Entwürfe und Ideen zu Kafkas späteren Werken ›Der Prozeß‹ und ›Beim Bau der chinesischen Mauer‹.

Drittens: Franz Kafka, und er allein, hat die Welt unserer Jugend chiffriert und in ein paar großen, monumentalen, wenngleich fragmentarischen Gemälden zusammengefaßt, vor allem im ›Prozeß‹ und im ›Schloß‹. Als diese Bücher nach Kafkas Tod und gegen seinen Willen herauskamen, las ich sie, wie man sich einem völlig vertrauten Panorama seiner eigenen Jugend hingibt, in dem man jeden versteckten Winkel, jeden staubigen Korridor, jede Ecke, jede noch so delikat angedeutete Kontur sofort wiedererkennt.

Willy Haas (Mitte)

Kafka hat alles gesagt, was wir zu sagen hatten und nicht gesagt haben, nicht sagen konnten. Dies ist für mich sein Genie. Ich kann seine Bücher wie im Traum lesen. Ich begreife nicht, was es an ihnen zu erklären gibt. Hinter diesen Geschehnissen stehen immer wieder nur sie selbst, nichts anderes. Deshalb verstehe ich auch keinen der zahllosen Essays und Kommentare, die über Kafkas Werk geschrieben wurden. Jedes Wort, das hinzugefügt wird, ist überflüssig und verschleiert nur den Inhalt, der ganz genau so an der Oberfläche liegt wie in der Tiefe.

Im persönlichen Verkehr wirkte Kafka auf mich immer wie ein dunkler, ein wenig schüchtern lächelnder Jüngling, voll preziöser, merkwürdiger, aphoristischer Äußerungen und nicht ganz ohne den Wunsch, interessant zu erscheinen. Für Brod war er gewiß etwas anderes, aber das war er für mich.

Er liebte Balzac nicht. Er liebte Shakespeare noch weniger, weil er das Theater überhaupt nicht liebte. Der Gedanke, daß man den ›Prozeß‹ oder ›Das Schloß‹ auf der Bühne und sogar auf der Opernbühne spielen könnte, hätte ihn vermutlich fassungslos gemacht.

Einmal parodierte er Balzac:

»Ich will Ihnen einen Satz sagen, wie Balzac ihn geschrieben hätte: ›Um fünf Uhr nachmittags verließ die Herzogin das Palais und streifte ihren Handschuh über, mit derselben leichten Geste, mit der alle Herzoginnen in Paris um fünf Uhr nachmittags ihre

Milena Jesenská (links) mit ihrer Freundin Staša Jílovská

Handschuhe überstreifen.‹ Sehen Sie – diese Generalisierung ist wirksam, aber falsch. So darf man nicht erzählen.«

Mit Werfel und anderen übten wir eine Zeitlang Spiritismus und Tischrücken im Keller eines Kaffeehauses, in dem vor uns schon Gustav Meyrink seine spiritistischen Experimente angestellt hatte. Einmal waren auch Kafka und Brod zugegen. Kafka blieb völlig unbeeindruckt. »Daß die Sonne am Morgen aufgeht, ist ein Wunder«, sagte er. »Aber daß ein Tisch sich bewegt, wenn Sie ihn so lange malträtieren, ist kein Wunder.«

Sein Gedächtnis – wie übrigens auch das Franz Werfels, der ganze lyrische Anthologien auswendig wußte – war unglaublich gut. Eines Abends kam er zu mir, mit Milena und Staša[47], in Abendkleidung. Ich war gerade mit dem Einpacken für eine längere Reise beschäftigt. Sie kamen, um sich zu verabschieden.

Kafka nahm ein Buch zur Hand. Es waren Pascals ›Pensées‹.

»Was ist das?« fragte er.

»Lesen Sie es. Es wird Ihnen etwas bedeuten.«

Kafka legte das Buch stumm zurück in den Koffer, und wir wandten uns anderen Dingen zu.

Jahrelang sah ich ihn nicht. Als ich ihm dann wieder einmal auf der Straße begegnete, fragte ich, nachdem wir ein paar ebenso treffende wie überflüssige Bemerkungen über das Wetter und das langweilig gewordene Leben in Prag ausgetauscht hatten:

»Was lesen Sie jetzt?«

»Eigentlich noch immer das Buch, das Sie mir zuletzt empfohlen haben«, erwiderte er mit der allerfeinsten Artigkeit eines chinesischen Mandarins.

Meine letzte Erinnerung an ihn ist ein Kinobesuch in Prag, den wir in größerem Freundeskreis unternahmen. Im Vorprogramm zeigte man Straßenszenen aus Berlin. Als es wieder hell wurde, glaubte ich, im Bruchteil einer Sekunde, Tränen in seinen Augen zu sehen.

»Was ist denn mit Kafka los?« erkundigte ich mich flüsternd.

»Wahrscheinlich wieder Schwierigkeiten mit seiner Berliner Verlobten«, war die Antwort.[48]

So sehe ich Franz Kafka noch vor mir: das Gesicht abgekehrt, damit keiner von uns ihn beobachte, wie er sich mit dem Handrücken die Tränen aus den Augen wischt…

Kafka und die Anarchisten

ERINNERUNGEN VON MICHAL MAREŠ

Im dritten und vierten Jahr vor dem Ersten Weltkrieg begegnete ich dem Dr. Franz Kafka täglich in der damaligen Niklasstraße (Mikulášská třída). Sie lag auf seinem morgendlichen Weg ins Amt, über den Altstädter Ring, die Zeltner- und die Poříčgasse in die Arbeiter-Unfall-Versicherungs-Anstalt. Schon früher, bevor wir uns persönlich kennenlernten, kannten wir uns – und kannten wir uns doch nicht. Bei unseren Begegnungen streiften wir uns flüchtig mit einem Lächeln, streiften uns mit einer Art »Blick-Sympathie«: Erstens trafen wir uns werktags fast immer an derselben Stelle, vor dem damaligen Holland-Café, und zweitens trugen wir beide Hüte, welche die gegenseitige Aufmerksamkeit weckten. Franz Kafka hatte so ein breites, schwarzes, eingedrücktes Filzhütchen, »Tiegelchen«, ich hatte den berühmten Huttyp, den man »lassen wir nicht nach« oder auch »à la Ravachol« nannte. (Wer vielleicht nicht weiß, wer Ravachol war, der sollte daran erinnert werden, daß er ein Terrorist war, der mit dem Ausruf: »Hören Sie die Stimme des Volkes!« eine Bombe in das französische Parlament warf.) An manchen Tagen traf ich Kafka mit dem Hut unter dem Arm, wenn er nicht gerade zwei, drei Poesiebände darunter trug. Aber auch ohne Kopfbedeckung und ohne Bücher ging er, die Arme hinter dem Rücken à la Beethoven, mit seinem dunklen, scharfen Blick das Leben in den Straßen und in den Parkanlagen beobachtend. Diese Hüte und die Schmetterlingsbinde waren damals so etwas wie Embleme der antimilitaristischen Jugend, der Künstler, Maler, Literaten, Philosophen, Bohemiens und anderer Leute, die verträumt oder auch im Gegenteil politisch stark engagiert oder inspiriert waren. Und so lachten wir uns mit Franz Kafka, mit dem langbeinigen, fabelhaft angezogenen, baumlangen Kerl gegenseitig mit der unausgesprochenen Frage an: Was bis du für einer, mein Lieber? Immer schön mit einem Lächeln! Kafkas Lächeln, das war ein besonders schönes Lächeln, das Lächeln eines zärtlichen Menschen, auch wenn seinem dunklen Blick deutlich abzulesen war: ich bin ein sehr ernster Mensch, aber ein bißchen Schelmerei gehört zu den guten Seiten des Lebens. Und so hielt ich an einem Tag, am Winterende 1910, diesen Mann durch das Lupfen meines Hutes auf und drückte ihm ein anarchistisches Flugblatt in die Hand, mit einer Bekanntmachung, daß der Klub der Jugend und der Politische Verein Vilem Koerber ihre Freunde zu einer Vorlesung mit dem Thema: »Freie Liebe« einladen. Damit wurde dann unsere stumme Begrüßung beendet. Einander vorgestellt haben wir uns aber nicht. Die Vorlesung war im Restaurant »De Paris« in der Ječnágasse (Gerstengasse), und die Referentin war damals eine junge und schöne Anarchistin, Kameradin Louisa Štychová, die Ehefrau des Ingenieurs, nicht lange vorher noch Fräulein Vorlíčková aus Radbor. Kafka, mein bekannter Unbekannter, kam. Er kam dann auch zu dem nächsten Referat der genannten Referentin zum Thema »Gegen den Krieg – Streik der Mütter.« Auch als der damals bekannteste Redner der anarchistischen Bewegung (später wurde er als Polizeidenunziant beschuldigt), Karel Vohryzek, auf der Kundgebung zum 40. Jahrestag der Pariser Kommune sprach, war Kafka anwesend. Ich sah Franz jetzt öfters bei solchen Gelegenheiten. Er saß meistens allein, niemand kannte ihn, ein ruhiger, aufmerksamer und nachdenklicher Zuhörer; vor sich hatte er meistens ein Glas Bier, das er kaum anrührte.

Als junger Enthusiast tat ich für die Bewegung alles: ich arbeitete als Agitator, Kolporteur, Plakatier, Fahnenträger, Veranstalter, Redner, aber auch als Kassierer an der Ausgangstür, mit einem Teller in der Hand. Üblicherweise zum Vorteil der politischen Häftlinge, der streikenden Bergmänner in Nordböhmen, für die Deckung der Kosten. Jeder gab nach seinen Möglichkeiten. Meistens waren es Fünfhellerstücke, Sechser und Goldstücke (Gulden); das war aber schon eine Rarität! Der von mir eingeladene Gast gab aber immer bescheiden und unauffällig ein Fünfkronenstück zu den kleinen Münzen, ein Fünfkronenstück, auf der einen Seite mit dem Kaiser Franz Josef und auf der anderen mit dem österreichischen Adler! (Eine schwere Münze aus Silber, ich komme nicht umhin zu sagen: sechzig Würstchen oder Würste konnte man damals dafür bekommen...) Eines Tages, als ich unter dem Mantel hervor ein Exemplar der konfis-

Demonstration zum 1. Mai 1909 auf dem Wenzelsplatz

zierten ›Reden eines Rebellen‹ von Krapotkin holte – dieses Buch kostete eine Krone – gaben wir uns die Hand und nannten uns auch die Namen.

Kafka nahm auch an der stürmischen, von der Polizei auseinandergetriebenen Sitzung im Saal »U velké Prahy« (»Zum großen Prag«) in Königliche Weinberge teil, wo der Kamerad Ingenieur Vlastimil Borek gegen die Hinrichtung des Anarchisten Liabeuf in Paris sprach. Zu entkommen war sehr schwierig für einen Menschen wie Franz Kafka, der um mehr als einen Kopf größer war als die Normal-Sterblichen, und er versuchte es auch nicht, blieb ruhig im Getümmel zwischen Polizei und Kundgebungsteilnehmern stehen. Und weil er nicht im Namen des Gesetzes »auseinanderging«, wurde er auf das Polizeirevier geführt. Da waren sie aber mild, ein Gulden Strafe oder 24 Stunden Arrest nach dem sogenanntem Prügelpatent. Kafka, morgens bestimmt ein pünktlicher Beamter, blieb nicht über Nacht, bezahlte einen Gulden und wollte auch für mich bezahlen. Ich nahm das Geld mit Dank für den Fond in Empfang und blieb doch über Nacht auf der Wache, mit dem jungen, heute vergessenen Bäcker und Dichter Kamil Berdych. Ein paar andere, der Gewalt oder Beleidigung gegenüber dem Wachtmeister Beschuldigte, wurden mit einer grünen Minna zur Direktion gefahren. Kurz darauf fuhr Franz Kafka für ein paar Tage nach Berlin[49], von wo er mir ein paar Postkarten schickte – bis auf eine einzige verlor ich alle bei Hausdurchsuchungen. Es waren unbeanstandete Karten und deswegen bewahrte ich sie lange auf.

Wir waren zu mehr als gute Bekannte geworden, und so führte ich Franz auch in das Kabarett »Balkan« zu Väterchen Karel Flašner (gestorben 1919) in das Templergäßchen in der Altstadt. Seit ewigen Zeiten nannte man es »U Sochůrků« (»Bei Sochurek«), es war eine Gartenkneipe gegenüber der St. Jakobs-Kirche, wo unter den Bäumen eine Militärkapelle spielte. Schade, vor 30 Jahren verschwand alles. Auf der Veranda, auch im Saal dieser Kneipe (je nachdem wie das Wetter war) traf sich vor allem die Bohème mit ihren Mäzenen aus den Reihen schon bekannter Literaten, Maler, Musiker, Bildhauer, aber auch splendider Geschäftsvertreter oder Herren Chefs. Eintritt mußte man hier nicht bezahlen. Dafür versteigerte man nach der Vorstellung Manuskripte der jungen Dichter oder Karikaturen der Jünglinge aus der Akademie, wonach man den oft beträchtlichen Gewinn kollektiv vertrank. (Kafka nippte nur so symbolisch. Er trank wie ein Spatz.) Über das Kabarett »Balkan« kann man sagen, daß es eigentlich eine Szene war, wo mancher heute bekannte und berühmte Dichter und Schriftsteller debütierte. Besonders von einem Freundesgespann wurde Kafka angezogen. Es waren Jaroslav Hašek und Z. M. Kuděj. Aber

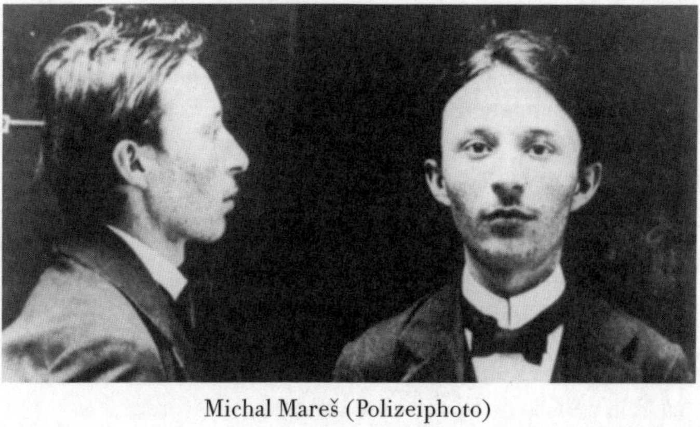

Michal Mareš (Polizeiphoto)

auch der damalige Kabarettstar Lída Pírková fesselte ihn, genauso wie der junge, damals wilde Artur Longen. Kafka sah hier Karel Toman, Fráňa Šrámek, V. H. Brunner, Fr. Gellner und viele andere, heute schon mehr oder weniger Vergessene. Er nahm auch an der berühmten Wahlsitzung von Jaroslav Hašek mit dem Thema »Wahlen, politische Situation, Darwinismus, Prostitution und der bulgarische König Ferdinand Koburk« teil, die von der »politischen Partei des gemäßigten Fortschritts im Rahmen der Gesetze« nach Olsany einberufen wurde.

Es war für mich bestimmt eine Auszeichnung, daß Franz Kafka, der sich sonst sehr distanziert, wenn auch jedem gegenüber immer vornehm und taktvoll benahm, gern in meiner Gesellschaft war. Schon von Ferne, wenn wir uns nur sahen, nahmen wir geradezu mit spanischer Grandezza unsere schwarzen Hüte ab. Nach dem Ersten Weltkrieg traf ich Franz Kafka nicht mehr so oft, meistens sah ich ihn am Ufer oder in den Parkanlagen, wie er sich mit Kindern beschäftigte oder zumindest mit Verständnis ihren Spielen zusah. Mehrmals beobachtete ich, wie er mit ihnen spielte; er hatte sie gern. (Im Riegerpark, es war ungefähr im Jahre 1913, zeigte er fröhlich einer Gruppe von Mädchen und Jungen das Diabolospiel.)

Als ich ihn zum letztenmal sah, es war an einem schönen Frühlingstag im Jahre 1924 auf dem Altstädter Ring, warf Franz Kafka einem Mädchen einen großen bunten Ball zu. Er stellte sie mir dann als seine Nichte, und die ihnen zusehende Dame als seine Schwester vor. Seine Mutter kannte ich schon lange von ihren Einkäufen mit dem Dienstmädchen.

Damals, am Tag unseres letzten Treffens, bemerkte ich seinen rasselnden, schnellen Atem und seine Magerkeit, die noch auffallender war als sonst. Er gab mir die Hand und sagte mit seinem wie gewöhnlich schönen, aber schon ein bißchen pergamenthaften Lächeln: »Wollen Sie nicht mit uns zu Mittag essen?« Heute bereue ich es, daß ich damals nicht mitging. Dieses letzte Treffen und auch das Spiel mit der kleinen Nichte fanden auf dem Gehsteig vor einem Bestattungsinstitut statt. Ich hätte nicht geglaubt, daß der Sarg, die Zukunft des Menschen, schon so bald einen so schönen Menschen, mit einem so unvergeßlichen Lächeln und zärtlichen Herzen beherbergen würde.

Franz Kafka, der große Dichter, erwähnte seine Arbeit kaum. Ich hatte so ein Gefühl, daß dieser taktvolle Künstler sehr ungern über sich selbst sprach. Jedoch sein Interesse an allem Schönen und Außergewöhnlichen, an allem menschlichen Geschehen, war grenzenlos und überwältigend. Seine Liebe zu Prag und zum tschechischen Volk muß man nicht erst hervorheben.

Vielleicht sollte ich noch erklären, warum dieser stille Dichter zu uns rebellischen Heißspornen kam. Es bedarf keiner schwierigen Denkanalysen, wenn man weiß, was für eine Schwäche er für Hölderlin und Lenau hatte, und was für ein Verehrer vornehmer Seelen er war, die dem Anarchismus sehr nah standen, wie z. B. die Reclus, Alexander Herzen und Malvida von Meysenburg. Die letztgenannte, außerhalb ihrer Heimat lebende Kämpferin für die Menschenrechte, »die Achtzehnachtundvierzigerin«, in hohem Alter zu Anfang des Jahrhunderts in Rom gestorben, schreibt irgendwo: »Wir haben uns angeschaut und es war ein Blick des gegenseitigen Erkennens, ein Gruß von eine Seele zu der anderen, ein tiefes Verständnis, als ob wir uns schon seit langem kannten.« Besser könnte ich mein Verhältnis zu Franz Kafka nicht beschreiben.

Kollege Kafka

ERINNERUNGEN VON ALOIS GÜTLING

Es trifft häufig zu, daß Künstler, Schriftsteller oder Dichter, besonders wenn ihnen nur eine kurze Zeitspanne zu wirken vergönnt ist, selten eine allgemeine Würdigung ihres Schaffens erleben. Auch Franz Kafka hat bei Lebzeiten mehr Widerspruch als Anerkennung durch seine Zeitgenossen, vor allem in Deutschland, aber auch in seiner Heimatstadt Prag erfahren.

Ehe Franz Kafka sich ausschließlich für die schriftstellerische Tätigkeit entschied, war er bekanntlich Beamter der Arbeiter-Unfallversicherungs-Anstalt für das Königreich Böhmen in Prag, wie diese Anstalt damals hieß. Als ehemaliger Beamter derselben Anstalt kann ich, da ich tagtäglich mit Franz Kafka zusammenkam, einiges über seine Persönlichkeit, seine Lebensweise und meinen freundschaftlichen Verkehr mit ihm erzählen.

Als ich am 1. Januar 1910 als Aushilfsbeamter in die Anstalt eintrat, wurde ich als Neueintretender, wie es stets üblich war, vom Abteilungsvorstand der versicherungs-technischen Abteilung, Herrn Oberinspektor Eugen Pfohl, allen Beamten vorgestellt und so auch mit Dr. Franz Kafka bekannt. Er war damals gleichfalls Aushilfsbeamter. Der Präsident der Anstalt, Advokat JUDr. Příbram, hatte Franz Kafka nach seiner Promotion zum Doktor der Rechte vor einigen Monaten in die Anstalt aufgenommen. Er war von hagerer Statur, schwächlich, hatte rabenschwarzes glänzendes Haar, dunkle Augen und einen raschen Gang. Sein Vater hatte in der Altstadt am Altstädter Ring im Haus »Zur steinernen Glocke«, einem der ältesten Häuser Prags, neben der Theinkirche eine Lederhandlung.[50] Das Haus war durch das Theingäßchen von dem gotischen Bau der einstigen Bauschule Matthias Reysek (Zeichner) getrennt und durch einen Schwibbogen mit der Theinkirche verbunden. Sein Vater schien für das schriftstellerische Wirken seines Sohnes wenig Verständnis zu haben, vielleicht war er aber auch besorgt, daß sein Sohn, der als Beamter schon voll beschäftigt war, durch das Schreiben an den Abenden bis tief in die Nacht hinein an seiner Gesundheit Schaden erleide.

Als Beamter
(1915/16; Paßphoto)

In der ersten Zeit unseres gemeinsamen Arbeitens in der Unfallversicherungsanstalt hatte ich keine Ahnung, daß Franz Kafka schriftstellerisch sich betätigte. Die Bürozimmer hatten wir nebeneinander und auch unsere Arbeit diente in den ersten Jahren dem gleichen Zwecke, der Einreihung der verschiedenen versicherungspflichtigen Betriebe in Unfallgefahrenklassen und anschließend der Erledigung eventueller Rekurse gegen die Einreihung. Besonders bei letzterer Agenda war Kafka hervorragend tätig und seine Erledigungen waren in juristischer Hinsicht ein Vorbild für andere. Mir fiel hierbei oftmals die Aufgabe zu, ihm die notwendigen technischen bzw. mathematischen Berechnungen der Unfallbelastung der Betriebe zu liefern. In der Verwaltungsratsitzung am 20. April 1910 wurden wir beide zu definitiven Beamten ernannt. Franz Kafka mit noch zwei weiteren

Juristen, Dr. Hanzal und Josef Krätzig, zu Vizesekretären[51] und ich mit einem tschechischen Mathematiker zu Kontrolleurassistenten.

Ich hatte die für Beamte tadelnswerte Gewohnheit, immer einige Minuten nach Bürobeginn ins Büro zu kommen. Und auch Kafka hielt sich an das Akademikum. Und so traf es sich oftmals, daß ich ihn in rasendem Tempo ins Büro schießen sah. Auch der Gabelfrühstückspausen muß ich gedenken. Während wir andern Beamten uns die wohlschmeckenden Prager Selchwaren, wie krkovička, pečinka, nářez oder taliany bringen ließen, zog Kafka seine mitgebrachte Buttersemmel hervor und ließ sich hierzu eine Milch oder Joghurt bringen. Kafka war nämlich Vegetarier und aß damals überhaupt kein Fleisch. Als sich schon in den letzten Jahren seines Prager Aufenthaltes Anzeichen seiner Krankheit bemerkbar machten, haben wir ihm des öfteren eine kräftige Fleischkost angeraten, aber ohne Erfolg. Wie ich später erfahren habe, hat er erst während seines Berliner Aufenthaltes sich teilweise zu einer Fleischkost überreden lassen, nachdem es vielleicht schon zu spät war.

Als der Erste Weltkrieg ausgebrochen war, waren Kafka als für den Kriegsdienst untauglich[52], ich als zwar verwendungsfähig, aber C klassifiziert, vorläufig vom Militärdienst enthoben.

So arbeiteten wir auch während der Kriegszeit nebeneinander. Schon im Jahre 1910 war in der Anstalt eine Umorganisation erfolgt und durch Zusammenfassung der Einreihungsabteilung, Beitragsliquidation und Lohnkontrolle eine große Betriebsabteilung unter dem bereits genannten Oberinspektor Pfohl gebildet worden. Dr. Kafka war die rechte Hand des Abteilungsvorstandes. Der Verkehr mit den Beamten der Abteilung war taktvoll, er mied vertrauten, persönlichen Verkehr und wich allen politischen Gesprächen aus. Ich wüßte keinen von den vielen Beamten der Anstalt, meist Tschechen und nur zum geringen Teil Deutsche, der Franz Kafka feindlich gesinnt gewesen wäre.

Auch mein Verkehr mit Kafka war gleicher Art. Ich hatte bis 1915 keine Ahnung, daß Franz Kafka neben seiner Bürotätigkeit Schriftsteller war. Aber eines Tages trat eine Wendung ein. Durch Zufall kam mir ein Buch ›Der Heizer‹ von einem Franz Kafka in die Hand. Am nächsten Tag eilte ich mit dem Buch zu ihm, um es ihm als das Werk eines Namensvetters zu zeigen. Ich war nicht wenig erstaunt, als er mir mitteilte, daß es von ihm sei. Damals habe ich ihm vertraulich mitgeteilt, daß auch ich, wenn auch nur zu meiner inneren Befriedigung, dichte. Kafka forderte mich auf, ihn doch etwas von mir lesen zu lassen. Ich schrieb damals Gelegenheitsgedichte in Schulhefte und brachte ihm am andern Tage zwei solcher Hefte zur Durchsicht. Kafka nahm sie nach Hause. Ich glaubte, daß er nach der Lektüre mir meine Liebhaberei als überflüssige Zeitverschwendung ausreden werde. Kafka riet mir jedoch am anderen Tag, die Gedichte drucken zu lassen, und er vermittelte mir selbst einen Verleger. So erschien mein erster Gedichtband ›Der Liebeskranz‹ im Verlag Graphia.

Von der Zeit an verband uns ein freundschaftliches Verhältnis. Er erzählte von seinen Arbeiten, ich erfuhr von seinen Plänen und bedauerte nur, daß er sich so anstrenge. Eine Hast war in ihm, er arbeitete über seine Kräfte. Dem Kreis Prager Schriftsteller – Brod, Werfel, Kisch – stand er sehr nahe. Während ihn ein Teil der Deutsch-Prager hoch einschätzte, machte ihm ein anderer Teil schwere Vorwürfe und bezeichnete seine Arbeiten als ausgefallen. Franz Kafka blieb trotz solcher Vorwürfe unbeirrt.

Mir war er in meiner dichterischen Arbeit ein wertvoller Kritiker, sein Urteil war freimütig und unbestechlich. Er war es auch, der mich zur Drucklegung zweier Gedichtbändchen ›Im Bad Bielohrad‹ und ›Nächte‹ überredete, die dann auch im Leipziger Xenien-Verlag erschienen.

Leider hat unser freundschaftlicher Verkehr nur vier Jahre gedauert. Da es Kriegsjahre waren und ich später zur Kriegsbeschädigten-Fürsorge kam, wo ich oftmals auch abends an Kommissionen teilnehmen mußte, waren es an manchen Tagen nur einige Minuten, die wir miteinander sprechen und Gedanken austauschen konnten. Kafkas schriftstellerische Tätigkeit war damals äußerst rege. Die Gedanken und Pläne, die er hatte, wuchsen ins Unermeßliche. Eine Unruhe ergriff ihn. Er arbeitete intensiv und hastig, als ob er ahnte, daß er nicht lange leben werde und doch der Welt noch viel zu sagen habe. Die Büroarbeit, er war inzwischen Sekretär geworden, wurde ihm zur Last. Der Posten eines Obersekretärs war ihm in Aussicht gestellt, aber reizte ihn nicht. Dann kam der Zusammenbruch der österreichisch-ungarischen Monarchie. Die tschechische Amtssprache wurde eingeführt. Kafka, der die tschechische Sprache gut beherrschte und dem keine Entlassung drohte, entschied sich aber, Abschied von der Anstalt zu nehmen und sich ganz der Schriftstellerei zu widmen.[53]

Nach einiger Zeit übersiedelte er nach Berlin. Dort erschienen seine bedeutenden Romane ›Der Prozeß‹ und ›Das Schloß‹.[54] Mit großem Interesse verfolgten die Prager seine schriftstellerische Tätigkeit und Entfaltung und ahnten gar nicht, daß es ihm gesundheitlich nicht gut gehe. Überraschend und unerwartet traf uns im Jahre 1924 die Nachricht von seinem Tode. Seine Leiche wurde nach Prag überführt und an einem schönen Sommertage unter großer Beteiligung auch seiner ehemaligen Anstaltskollegen im Neuen Jüdischen Friedhof Straschnitz zu Grabe getragen. Damals ahnte freilich noch niemand, welche eminente Bedeutung für die Weltliteratur Franz Kafka schon wenige Jahrzehnte später haben würde.

Im Amt mit Franz Kafka

ERINNERUNGEN VON V. K. KROFTA

Es war kurz nach dem Ausbruch des Ersten Weltkrieges im Jahre 1914, als ich zum ersten Mal meinen Kollegen Dr. jur. Franz Kafka sah und kennenlernte. Es war im Vorzimmer meines Chefs, des kaiserlichen Rates JUC. Eugen Lederer (wie dieser noble tschechisch-jüdische Patrizier und Inhaber der Altprager Brauerei »Beim Bachor« bis ins hohe Alter zu signieren pflegte) in der Arbeiter-Unfallversicherung für das Königreich Böhmen in Prag, wo ich als sein frischgebackener Famulus arbeitete. Neben der mir zugeteilten Büroarbeit in der Unfallabteilung gehörte auch die Anmeldung und der Empfang von Besuchern zu meinen Aufgaben. Aus dieser Zeit ist mir eine ganze Reihe interessanter Privat- und Amtspersonen in Erinnerung geblieben. Und an das braune Gesicht eines dünnen, großen jungen Mannes mit vollem schwarzen Haar und dazu kontrastierenden grauen Augen erinnere ich mich bis zum heutigen Tag genau.

Präsident und damit höchster Vorgesetzter der Úrazovka (so nannte man diese Landesversicherung in der Prager Umgangssprache[55]) war zu jener Zeit der deutsche Unternehmerrepräsentant, Dr. Otto Příbram (er zeichnete mit der germanisierten Namensform »Przibram«), mit dessen Sohn Ewald Felix Kafka das deutsche altstädtische Gymnasium besuchte. Der gemeinsame Schulbesuch führte zu einer engen Freundschaft – und diese wiederum zu einer existentiellen Absicherung Kafkas in der Arbeiter-Unfallversicherung. Der alte Herr mit seinem Bartkranz wurde im Laufe der Zeit nahezu zu einem unsichtbaren Gott, für die normalen Sterblichen war er physisch einfach nicht erreichbar. Manche Angestellten sind ihm niemals persönlich begegnet. Sein Vertreter, der sozialdemokratische Abgeordnete Vilém Černý (übrigens auch ein Freund meines Vaters, der lange Jahre für das Arbeiterviertel Žižkov kandidierte), machte allerdings das Nichterscheinen des Präsidenten durch eigene persönliche Interventionen wett. Er bemühte sich – gegen meinen Willen – auch um meine Beamten- und Lebenskarriere.

Dr. Otto Příbram, der Präsident der Arbeiter-Unfall-Versicherungs-Anstalt

Die erste Nachricht über den schreibenden Juristen brachte mir ein junger deutscher Dichter, der Ingenieur Gütling, der in der Betriebsabteilung angestellt war. Ich hatte damals schon meine ersten Versuche auf dem Gebiet der Lyrik und der Prosa hinter mir, was im Betrieb nicht geheim blieb. So erfuhr es auch mein toleranter Chef, der selbst in der ›Narodni politika‹, die ihm wie auch die Branik-Brauerei zum Teil gehörte, seine dichterischen Versuche unter dem Namen Evžen Leden publizierte. Mit ihm erfuhren es auch Ingenieur Gütling und Doktor Kafka. Gespräche über die Kunst wurden dann aus den präsidialen Wartesälen in die Büros und dann weiter in die Öffentlichkeit getragen. (Nur am Rande bemerkt: auch der berühmte tschechische Dichter Jaroslav Kvapil war in jungen Jahren bei uns in der Versicherung angestellt.)

Und wie war Franz Kafka im persönlichen Kontakt? Durch seine Gestalt und seine gedankliche Abwesenheit machte er einen sehr scheuen und verschlossenen Eindruck, auf seine Umgebung wirkte er wie ein Don Quijote. Er sprach ein gewähltes Schrifttschechisch, mit kleinen Pausen und wie mit äußerster Konzentration. Sein Gesicht war oft sehr ernst und streng, seine Augen glänzten und glühten. Er gestikulierte heftig, als ob er die Wirkung seiner kargen Sätze und Worte unterstreichen wollte. Obwohl sehr krank (oder gerade deswegen?), überspielte er seine Krankheit mit überschäumender Lebhaftigkeit.

Franz Kafka fragte mich, da ich aus Liben kam, oft nach unserem guten Bekannten Vojtěch Rakous, einem dort lebenden Schuhhändler, der ein paar bekannte Büchlein über das Leben der tschechischen Juden geschrieben hatte. »Was macht Ihr Landsmann, der Hans Sachs aus Liben?« hänselte er mich oft, nur um eine Gelegenheit zu haben, über das Judenthema zu sprechen. Die Judenfrage hat ihn innerlich gequält und beschäftigt.

Mit dem Andauern des Krieges nahm auch die Ausweglosigkeit der Situation Franz Kafkas zu. Die insuläre Abgeschlossenheit, in der das Prager intellektuelle Judentum lebte, erwies sich immer mehr als eine Falle. Als es in Prag zum Oktoberumsturz kam und der tschechoslowakische Staat ausgerufen wurde, wurde auch die Úrazovka »gesäubert«. Der nationale Rauschzustand, der in Prag herrschte, spiegelte sich auch hier. Die deutsche Leitung wurde auf einer Angestelltensitzung abgesetzt und an die Spitze wurden Tschechen berufen. Zum ersten tschechischen Direktor wurde ein Bewunderer und Schüler Masaryks, Dozent Dr. Bedřich Odstrčil ernannt.

Der revolutionäre Anstaltsrat verhandelte später über die Entlassung deutscher Angestellter, die aufgrund ihrer Nationalität irgendwie belastet waren. Ich bekam auch die Akten des kranken Franz Kafka auf meinen Tisch. Es war ein Stapel von Bürodokumenten sowie ein paar persönliche Entschuldigungszettel, die jetzt auf tschechisch, mit der gefälligen, kleinen Schrift des Dichters geschrieben waren. Als Geschäftsleiter der Institution brachte ich vor, daß Franz Kafka in Diensten der Versicherung bleiben sollte, weil er sich während seiner Amtszeit dem tschechischen Volk gegenüber nichts zuschulden hatte kommen lassen. Bei der nächsten Gelegenheit drückte mir Kafka dafür die Hand. »Woran arbeiten Sie, Herr Kollege?« fragte ich ihn beim Weggehen. »Ich denke, daß ich niemanden mehr habe, für den ich schreiben könnte«, sagte er mit zusammengekniffenen Lippen.

Sein Krankenurlaub wurde dann immer wieder verlängert, bis Anfang Juni 1924. In einem österreichischen Sanatorium endete der Lebensweg des vereinsamten Prager Romantikers.

Die Straße Na Poříčí mit der Arbeiter-Unfall-Versicherungs-Anstalt im Hintergrund

Der Autor Franz Kafka

ERINNERUNGEN VON KURT WOLFF

Wie oft ich mit Kafka zusammen war, erinnere ich nicht. Die erste Begegnung steht mir jedenfalls in spukhafter Deutlichkeit vor Augen. Es war am 29. Juni 1912. Kafka war mit Max Brod auf einer Ferienreise, die beiden hatten Prag den Tag vorher verlassen und machten auf dem Weg nach Weimar Station in Leipzig.

Am Nachmittag brachte Max Brod, der schon in Beziehung zum Verlag stand, Kafka in das schäbige kleine Verlagsbureau, das wir der altehrwürdigen Druckerei Drugulin abgemietet hatten. Ernst Rowohlt – unsere Wege trennten sich erst ein paar Monate später – und ich empfingen die beiden. – Möge mir Max Brod verzeihen, mir, der ich der letzte wäre, seine gar nicht abzuschätzenden Verdienste um den lebenden und toten Freund verkleinern zu wollen – aber ich habe im ersten Augenblick den nie auslöschbaren Eindruck gehabt: der Impresario präsentiert den von ihm entdeckten Star. Natürlich, so wars ja auch, und wenn dieser Eindruck peinlich war, so war das in Kafkas Wesen begründet, der unfähig gewesen wäre, diese Einführung mit einer leichten Geste, einem Scherz zu überkommen. Ach, wie er litt. Schweigsam, linkisch, zart, verwundbar, verschüchtert wie ein Gymnasiast vor den Examinatoren, überzeugt von der Unmöglichkeit, die durch die Anpreisungen des Impresarios geweckten Erwartungen je zu erfüllen. Und überhaupt, wie hatte er nur einwilligen können, sich als Ware einem Käufer vorstellen zu lassen! Wollte er denn, daß man seine belanglosen Kleinigkeiten drucke – nein, nein, nein. Ich atmete auf, als der Besuch vorbei war und nahm Abschied von den schönsten Augen, dem rührendsten Ausdruck eines alterslosen Menschen, der damals im dreißigsten Jahre stand, dessen Erscheinung aber zwischen krank und kränker schwankend für meinen Eindruck immer alterslos blieb; man konnte sagen: ein Jüngling, der nie den Schritt ins Mannesalter getan, zu tun gewagt hatte.

Max Brod erzählt die Begegnung und ihre Folgen in seiner Biographie des Freundes:

»Die Weimarer Reise war auch insofern bedeutsam, als sie uns über Leipzig führte, wo ich Franz mit Ernst Rowohlt und Kurt Wolff, die damals gemeinsam den Verlag Rowohlt leiteten, zusammenbrachte. Denn längst brannte in mir der heiße Wunsch, ein Buch meines Freundes gedruckt zu sehen.

Franz stellte sich zu diesem Wunsch recht zwiespältig. Er wollte – und wollte auch wieder nicht. Zuzeiten überwog die Ablehnung, namentlich als er, nach Prag zurückgekehrt, daran gehen mußte, jene kleinen Prosastücke, die er für druckreif hielt, aus der Fülle seiner Manuskripte, namentlich der Tagebücher, herauszusuchen und die letzte Feile anzulegen, – wobei es nicht ohne große Bedenken, Nachschlagen im ›Grimm‹ und Verzweiflung über die Ungewißheit von Interpunktionsregeln, orthographische Details abging. – Der Verlag hatte nach den Proben, die ich nach Leipzig mitgebracht hatte, von Anfang an (es waren glückliche Zeiten!) seine Bereitwilligkeit dargetan, es lag nur an Franz, das definitive Manuskript einzusenden. Und da bockte er allerdings ganz gehörig und fand alles schlecht, was er geschrieben hatte, fand, daß ihn die Zusammenstellung der alten ›wertlosen‹ Stücke an Hervorbringung besserer Werke hinderte. Aber ich ließ nicht mehr locker. Kafkas Tagebuch ist Zeuge seiner Auflehnung gegen mich, die ihm aber nichts half. Das Buch mußte fertig werden und wurde fertig.

Als der Umfang der von Franz für würdig befundenen Auswahl sich als geradezu unwahrscheinlich klein erwies, entschloß sich der Verlag, die ›Betrachtung‹ (so hieß das Buch) in einer ungewöhnlich großen Type setzen zu lassen. Die 99 Seiten der jetzt sehr seltenen, in 800 numerierten Exemplaren gedruckten Erstausgabe ähneln mit ihren Riesenlettern antiken Votivtafeln. Und damit ist durch einen jener seltsamen Zufälle, die im Sinne Schopenhauers nichts Zufälliges mehr an sich haben, der innerste Charakter dieser großen Prosa eigentlich unübertrefflich zum Ausdruck gekommen.«[56]

Man sieht, das Manuskript wäre nie zusammengestellt, nie abgesandt worden, ohne Max Brods unermüdlich insistierendes Drängen.

Kurt Wolff

Vier Wochen später kamen die kleinen frühen Arbeiten, die unter dem Titel ›Betrachtung‹ im Winter 1912/13 erschienen, Prosastücke von unerhörter Schönheit, geschrieben in einer transparenten Sprache, alterslos wie ihr Verfasser. Es gibt keine »Entwicklung« bei Kafka; er wurde nicht, er war. Sein erstes Prosabuch konnte sein letztes, das letzte sein erstes sein.

Selbstverständlich fand weder dies kleine Buch Beachtung noch die folgenden. Später erkannten Thomas Mann und Hermann Hesse die Einmaligkeit, die Außerordentlichkeit des Kafkaschen Genies. Und 1922 schreibt mir Rilke aus Muzot: »Ich habe nie eine Zeile von diesem Autor gelesen, die mir nicht auf das eigenthümlichste mich angehend oder erstaunend gewesen wäre.«[57] Das war anderthalb Jahre vor Kafkas Tod. – Der Weltruhm kam erst viel später, und es gab und gibt unter den führenden Geistern der letzten Jahrzehnte wohl keinen, der nicht die Bedeutung Kafkas erkannt hätte. Der Dichter W. H. Auden sprach als seine Überzeugung aus: »Wenn man mich fragt, welcher Dichter im Sinne der Beziehung Dantes, Shakespeares, Goethes zu ihrer Zeit der unsrigen am nächsten steht, muß man in erster Linie Kafka nennen... Er ist so wichtig für uns, weil seine Probleme die Probleme des heutigen Menschen sind.«

Damals aber hat, meiner Erinnerung nach, kein Kritiker ein Gefühl für das gehabt, was Kafka zu sagen hatte, und wie er es zu sagen vermochte. Noch ein Musil, den die Literaturgeschichte heute in die Nähe Kafkas rückt, schrieb in der Fischerschen ›Neuen Rundschau‹ 1914 wenig verständnisvoll über die ›Betrachtung‹: »... für die ein Dichter vor fünfzig Jahren sicher den Buchtitel Seifenblasen erfunden hätte«, und spricht von Leere und Nichtigkeit und stellt Robert Walser über Kafka.[58]

Bei der Verabschiedung an jenem Junitag 1912 sagte Kafka ein Wort, das ich nie früher noch nachher von einem anderen Autor gehört habe und das mir daher unverrückbar mit dem einzigen

Kafka verbunden blieb: »Ich werde Ihnen immer viel dankbarer sein für die Rücksendung meiner Manuskripte als für deren Veröffentlichung.« Und noch zehn Jahre später, im Juni 1922, hatte sich diese Haltung nicht verändert. In einem Brief an Max Brod heißt es:

> »Meine Selbstverurteilung hat zwei Ansichten, einmal ist sie Wahrheit, als solche würde sie mich glücklich machen, wenn ich die widerliche kleine Geschichte aus Wolffs Schublade nehmen und aus seinem Gedächtnis wischen könnte, sein Brief ist mir unlesbar, dann aber ist die Selbstverurteilung unvermeidlich auch Methode und macht es z.B. Wolff unmöglich, in sie einzustimmen, und zwar nicht aus Heuchelei, die er ja mir gegenüber gewiß nicht anzuwenden nötig hat, sondern kraft der Methode.«[59]

Während ich andere Autoren oft und oft mündlich und brieflich in ihrer Produktion zu ermuntern versuchte, um ihre Manuskripte warb, fühlte ich Kafka gegenüber eine große Scheu in seine Welt einzudringen. Da die Beziehung zwischen uns von Max Brod angebahnt war, fand das Gespräch zwischen Autor und Verleger weitgehend mit Brod als Mittler und nicht direkt statt. Daß ich damit Kafkas Wunsch entsprach, bestätigt mir eine Bemerkung in einem Briefe Kafkas an Brod vom Januar 1918:

> »Für die Manuskriptabschriften [...] danke ich sehr; auch dafür daß Du Wolff an mich erinnert hast. Es ist soviel angenehmer, durch Dich als selbst zu erinnern (vorausgesetzt daß es Dir nicht unangenehm ist) denn dann kann er es, wenn er zu etwas keine Lust hat, offen sagen, während er sonst, wenigstens ist das mein Eindruck, nicht offen spricht, zumindest nicht in Briefen, persönlich ist er offener.«[60]

Immerhin überwand ich die Scheu, an Kafka unmittelbar mehr als nur kurze Mitteilungen über laufende Angelegenheiten zu schreiben, zumindest einmal, in einem Brief vom November 1921. Ich vermute, daß es der einzige »werbende« Brief ist, der von mir je an Kafka gerichtet wurde; zufällig ist es auch der einzige

Brief, der mir abschriftlich vorliegt, mag sein wesentlicher Inhalt hier mitgeteilt werden:

»Unser Briefaustausch ist selten und spärlich. Keiner der Autoren, mit denen wir in Verbindung stehen, tritt so selten mit Wünschen oder Fragen an uns heran wie Sie und bei keinem haben wir das Gefühl, daß ihm das äußere Schicksal der veröffentlichten Bücher so gleichgültig sei wie Ihnen. Da scheint es wohl angebracht, wenn der Verleger von Zeit zu Zeit dem Autor sagt, daß diese Teilnahmslosigkeit des Autors am Schicksal der Bücher den Verleger nicht in seinem Glauben und Vertrauen an die besondere Qualität der Publikation beirrt. Aus aufrichtigem Herzen kommt mir die Versicherung, daß ich persönlich kaum zu zwei, dreien der Dichter, die wir vertreten und an die Öffentlichkeit bringen dürfen, innerlich ein so leidenschaftlich starkes Verhältnis habe wie zu Ihnen und Ihrem Schaffen.

Sie dürfen die äußeren Erfolge, die wir mit Ihren Büchern erzielen, nicht als Maßstab der Arbeit, die wir an den Vertrieb wenden, nehmen. Sie und wir wissen, daß es gemeinhin gerade die besten und wertvollsten Dinge sind, die ihr Echo nicht sofort, sondern erst später finden, und wir haben noch den Glauben an die deutschen Leserschichten, daß sie einmal die Aufnahmefähigkeit haben werden, die diese Bücher verdienen.

Es wäre mir nun eine besonders große Freude, wenn Sie uns die Möglichkeit geben wollten, nach außen hin das unbeirrbare Vertrauen, das uns mit Ihnen und Ihrem Schaffen verbindet, dadurch praktisch bestätigen zu dürfen, daß Sie uns weitere Bücher zur Veröffentlichung übergeben. Jedes Manuskript, zu dessen Übersendung an uns Sie sich entschließen können, wird willkommen sein und mit Liebe und Sorgfalt in Buchform veröffentlicht werden. Wenn im Laufe der Zeit Sie neben Sammlungen kurzer Prosastücke uns einmal eine große zusammenhängende Erzählung oder einen Roman übergeben könnten – ich weiß ja von Ihnen selbst und von Max Brod, wieviel Manuskripte dieser Art fast beendet oder gar ganz beendet sind – so würden wir das mit besonderer Dankbarkeit begrüßen. Es kommt hinzu, daß naturgemäß die

Aufnahmewilligkeit für eine zusammenhängende umfangreiche Prosaarbeit größer ist als für Sammlungen kürzerer Prosastücke. Das ist eine banale und sinnlose Einstellung der Leser; aber sie ist nun einmal Tatsache. Die Resonanz, die eine solche größere Prosaarbeit finden wird, ermöglicht jedenfalls eine ungleich stärkere Verbreitung, als wir sie bisher erzielten, und der Erfolg eines solchen Buches würde zugleich die Möglichkeit zu einer lebhafteren Propagierung der früher erschienenen bieten.

Bitte, lieber Herr Kafka, machen Sie mir die Freude und geben Sie mir Nachricht, ob und was wir für die nächste Zukunft erhoffen dürfen.

Ich hoffe, daß es Ihnen gesundheitlich wieder leidlich geht, und grüße Sie in unveränderter Gesinnung als Ihr aufrichtig und herzlich ergebener Kurt Wolff.«[61]

Dieser Brief greift zeitlich schon weit voraus – zurück zu Kafkas erstem Buch, ›Betrachtung‹, und dem Jahr 1913. Im Mai 1913 begann im Kurt Wolff Verlag eine neue Schriftenreihe zu erscheinen. Es war mir wichtig, daß gleich unter den ersten Veröffentlichungen der Serie, die unter dem Titel ›Der Jüngste Tag‹ erschien, ein Beitrag von Franz Kafka sein sollte. Ich bat darum und Kafka schlug vor, das erste Kapitel eines Romans, den er nie veröffentlichen wollte, als selbständige Erzählung zu drucken; es war ›Der Heizer‹, das erste Kapitel des Romans ›Amerika‹[62]. Ich bat – anscheinend sehr dringend – um das Manuskript und Kafka antwortete:

»Eben spät abend bekomme ich Ihren so liebenswürdigen Brief. Natürlich ist es mir auch beim besten Willen unmöglich, bis Sonntag die Manuscripte in Ihre Hände kommen zu lassen, wenn ich es auch viel leichter ertragen würde, eine unfertige Sache wegzugeben, als auch nur den Anschein aufkommen zu lassen, daß ich Ihnen nicht gefällig sein will. Ich sehe zwar nicht ein, auf welche Weise und in welchem Sinn diese Manuscripte eine Gefälligkeit bedeuten könnten; um so eher sollte ich sie eben schicken. Das erste Kapitel des Romans werde ich auch tatsächlich gleich schicken, da es von früher her zum größten Teil schon abgeschrieben ist; Montag oder Dienstag ist es in Leipzig. Ob es selbständig veröffentlicht werden kann, weiß ich nicht; man sieht ihm zwar die 500 nächsten und vollständig mißlungenen Seiten nicht gerade an, immerhin ist es wohl doch nicht genug abgeschlossen; es ist ein Fragment und wird es bleiben, diese Zukunft gibt dem Kapitel die meiste Abgeschlossenheit.«[63]

Aus diesen und vielen anderen Äußerungen geht klar hervor, daß der lebende Kafka nie die Veröffentlichung der im Brief erwähnten 500 »vollständig mißlungenen Seiten«, in anderen Worten des Romans ›Amerika‹ erlaubt hätte. – Es ist nicht meine Angelegenheit, die oft erörterte Frage, ob Max Brod in Mißachtung von Kafkas Willen und Weisung durch die Veröffentlichung der Romane des Nachlasses recht oder unrecht tat, hier wieder aufzunehmen. Ich habe damals nur zögernd und unter großen Bedenken die Romane publiziert, obwohl ich mir bewußt war, daß erst diese Romane Kafkas ganze Bedeutung als denkerische, philosophisch-mythische Erscheinung erschließen.

Jetzt, nach 35 Jahren, scheint es mir allerdings unvorstellbar, daß die Romane, die dem Gesamtwerk eine neue Dimension hinzufügen, seinem Willen gemäß verbrannt worden wären.

Aber damals wie heute waren und sind mir die liebenswertesten dichterischen und in ihrer sprachlichen Schönheit vollkommensten Schöpfungen Kafkas die großen kleinen Prosastücke, die einmaligen Kostbarkeiten der schmalen Bände ›Betrachtung‹ und ›Ein Landarzt‹. (Ich weiß, es ist die Reaktion eines genießerischen Ästheten, nicht die eines Existentialisten.) Immer empfinde ich schmerzlich, daß die meisten Kafka-Leser, denen ich im Leben oder in Büchern begegne, mit den Romanen, nicht mit den kurzen Prosastücken vertraut sind. (Man lese etwa in Simone de Beauvoirs Autobiographie nach, wie sie und Sartre Kafka entdecken.)

Gibt es, in der ganzen deutschen Literatur des zwanzigsten und weit zurück ins neunzehnte Jahrhundert, Prosa, die man wagen würde, etwa mit Stücken aus dem ›Landarzt‹ zu vergleichen: mit ›Elf Söhne‹ oder ›Auf der Galerie‹, ein Prosa-Juwel von zwei (zwei!) Sätzen?

Es wird viel über Kafka philosophiert, theoretisiert, und er wird zu wenig gelesen – als Dichter gelesen.

Oft, wenn ich mit befreundeten Lesern, lesenden Freunden (kann man andere haben?) zusammen bin und spüre, sie sind mit dem mir wesentlichst erscheinenden Kafka unvertraut, bemühe ich mich sie zu verführen durch Vorlesen einer einzigen Seite eines Prosastückes – eine Verführung, die leicht und immer gelingt. Und seitdem die Briefauswahl vorliegt, wähle ich gern ein paar Zeilen von einer an Max Brod 1923 gerichteten Postkarte[64]:

»Wenn Du von ›Wut‹ sprichst, so ist das eine Redeweise, welche weder Dir noch Deiner Sache entspricht. Es ist dumm von mir über Dinge zu sprechen, die Dir gewisser sind als mir, aber ich bin wirklich dumm und unsicher im Kopfe und deshalb freut es mich ein wenig eine Sicherheit auszusprechen wie etwa diese: Wut hat ein Kind, wenn sein Kartenhaus einstürzt, weil ein Erwachsener den Tisch rückt. Aber das Kartenhaus ist doch nicht eingestürzt, weil der Tisch gerückt wurde, sondern weil es ein Kartenhaus war. Ein wirkliches Haus stürzt nicht ein, selbst wenn der Tisch zu Brennholz zerhackt wird, es braucht überhaupt kein fremdes Fundament. Das sind so selbstverständliche, ferne und herrliche Dinge.«

Kafka und die Prager literarischen Kreise

ERINNERUNGEN VON RUDOLF FUCHS

Rudolf Fuchs
(Karikatur von
Adolf Hoffmeister)

An die Anfänge meiner Bekanntschaft mit Kafka kann ich mich nicht erinnern. Ich glaube, daß ich ihn im Winter 1912 kennengelernt habe. Damals hatten wir jungen Schriftsteller einen Stammtisch in einem Kaffeehaus Ecke Hybernergasse und Pflastergasse.[65] Ab und zu nahm auch Kafka bei uns Platz.

Er machte den Eindruck eines durchaus gesunden Menschen. Krankheiten zu verhüten, schien er peinlich bedacht zu sein. An einem heißen Nachmittag begleitete ich ihn durch die alte Eisengasse. Vor einer Sodawasserbude blieb ich stehen und trank eine Limonade, nachdem ich den Rand des Glases vorher mit der Hand abgewischt hatte. Kafka beobachtete mich mißbilligend. »Das kann Ihnen nicht helfen«, sagte er.

Nachts zogen wir einmal in größerer Gesellschaft nach Weinberge. Es war im Winter und furchtbar kalt. Kafka hatte einen leichten Überrock. Werfel setzte ihm wegen seiner leichten Kleidung zu. Kafka erzählte, daß er auch im Winter kalt bade. Er ließ den Spott der anderen mit freundlicher Heiterkeit über sich ergehen. Besonders Werfel machte sich über ihn lustig, weil er sich so viel um seinen Kadaver kümmere. Ich erinnere mich, daß wir damals gerade oberhalb des Weinberger Viadukts standen. Kafka zog sein Hosenbein hoch und zeigte in der frostigen Nacht die nackte Wade.

Ich wohnte damals in einer sehr lärmenden Straße; es war in dem Eckhaus der Stefansgasse und der Gerstengasse. Ich litt sehr unter dem Lärm. Über dieses Leiden konnte ich mit niemand besser sprechen als mit Kafka. Vor dem Hause befand sich die Haltestelle der Elektrischen, gegenüber war ein Gasthaus, in

Innenansicht des Café Arco in der Hibernergasse

dessen Garten während der Sommermonate bis tief in die Nacht eine Kapelle konzertierte. Aus einem Nachtcafé war ein Orchestrion zu hören. Wand an Wand mit unserer Wohnung war das Krankenzimmer eines schwindsüchtigen Schneidermeisters; der Mann war verheiratet; seine Frau spielte Klavier. In der Wohnung wohnten wir sieben Jahre. Ich arbeitete schwer und schlief elend. Auch Kafka hatte einen schlechten Schlaf. Er sagte mir, bei ihm habe es auch mit Schlaflosigkeit angefangen; später seien noch quälende Kopfschmerzen hinzugekommen. Er beschrieb sachlich die Art seiner Kopfschmerzen, ohne im geringsten Mitleid zu erwarten und zu verlangen. Es waren einfach die Kopfschmerzen, die er, wie er meinte, mir einstweilen voraushatte.

Gegen Lärm schützte er sich, indem er sich Watte in die Ohren stopfte. Er empfahl mir diese Methode eindringlich. Ich habe mich an seinen Rat gehalten und noch heute kann ich nicht einschlafen, wenn ich mir nicht zuvor die Ohren verstopft habe. Einmal habe ich bei ihm zwei kleine Pölsterchen gesehen, die über den Ohren zusammenzubinden waren. Es war, wie ich vermute, ein Geschenk von Frauenhand.

Man konnte Kafka oft allein begegnen, in den Straßen, in den Gartenanlagen Prags. Er war nicht im geringsten alteriert, wenn man sich ihm zugesellte. Er vermied es gern, von sich zu sprechen, und war, wenn man erzählte, ganz Ohr. Selbst als ihn schon seine Krankheit quälte, behielt er seinen lächelnden Gesichtsausdruck. Es war etwas ägyptisch Rätselhaftes in seinem Ausdruck.

Er war immer diskussionsbereit, das heißt: bereit, sich zu verständigen, sei es auch mit wenigen, kurzen, oft hastigen Worten, sei es mit einem beredten Schweigen, das nicht mißzuverstehen war. Das Leben und Wirken seiner Freunde verfolgte er mit großer Aufmerksamkeit. Er war vieler Leute Freund, wiewohl er nur ganz wenigen gestattete, seine Freunde zu sein. Dankbar erinnere ich mich an Folgendes: Ich begegnete ihm in der Herrengasse. Tags vorher war ein Gedicht von mir im ›Tagblatt‹ erschienen. Es hieß ›Villa Milde Ruh‹. Er lobte es. Mir selbst wollte es nicht mehr ganz so gefallen. Es war älteren Datums. Ich wagte einen Zweifel in die Aufrichtigkeit seines Lobes auszusprechen. Da zitierte Kafka das Gedicht auswendig.

Als sein erstes Buch ›Betrachtung‹ bei Wolff[66] erschienen war, sagte er mir: »Elf Bücher wurden bei André abgesetzt. Zehn habe ich selbst gekauft. Ich möchte nur wissen, wer das elfte hat.« Dabei lächelte er vergnügt. Darüber, was er schrieb und wie wichtig oder unwichtig es ihm war, erfuhr man nichts.

Einmal hatte ihn Willy Haas für eine Vorlesung Prager Autoren in einem kleinen Saale eines Hotels auf dem Wenzelsplatz gewonnen. Kafka las damals seine später bei Wolff erschienene Novelle ›Das Urteil‹. Er las mit solch einer still verzweifelten Magie, daß ich ihn auch heute noch, nach sicherlich nicht viel weniger als zwanzig Jahren, in dem abgedunkelten schmalen Vortragssaal vor mir sehe. Alles andere habe ich allerdings vergessen.[67]

Kafka war schlank, gut gewachsen, schön. Von Mädchen sprach er höchstens nur im allgemeinen. 1917–18 war ich in Wien. Kafka hatte mich brieflich ersucht, für ihn ein ruhiges Hotelzimmer zu mieten. Er kam von Budapest. Er hatte mir schon in Prag zuvor Andeutungen gemacht, in Budapest werde es sich entscheiden, ob er eine Verlobung aufrechterhalten oder lösen werde. In Wien erzählte er mir, er habe mit seiner Braut gebrochen.[68] Kafka war dabei vollkommen ruhig. Er schien sich sogar wohl zu fühlen. Er besuchte mit mir das Café Central. Es war schon spät und das Haus ziemlich leer. Kafka war alles zufrieden.

Ein junges, hübsches Mädchen in Prag erzählte mir, es habe Kafka viele Briefe geschrieben. Sie hatte sich in ihn verliebt.

Kafka antwortete ausführlich und warnte sie vor sich.

Dann sah ich ihn in der letzten Zeit seines Lebens. Er war mager geworden, sprach heiser und atmete schwer. Er trug auch bei kalter Witterung einen leichten Mantel. Auf der Gasse zeigte er mir, wie ihm der Mantel weit sei und wie er sich angenehm trage, ohne seine Brust beim Atmen zu beengen. Er turnte förmlich darin.

Wieder vergingen Monate. Er war außerhalb von Prag. Man hörte, daß es ihm sehr schlecht ging. Sein Ende war unabwendbar. Ich las noch eine Karte, worin es hieß: Ich schreibe Ihnen Montag mehr, wenn nichts dazwischen kommt.

Sein Begräbnis. Die Gebethalle des jüdischen Friedhofs in Prag. Große Beteiligung. Hebräische Gebete. Die Trauer seiner Eltern und Geschwister. Die stumme Verzweiflung seiner Gefährtin, die an seinem Grab wie tot hinfällt. Das trübe Wetter, das sich nur auf Augenblicke erhellt. Weiß Gott, man konnte es nicht glauben, daß in der nackten Holztruhe Franz Kafka begraben wird, der Dichter, der gerade erst groß zu werden begann.

Kinder unter sich

ERINNERUNGEN VON ALICE SOMMER

Kafka ist mir so vertraut wie meine Nase, ich bin mit ihm aufgewachsen. Ich sehe Prag mit den Augen Kafkas, und ich sehe die Menschen mit den Augen Kafkas.

Zum ersten Mal bin ich ihm wohl begegnet, als wir etwa zehn Jahre alt waren, meine Zwillingsschwester Marianne und ich. Kafka war sehr kinderlieb, hat Kinder sehr gern gehabt, er war eigentlich selbst ein Kind. Ich erinnere mich, daß er mit uns – auf jeder Seite einen Zwilling – spazierengegangen ist. Es gibt eine Szene in einem Wald, die mir besonders gut in Erinnerung geblieben ist. Wir waren mit der Familie in der Sommerfrische in der Nähe von Prag, Kafka, der mit Felix Weltsch zu Besuch kam, ging mit uns spazieren, und im Wald setzte er uns, Marianne und mich, auf eine Bank und sich selbst vis-à-vis auf einen Stein. Dann hat er uns eine Geschichte erzählt.

Er sprach leise, mit einer Stimme, die man als Mittellage bezeichnen könnte. Im Umgang war Kafka zwar scheu, so als wollte er sich entschuldigen, daß er lebte. Aber er hatte sehr viel Humor, und ich denke, dieser Humor macht auch einen Teil seiner literarischen Größe aus. Er will uns zeigen, daß die Welt nur mit Humor zu ertragen ist, man darf sie nicht zu ernst nehmen, sonst ist es zu arg. Mit seinen Augen blickte er einem in die Seele, und von seinem Lächeln fühlte man sich verzaubert. Seine Augen, diese Kinderaugen sind mir unvergeßlich.

Er war ein Kind, eigentlich saßen damals dort im Wald drei Kinder. Was er uns erzählt hat, weiß ich nicht mehr, es muß aber einen tiefen Eindruck auf mich gemacht haben, denn die Szene steht mir noch sehr lebendig vor Augen, und ich bin bis heute beeindruckt davon, wie er es erzählt hat. Er war ein Kind in dem Sinn wie Goethe meint, daß wir von den Kindern lernen sollen. Kafka hat die Welt mit Kinderaugen entdeckt.

Begegnung bei Kriegsausbruch

ERINNERUNGEN VON ERNST POPPER

Ein großes Ereignis ist in der Erinnerung zuweilen mit einem persönlichen Erlebnis unlösbar verknüpft. So geht es mir mit der österreichischen Kriegserklärung an Serbien, die das glorreiche Zeitalter der Weltkriege eingeleitet hat. Es war an einem fieberheißen Julitag des Jahres 1914, und in der Erinnerung sehe ich noch immer eine aufgeregte Menschenmenge den Wenzelsplatz, den Hauptboulevard der damaligen österreichischen Provinzhauptstadt Prag, lärmend und gestikulierend hinaufziehen, bis die wirbelnden Klänge einer Militärmusik alles übertönen und die Menge veranlassen, in die patriotische Hymne miteinzustimmen. Die Massensuggestion war vollständig und auch wer die Verhältnisse genau kannte und sich durch eine falsche politische Theatralik nicht täuschen ließ, vermochte sich nicht leicht des Eindrucks zu erwehren, den die meisterhafte österreichische Regie mit der Inszenierung dieser Demonstration offenbar beabsichtigt hatte. Das tschechische Prag, das seit Jahrzehnten im nationalen Kampf gegen Wien stand, das von panslawistischen Ideen erfüllt war und seine Sympathien für die südslawischen Unabhängigkeitsbestrebungen nie verhehlt hatte, schien an diesem ersten Kriegstag von einem österreichisch patriotischen Taumel ergriffen zu sein. Das war natürlich nur scheinbar so, da die tschechisch nationalen Kreise, gelähmt durch die eben erst verkündeten Kriegsartikel, zunächst eine weitgehende Zurückhaltung bewahrten und die Straße den Elementen überließen, die im Dienste des österreichischen Hurrapatriotismus standen.

Während ich über diese Zusammenhänge noch nachdachte, war ich über den fanatischen Ausdruck in vielen Gesichtern der teils schreiend, teils singend vorüberziehenden Demonstranten überrascht, die der patriotische Massenwahn in eine Ekstase versetzt hatte. Plötzlich fiel mir aus der Unzahl der Vorbeiströmenden ein bekanntes Gesicht auf, das die künstlich geschürte Begeisterung gleichfalls völlig verwandelt hatte. Der Betreffende, ein hochaufgeschossener, jüngerer Mensch, der mit hagern Armen wild in der Luft herumfuchtelte, war wie in Trance.

Irgendwelche Worte schienen ihm gleichsam unbewußt aus dem Munde zu kommen, und das freundlich schüchterne Lächeln, das sonst für ihn so bezeichnend war, war von den unwahrscheinlich geröteten Wangen wie weggewischt, während die glanzvollen Kinderaugen aufwärts zum Himmel gerichtet waren und in der Ferne, hinter dem Horizont etwas zu suchen schienen. »Franz Kafka!« rief ich. Er aber hörte mich nicht, und einige Sekunden später hatte ihn der Menschenstrom bereits wieder vorbeigespült.

Abends traf ich Franz Kafka im Café im Kreis einiger Fremder, in dem die Weltereignisse lebhaft erörtert wurden. Wie gewöhnlich beteiligte sich Kafka nur wenig an dem Gespräch, hörte aber aufmerksam zu. Er hatte jetzt wieder sein gewohntes ruhiges, etwas verträumtes Aussehen. »Ich habe Sie heute auf dem Wenzelsplatz gesehen«, sagte ich zu ihm. Die Augen leuchteten zur Antwort auf. »Es war herrlich«, sagte er mit starker Betonung. Gleich darauf wurde er aber nachdenklich und gab in einigen erklärenden Sätzen zu verstehen, daß sein Begeisterungsausbruch durchaus nicht dem Krieg gegolten habe, den er fürchte und verabscheue, sondern daß es die Größe des patriotischen Massenerlebnisses gewesen war, die ihn überwältigt hatte.[69] Heute, ein halbes Menschenalter später, mag ein solches Verhalten widerspruchsvoll erscheinen. Damals war es das aber nicht. Sosehr Kafka seinem ganzen Wesen nach ein Einzelgänger war, in diesem Fall war sein Verhalten für viele der damaligen österreichischen Intellektuellen charakteristisch, und der Widerspruch lag nicht in seiner Person, sondern war in der Situation begründet. Ein großer Teil der österreichischen Intellektuellen bejahte sehr entschieden die österreichische Staatsidee, verurteilte aber gleichzeitig mit großer Schärfe die Fehler der Wiener Politik, die dem preußisch-deutschen Militarismus sekundierte und damit das Verderben über die Donaumonarchie heraufbeschwor. Kriegsgegnerschaft und österreichischer Patriotismus waren daher durchaus vereinbar.

Die politisch Weiterblickenden erlebten allerdings beim Kriegsausbruch einen schweren seelischen Schock, da sie voraussahen, daß sowohl der wenig wahrscheinliche Sieg mit Hilfe der Deutschen als auch die viel wahrscheinlichere Niederlage eine Katastrophe für Österreich bedeuten mußte:

Ein Sieg hätte Österreich in volle Abhängigkeit von den arroganten, rücksichtslosen Kräften des Preußentums gebracht, die auch Österreich verpreußt hätten; die Niederlage dagegen mußte den Zerfall Österreichs und die Balkanisierung Mitteleuropas zur Folge haben. Die Zwangsläufigkeit dieser Entwicklung war das Hauptthema der an diesem ersten Kriegstag an dem erwähnten Prager Kaffeehaustisch versammelten jungen Schriftsteller und Künstler. Im Gegensatz zu dem offiziellen Jubel, der die Straße beherrschte, war daher die Stimmung hier ziemlich gedrückt. Der Pessimismus der andern beeindruckte auch Kafka stark, dessen Miene sich verdüsterte. Wer ihn so sah, mußte annehmen, daß er von einem schmerzlichen, persönlichen Erlebnis betroffen war, denn Kummer und Verzweiflung waren nur allzu deutlich in seinen Zügen ausgeprägt. Für den, der erst wenige Stunden zuvor Zeuge seines überschwenglichen Begeisterungsausbruchs gewesen war, war dieser seelische Umschwung, der sich so überaus auffällig offenbarte, ein fesselndes, wenn auch nicht leicht erklärbares Phänomen.

Zumeist sind es die Ungeistigen und wenig Kritischen, die sich widerstandslos den jeweiligen Eindrücken der Stunde ergeben. Hier aber war ein Gestalter, ein schöpferischer Mensch, der mit einem unheimlichen Wissen um tiefe Geheimnisse begabt war, die hinter den Menschen und Dingen lagen. Allerdings – wenn man mit Kafka sprach, gewann man selten diesen Eindruck. Persönlich wirkte er eher etwas naiv, und wenn auch seine respektvolle Art, sich über Menschen und zu Problemen zu äußern, ungemein sympathisch war, so hinterließ er doch kaum den Eindruck einer gesammelten, überlegenen Persönlichkeit. Im Gegenteil: Seine Furchtsamkeit im Urteil verbunden mit einer weitgehenden Ratlosigkeit in praktischen Angelegenheiten ließen ihn vielmehr als einen weltfremden Sonderling erscheinen, der er im Grunde auch war. Man mußte schon einige seiner so völlig neuartigen und aufwühlenden Novellen gelesen haben, um zu wissen, daß hinter der naiven Fassade ein Motor in Bewegung war, der in sonst unzugängliche Abgründe der menschlichen Natur vordrang. Über das eigenartige Funktionieren dieses Motors ließen sich allerdings nur Vermutungen anstellen. Was Bergson als die Fähigkeit der Intuition bezeichnet hat, scheint Kafka in einem ganz unwahrscheinlichen Ausmaß besessen zu haben. Aber seine hervorragende Einfühlungskraft erklärt nur die eine Seite von Kafkas schöpferischer Natur. Nicht weniger wesentlich scheint es zu sein, daß Kafka, der im letzten Jahrzehnt vor dem Ersten Weltkrieg zu seiner schriftstellerischen Meisterschaft herangereift war, ein typisches Kind seiner Zeit gewesen ist, eine Erscheinung, die zu andern Zeiten wahrscheinlich völlig undenkbar gewesen wäre.

Wer war aber dieser Franz Kafka, der eine so gründliche Kenntnis der Krankheit seiner Zeit besaß? Er war weder ein Arzt wie Sigmund Freud noch ein Zeitkritiker wie Karl Kraus – um zwei andere große Österreicher zu nennen, die sich dem Zeitproblem aus anderen Richtungen genähert hatten. Aber er kannte seine Zeit in einer Weise, wie sie selbst der große Arzt und der große Zeitkritiker nicht kannten. Um ihn herrschte zumeist eine geheimnisvolle Atmosphäre, die auch seine intimen Freunde nicht enträtseln konnten. Erst in späteren Jahren erfuhr man sein Geheimnis: Er selbst war krank. Die Lungen waren schwer infiziert, und Kafka hatte oft große Mühe, seinen von der Krankheit geschwächten Organismus in die schriftstellerische Arbeitsdisziplin zu zwingen. Es war aber nicht die Tuberkulose allein, die ihn quälte. Mit einer peinlichen Regelmäßigkeit wurde er von schweren Depressionen heimgesucht, deren Ursache nicht die Krankheit allein war. Es hatte schon vielmehr den Anschein, als ob die Krankheit eine Reihe schon vorhandener, nervöser Symptome nur schärfer hervortreten ließ. Zweifellos repräsentierte Kafka einen stark nervösen Typ, und er hatte offenbar häufig schwer zu kämpfen, um ein mühsam errungenes seelisches Gleichgewicht nicht wieder zu verlieren. Dieser Gefahr war er sich anscheinend ständig bewußt. Wer nicht schwindelfrei ist, hütet sich vor den Abgründen unterwegs, und Kafka wußte nur zu gut, wie leicht er in einem Abgrund versinken konnte. Er geriet allzu schnell in Ekstase, während andere nur erregt waren, in Verzweiflung, während sich andere bloß bedrückt fühlten, in eine Stimmung der Trunkenheit, ohne daß er nur einen Tropfen Wein berührt hätte. Tatsächlich saß er oft stundenlang in einer kleinen Weinstube in der Prager Altstadt, ohne von dem gefüllten Weinglas, das vor ihm stand, auch nur zu nippen und ohne mit den anderen Stammgästen, die ihn gut kannten, auch nur ein Wort zu wechseln, um schließlich, wenn er sich in sichtlich gehobener Stimmung empfahl, seinem erstaunten Tischnachbar seinen Wein anzubieten. Die harmlosen Gäste dieses Weinlokals hielten ihn für einen wunderlichen Kauz, der zwar wenig unterhaltsam, deshalb aber doch nicht unsympathisch war. Sein Verhalten in ihrer Mitte war aber für Kafka außerordentlich bezeichnend. Die Rolle des Trinkers, der den Wein nicht berührt, war im Grunde sein Lebensschicksal.

Er war seinem ganzen Wesen nach ein tief gehemmter Mensch, der niemals dazu kam, sein eigenes Leben richtig zu gestalten. Ernsthaften Entscheidungen wich er aus; vor Erlebnissen, die ihn tiefer zu packen drohten, flüchtete er. Sein Leben war eine dauernde geheimnisvolle Flucht, in Wirklichkeit eine Flucht vor sich selbst. Sogar vor dem Erfolg, der ihm ganz gegen seinen Willen aufgezwungen wurde, flüchtete er. Er war krank, physisch und psychisch krank, und seine ständige Flucht war eine Art des Zurückweichens ins Krankenzimmer, um Ereignissen zu entgehen, denen er sich nicht gewachsen fühlte. Aber dieser Kranke, der schon in jungen Jahren den Todeskeim in sich fühlte, hat die kranke Zeit, in der er lebte, besser verstanden als die Gesunden um ihn, die sich nur zu gern von ihren Lebensinstinkten belügen ließen. Das Entscheidende aber war, daß Franz Kafka trotz seiner Krankheit und Gehemmtheit Fähigkeiten besaß, die ihn zu einem seltenen Ausnahmemenschen stempelten. Er war vielleicht kein Genie im höchsten Sinn des Wortes, hatte aber viel Geniales an sich. Genial war seine Intuitionskraft, mit der er seine Zeit erfaßt hatte, genial waren auch sein künstlerisches Auffassungs- und Gestaltungsvermögen und die überstrengen Ansprüche, die er an seine schriftstellerische Arbeit stellte.

Franz Kafka als »boyfriend«

ERINNERUNGEN VON NELLY ENGEL

Der Begriff »boyfriend« – oder wie ich neulich in deutscher Übersetzung las »Dauerfreund« – war zur Zeit meiner Jugend unbekannt. Junge Mädchen verabredeten sich mit jungen Männern ihrer Bekanntschaft, die ihnen »etwas zu geben hatten«, was sich in unserem damaligen Jargon natürlich nur auf geistige Förderung bezog, zu gemeinsamen Besuchen von Konzerten und Theater, Museen und Kunstausstellungen, man traf sich auch im Kaffeehaus; aber am beliebtesten waren in unserem »goldenen« Prag die Spaziergänge, die über die alte Karlsbrücke auf die Kleinseite und den Hradschin führten, in deren romantischen Gassen wir Kirchen und Paläste nicht nur bewunderten, sondern auch nach ihrer kunsthistorischen Bedeutung bewerteten.

Unzählige solcher Spaziergänge habe ich in Gesellschaft vielversprechender Jünglinge unternommen, von denen manche im spätern Leben berühmte Männer wurden; ich denke da zum Beispiel an den Historiker Hans Kohn, den Philosophen und Journalisten Robert Weltsch, den Dichter Herrmann Ungar, aber sie alle hat der Weltruhm Franz Kafkas überstrahlt. Ich habe Kafka, einen der damals so zahlreichen und wenig beachteten aufstrebenden Schriftsteller Prags, im Kaffeehaus kennengelernt, wohin er nach einem Vortrag seines Freundes Felix Weltsch gekommen war. Von da an trafen wir einander oftmals auf der Straße, weil wir nur einige Minuten voneinander entfernt wohnten. Gewöhnlich blieb er stehen und sagte ein paar Worte, die sich, meiner Erinnerung nach, meistens auf den Gesundheitszustand bezogen, wie: »Sie haben nie Kopfweh? Ich habe fast immer Kopfweh«, und dabei strich er mit der Hand über seine Stirne. Dann kam es, daß wir uns zu längeren Spaziergängen verabredeten. Wenig ist mir von den Gesprächen, die wir führten, in Erinnerung geblieben, aber einmal habe ich meine jüngere Schwester Trude, die damals etwa vierzehn Jahre alt sein mochte, auf einen solchen Spaziergang mitgenommen, und dessen Konsequenzen habe ich nicht vergessen. Wir gingen über die Karlsbrücke auf den Hradschin. Im Laufe der Gespräche muß es zu Auseinandersetzungen zwischen mir und meiner Schwester gekommen sein, an deren Inhalt ich mich nicht mehr zu erinnern vermag, aber der bestimmt auf unsere verschiedenen Temperamente und Weltanschauungen zurückzuführen war. Der fröhlich begonnene Spaziergang kam dadurch zu einem unbehaglichen Ausklang.

Gleich am nächsten Morgen brachte mir die Post einen mit Kafkas feiner Handschrift dicht beschriebenen vierseitigen langen Brief, in welchem er unsere Gespräche vom Vortag rekapitulierte, auf die Charakterzüge der beiden Schwestern in aller Klarheit und Tiefe einging und uns eine harmonische Lösung unserer Gegensätzlichkeiten anriet. Ich habe mir den Inhalt dieses Briefes sehr zu Herzen genommen; um ihn immer wieder lesen zu können, trug ich ihn überall mit mir herum, bis er eines Tages verlorenging. Ich erinnere mich an meine Verzweiflung über diesen Verlust und daran, daß ich zu meiner Mutter sagte: »Ich weiß, daß ich einen so wunderbaren Brief nie mehr in meinem Leben bekommen werde.« Ich war damals 18 Jahre alt und Kafka noch kein berühmter Dichter.

Meine Schwester mußte noch ein anderes Mal auf meinem Spaziergang mit Kafka mitgekommen sein, denn mein Bruder, Friedrich Thieberger, schreibt in seinen Erinnerungen an Kafka: »Eines Abends, als ich mit meinem Vater gerade vor dem geschlossenen Haustor stand (es mußte also nach 10 Uhr nachts gewesen sein, wenn in Prag die Haustore aller Mietshäuser abgesperrt wurden), kam Kafka mit meinen beiden Schwestern, die er nach Hause begleitete. Mein Vater hatte einige Tage vorher die ›Verwandlung‹ gelesen, und obwohl sich Kafka in ein abweisendes Lächeln zu hüllen pflegte, wenn man von seinen Arbeiten sprach, ließ er sich von meinem Vater einige Worte über die Verwandlung eines Menschen in einen Käfer gefallen. Dann wich Kafka einen Schritt zurück und sagte mit einem erschreckenden Ernst und einem Kopfschütteln, als ob es sich um eine wirkliche Begebenheit gehandelt hätte: ›Was nicht alles passiert in unserem Haus.‹«

Ich bekam von Kafka noch einen andern Brief, der sich ebenfalls auf mich und meine Schwester bezog. Dieser Brief hatte folgende Vorgeschichte: Kafka war aus der elterlichen Wohnung ausgezogen und in ein altes unschönes Haus der häßlichen Langen Gasse übergesiedelt. Wir erfuhren, daß er erkrankt war und sein Zimmer nicht verlassen durfte. Um die Aussicht aus seinen Fenstern zu verschönen, ging ich mit meiner Schwester in einen Blumenladen, wir wählten drei blühende Topfpflanzen für jedes seiner Straßenfenster und ließen sie an Kafkas Adresse schicken. Das ungewöhnliche Geschenk zweier junger Mädchen, die doch auch schon damals eine Ahnung von der Ungewöhnlichkeit der Persönlichkeit Kafkas gehabt haben mußten, scheint ihn sehr erfreut zu haben, aber wie alle meine sonstigen Besitztümer ist auch sein Dankbrief ein Opfer meiner Nazi-Emigration geworden. Ich erinnere mich allerdings des originellen Schlußsatzes, welcher lautete: »Was für gute Menschen es gibt. Was für küssenswerte Hände. Ihr Franz Kafka.«

Vielleicht gehört auch die Geschichte meiner Strumpfsammlung in diesen Rahmen, obwohl sie nicht direkt mit Franz Kafka zu tun hat. Während des Ersten Weltkrieges war ich freiwillige Lehrerin in einer Schule für Flüchtlingskinder aus Polen. Dieses Schulwerk war die Schöpfung des genialen Professors Alfred Engel (nicht mit mir verwandt) und hat nicht nur Hunderten von Flüchtlingskindern Ordnung ins Leben gebracht und sie für die Zukunft vorbereitet, es sorgte auch für die Verköstigung und Bekleidung seiner Zöglinge. Eines Tages wurde ich beauftragt, Strümpfe für die Mädchen zu beschaffen. Sie durften natürlich, ebenso wie alle Lehrer der Schule, nichts kosten. Mein erster Weg war in das Galanteriewarengeschäft Kafka, das sich in demselben Hause befand wie das Gymnasium, das Franz einmal besucht hatte. Der alte Herr Kafka stand im Laden. Ich brachte meine Bitte vor, er sah mich an und sagte: »Ich kenne Sie, Sie sind eine Freundin von Franz, er hat von Ihnen gesprochen.« Und Herr Kafka schenkte 100 Paar Strümpfe für die Flüchtlingskinder. Max Brod, dem ich diese Geschichte einmal erzählte, war von ihr sehr beeindruckt, weil sie beweist, wie Brod sagte, daß die Schilderung von Kafkas Vater in grausamer Tyrannenglorie erstrahlend, wie sie Paul Eisner und manche andere machten, die ihn nie gesehen haben, durchaus falsch ist.

Innenansicht des väterlichen Geschäfts im Kinsky-Palais

Eng verbunden mit unserer zionistischen Überzeugung war der Glaube an die Renaissance der hebräischen Sprache, und »Neuhebräisch« zu lernen war die logische Konsequenz. Franz Kafka nahm seinen ersten Hebräischunterricht bei meinem Bruder, Friedrich Thieberger, während sich einem Kreis der sehr begeisterten Mädchen des ersten Prager zionistischen Mädchenklubs der junge Philosoph und spätere erste Rektor der Hebräischen Universität in Jerusalem, Dr. Hugo Bergmann, als Lehrer zur Verfügung stellte. Wir lernten mit solchem Ernst und Eifer, wie man nur als verständiger Mensch und unter Führung eines weisen und verehrten Lehrers lernen kann.

Im Sommer bewohnte die Familie Bergmann ein Häuschen in Podbaba, einem Villenvorort, etwa eine Wegstunde von Prag entfernt. Um keine Unterrichtsstunde zu versäumen, wanderten wir an Sonntagen durch die hügelige Landschaft nach Podbaba zu unserer Hebräischstunde. Eines Sonntagnachmittags, als wir gerade den Unterricht beendet hatten, kamen Bergmanns Freunde zu Besuch. Das war ein Kreis besonders begabter Menschen, je-

Elsa Brod

Max Brod

der Einzelne hervorragend auf seinem Schaffensgebiet, jeder Einzelne tief interessiert an den Leistungen der anderen, alle in Freundschaft verbunden. Sie kamen regelmäßig an Freitagabenden zusammen im Salon von Bergmanns geistreicher Schwiegermutter Bertha Fanta, lasen einander aus den Werken vor, die sie im Laufe der Woche geschaffen hatten, besprachen, kritisierten und lobten sie, und jeder schöpfte Anregung aus dieser Gemeinschaft.

Einen so schönen Sommersonntagnachmittag nahm man gern zum Anlaß, eine zusätzliche Zusammenkunft einzuschieben. Diesmal waren auch die Frauen mitgekommen. Da waren Felix und Irma Weltsch, Max und Elsa Brod, Oskar Baum, der blinde Dichter und Musiker, dessen gütige Frau niemals von seiner Seite wich, und schließlich Franz Kafka. Man trank Kaffee auf der Wiese vor dem Haus, und am späten Nachmittag trat man den Heimweg an.

Auf dem schmalen Pfad, der zum Rand der Hügelkette führte, die die Moldauufer begrenzt, konnten wir nur paarweise gehen, und ich ging mit Kafka in der letzten Reihe. Als wir auf die Höhe des Hügelzuges kamen, von wo man die Moldau und das gegenüberliegende Ufer erblickt, blieb Kafka plötzlich stehen, und auf die Landschaft weisend, die sich vor uns ausstreckte, sagte er: »Sehen Sie dort drüben die Bochnitzer Irrenanstalt? Dort werde ich einmal mein Leben beenden.« Wir alle hatten das Gefühl, daß Kafka anders war als die gewöhnlichen Menschen. Das trug wohl dazu bei, daß mir bei diesen Worten ein kalter Schauer über den Rücken lief. Heute wissen wir, daß sich seine Voraussage nicht erfüllt hat.

Im Jahre 1916 traf ich Kafka zufällig in Marienbad.[70] Ich war von Karlsbad aus, wo unsere Familie auf Sommerfrische war, zu einem eintägigen Besuch hinübergekommen, um den Verlobten meiner Freundin Mizzi Schreiber kennenzulernen. Ich hatte daher keine Zeit für einen Spaziergang, zu dem mich Kafka aufforderte. Meine Freundin, die bei dieser Begegnung zugegen war, erinnerte sich, daß sich Kafka ohne die Konversation zu unterbrechen, plötzlich zu mir niederbeugte und den Gürtel meines Sommerkostüms, der lose zu beiden Seiten herunterhing, behutsam anfaßte und zusammenschnallte. Scheinbar hat ihn die Unordnung in der Kleidung irritiert.

Mein letztes längeres Beisammensein mit Kafka fand im Jahre 1919 statt und hatte in der Tat etwas von dem Geiste an sich, der in späteren Jahren in der Weltliteratur als »kafkaesk« bezeichnet und verstanden wurde.

Ich hatte in der Zwischenzeit geheiratet und wohnte mit meinem Mann in einer neu erbauten Villa in einer neu angelegten Straße in dem eleganten Gartenvorort Bubentsch, nicht weit vom Baumgarten. Die Wohnung in dem Haus verdankten wir dem temporären Gesetz, demzufolge die Villenbesitzer nur eine den Familienmitgliedern entsprechende Zahl von Zimmern bewohnen durften und den Rest an Untermieter weiterzuvermieten hatten, um die knapp nach dem Kriege herrschende Wohnungsnot zu mildern. Kafka, den ich zufällig in der Straße getroffen hatte, äußerte den Wunsch, uns zu besuchen, und da ich wußte, daß er keine Konventionsvisiten machte, war ich stolz und froh über seinen Vorschlag. Wir verabredeten den Tag und die Stunde, und ich gab mir Mühe, ihm den Weg zu unserem Haus zu beschreiben, was nicht ganz einfach war, weil die Straße noch keinen Namen und das Haus keine Nummer besaß.

Es kam der Tag, an dem sich Kafka für vier Uhr bei uns angesagt hatte. Ich nahm mir mit den Vorbereitungen besondere Mühe, hatte das Wohnzimmer, dessen Rokokomöbel ich bei Auktionen und in Antiquitätengeschäften erworben hatte, warm und gemütlich gemacht, mit Blumen geschmückt, eine gute Jause stand bereit. Es war vier Uhr, es wurde fünf und es wurde sechs Uhr, aber Kafka kam nicht. Ich wußte, daß es nicht seine Art war, ein Versprechen grundlos zu brechen, und ich begann, mir Sorgen zu machen. Als es sieben Uhr wurde, räumte ich schweren Herzens den schön gedeckten Tisch wieder ab, und wir setzten uns zu unserem frugalen Abendbrot nieder, das damals gewöhnlich aus Butterbrot mit Käse und einer Tasse Tee bestand.

Da, plötzlich ging die Türglocke, ich rannte die Stiegen hinunter, und draußen stand Franz Kafka. Er war, so berichtete er, seit vier Uhr auf der Suche nach unserer Wohnung. Die Länge und die Breite des ganzen Stadtteils hat er durchquert, niemand konnte ihm Auskunft geben. So war er mehr als drei Stunden herumgeirrt, aber er gab nicht nach, bis er schließlich sein Ziel erreichte. Ich war gerührt, erfreut und etwas betroffen von der Seltsamkeit der Situation.

Kafka hat wohl an die Zukunft gedacht, wenn er dem jungen Ehepaar als Gastgeschenk nicht eines seiner Bücher brachte, sondern Thomas Manns ›Das Lied vom Kindchen‹ in seidenem Umschlag eigens gebunden.

Mein Bruder schreibt in seinen Erinnerungen an Kafka von diesem Besuch: »Die Freude Kafkas an den Einzelheiten des hellen Zimmers war ganz ungewöhnlich. Man spürte, wie er die Wärme der Details und der nahen Dinge brauchte, weil er vor den Schauern der Ferne fror. Noch nach Tagen erzählte er mir von den Nischen und Winkeln des schönen Zimmers.«

In der ›Selbstwehr‹, der Zeitung, die in meinem Leben eine so große Rolle spielte, weil ich in den Jahren des Ersten Weltkrieges, da man keinen männlichen Redakteur finden konnte, ihr Herausgeber war, schrieb Felix Weltsch, mein Nachfolger in der Führung des Blattes, im Jahre 1924 in seinem Nachruf für den geliebten Freund folgenden prophetischen Satz, der es verdient, erhalten zu bleiben: »Ein Mensch von überirdischer Feinheit der Seele und kristallner Klarheit des Geistes, ein Dichter, dessen Ruhm erst die Nachwelt erleben wird, ein Jude von tiefer Verbundenheit mit dem Judentum, ein glühender Zionist.«

›Carmen‹ mit Kafka

ERINNERUNGEN VON GERTRUDE URZIDIL

Zum ersten Mal sah ich Kafka auf einem Spaziergang durch die alten Prager Gassen mit meiner heute in London lebenden Schwester Nelly. Ein hochgewachsener Herr kam uns entgegen und machte eine tiefe Verbeugung zu uns herüber. »Wer ist diese neue Eroberung?« fragte ich. »Das ist Herr Dr. Kafka«, erwiderte Nelly, »ein Bruder meiner Freundin Ottla. Er sah uns einmal vor ihrem Haustor, als ich mich von ihr verabschiedete, und seitdem geht er nie ohne Gruß an mir vorüber. Bekannte haben mir berichtet, er sei ein Schriftsteller.« »Das ist in Prag beinahe jeder, der mit einer Füllfeder bewaffnet ist«, lautete meine typisch backfischhafte Erwiderung. Kurz danach sahen wir Kafka bei einem von Max Brod gehaltenen Vortrag. Er eröffnete eine Serie von Vorträgen, in der Brod über die zeitgenössische Literatur sprach. Bei diesem Anlaß stellte sich Kafka meiner Schwester, meinem älteren Bruder und schließlich auch mir, dem kleinen neugierigen Mädchen, vor. Mein Bruder war der später weithin bekannte Religionsphilosoph Dr. Friedrich Thieberger, der 1939 nach Jerusalem emigrierte, wo er im Jahre 1958 starb.

Kafka besuchte alle zwölf Vortragsabende, auch machten wir unseren Heimweg gemeinsam, denn die Thiebergers, das Ehepaar Brod und Kafka wohnten alle in nachbarlicher Nähe. – Eines Abends fragte mich Kafka vor dem »Gute Nacht«-Gruß, ob ich Lust hätte, mit ihm ins Neue Deutsche Theater zu einer Vorstellung der Oper ›Carmen‹ zu gehen. Ich nahm die Aufforderung beglückt an. Auch meine Eltern hatten keine Bedenken, als ich um ihre Erlaubnis bat. Berühmt war Kafka damals noch nicht, doch wurde er allgemein hoch respektiert. Zum gemeinsamen Theaterbesuch brachte er nicht die üblichen Bonbons, er gab mir vielmehr eine große Kostbarkeit, nämlich sein erstes Werk, ›Betrachtung‹, in das er folgende Widmung eingetragen hatte:

»Für Frl. Trude Thieberger mit herzlichen Grüßen und einem Rat:

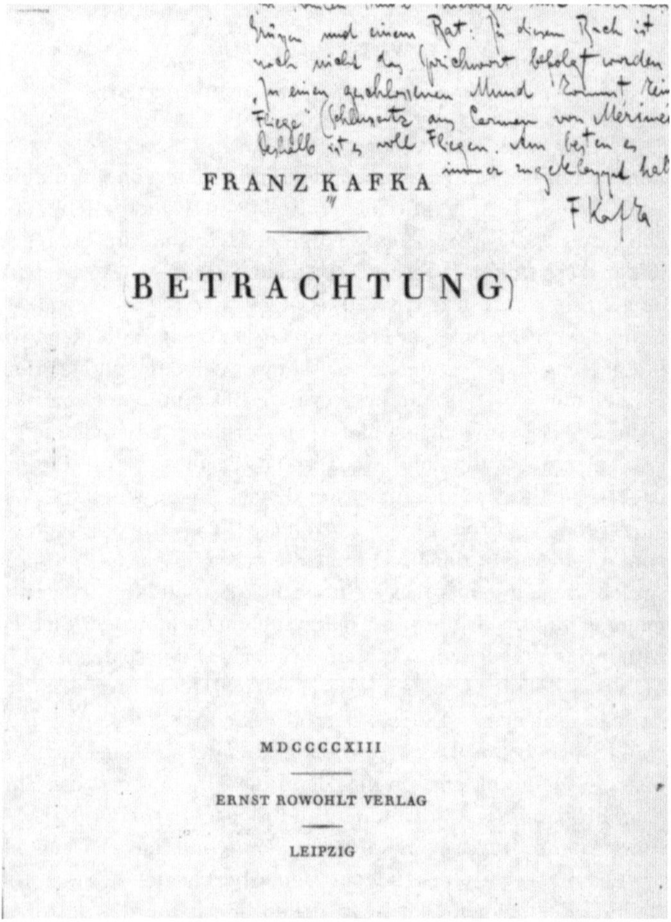

Das Titelblatt der ›Betrachtung‹ mit Kafkas Widmung

In diesem Buch ist noch nicht das Sprichwort befolgt worden, in einen geschlossenen Mund kommt keine Fliege.[71] Deshalb ist es voll Fliegen. Am besten es immer zugeklappt halten. F. Kafka«

Nun, ich war damals noch jung, fast noch ein Kind, und als Kafka mir das besonders großgedruckte Buch einhändigte, fügte er hinzu: »Sehen Sie es an, es schaut aus wie eine Fibel, es ist also ein Buch für Kinder.« So lautete Kafkas Ausspruch über ein Werk, das eine neue Epoche in der europäischen Literatur einleitete. Dieses demütige Selbsturteil war für diesen Autor ein Merkmal, das zu seiner Persönlichkeit gehörte. Wenn er nach seiner Tätigkeit gefragt wurde, erwiderte er niemals, er sei Schriftsteller, erklärte vielmehr, daß er für eine Versicherungsgesellschaft arbeite. Seine Vorgesetzten schätzten seine amtlichen Berichte, freilich ohne die Besonderheit seines Stils zu bemerken. Kafka verglich das Versicherungswesen mit der Religion primitiver Volksstämme, die an die Vermeidung von Unglücksfällen durch besondere Manipulationen glauben. Sein Blick wirkte immer erstaunt; er verströmte jugendliche Weisheit mit dem Unterton von zarter Melancholie, vertieft um den Glanz eines weisen Lächelns. In allem machte sich eine gewisse Verlegenheit seiner ganzen Person fühlbar. Denn er gehörte nicht zu jener Sorte von »eingebildeten« Menschen, die ihre Antwort immer bereit haben. Nur mit dem Gruß auf der Straße hatte er es eilig, immer der erste zu sein, da kam ihm keiner zuvor. So kann man rechtens sagen, daß seine Person und seine Prosa ähnliche Züge hatten: beide waren ruhig, bedächtig und nicht ohne Heiterkeit. Nicht leicht zu behandeln, schwierig zu begreifen, auch für die, die ihn liebten. Er gab sich einfach, aber er war tief und von großer Reinheit der Gesinnung und man konnte kaum ermessen, wie tief der Blick seiner Augen reichte.

Als Kafka am 11. Juni 1924 auf dem Prager Friedhof begraben wurde, stand ich in einer Gruppe trauernder Freunde. Seltsame Fügungen haben mich seit meiner Kindheit mit dem Tod und den Toten in nahe Beziehung gebracht. So hat es auch unsere junge Generation erlebt. Aber für die während des Ersten Weltkriegs Aufwachsenden war es eine ungewöhnliche Erfahrung. Später war der Abschied für immer keine Seltenheit mehr. Aber noch heute fühle ich den tiefgehenden Schmerz, den ich bei dieser Bestattung vor mehr als fünfzig Jahren verspürte.

Kafka und die Thiebergers

ERINNERUNGEN VON FRIEDRICH THIEBERGER

Als ich Kafka zum erstenmal nähertrat, war ich gerade über die Universitätsjahre hinaus und er, der um fünf Jahre Ältere, schon längst juristischer Beamter einer Versicherungsanstalt. Er war hochgewachsen, schlank, blaß, hatte eine sehr ernste Spannung um den Mund, aber immer zum Lächeln bereite Schläfen. Er schien nach Innen der strengste, für die Welt der freundlichste Mensch zu sein. Der Klang seiner Stimme war von einer ungekünstelten Milde, dabei von einer bescheidenen Sicherheit. Er sprach nur selten von sich selbst, ermüdete nie im Zuhören und schien weniger aktiv als reaktiv zu sein. Aber wenn er im Gespräch auf einen Gedanken reagierte, war man im Tiefsten überrascht: sein Wort kam wie aus einer ganz andern Welt und paßte doch zu dem, was man gesagt hatte. Ich erinnere mich genau, daß ich jedesmal nach einer Begegnung mit ihm geradezu bedrückt im Geist mir wiederholte: wie seltsam, wie seltsam! Das lag nicht an der Richtung oder dem Wesen des Gedankens, den er ausgesprochen hatte, auch nicht an einer besondern Formulierung, sondern eben an dieser seiner Reaktion. Bei einer seiner Schwestern, die ihm äußerlich recht ähnlich war und die ihm unter allen Verwandten besonders nahestand, fühlte man etwas von dieser Reaktion; nur war bei ihr alles um eine Nuance herber, eckiger. Es muß also diese Art konstitutionell gewesen sein und nicht Folge einer persönlich geschaffenen Gedankensphäre.

Damals, in den Jahren vor dem Ersten Weltkrieg, war in Prag, besonders unter den Jungen, Lyrik und Essayistik im Schwang. Der Protagonist und wahrhafte Förderer der jungen Generation war Max Brod. Kaum hatte er den um vieles jüngeren Franz Werfel der Welt präsentiert, sprach man schon in allen Zirkeln von der neuen Entdeckung eines Prosaikers, Franz Kafka. Die ältere Generation war durch die Sprache der Expressionisten verwirrt. Man warf den Fabrikanten- und Kaufmannssöhnen vor, daß sie verstiegen metaphysisch und gesucht unverständlich sein wollten. Aber diese Kritik versagte bei Kafka; und als seine ›Betrachtung‹ in den übergroßen Lettern erschien, war man überrascht, daß entgegen dem ganzen Zeitgeschmack hier die schlichteste Sprache herrschte, ohne adjektivische Schnörkel, ohne Neubildungen und dunkle Wortballen. Kurz ehe die ›Betrachtung‹ herauskam, begegnete ich ihm das erstemal: beim Buchhändler Taussig in dem engen Laden auf dem Kleinen Altstädter Ring. »Ihr Buch ist bereits überall angekündigt«, sagte der Buchhändler. Kafka lenkte mit einem verlegenen Lächeln ab, das den Partner noch verlegener machte. Kafka war immer so: überrascht und verlegen. Damals war er noch in voller Gesundheit, und Rudolf Fuchs, der Lyriker, erzählte mir, wie gern Kafka Wassersport in der Moldau betrieb.

Nachdem die ›Betrachtung‹ und kurz darauf ›Der Heizer‹ (der Anfangsteil des Romans ›Amerika‹) erschienen waren, stand Kafka für die sehr kritischen Prager Kreise jenseits jeder Diskussion. Er war innerhalb der geistigen Gilde so etwas wie ein Heiliger. Ein hochbegabter, leider früh verstorbener Mathematiker Bacharach wurde nicht müde, ganze Seiten aus Kafka auswendig zu zitieren. Wenn Kafka, was nur selten geschah, zu irgendeiner Veranstaltung kam, – ich entsinne mich einer, an der Max Brods Frau den ›Bericht an eine Akademie‹ vorlas – hielten alle den Atem an: Kafka ist da. Er selbst war möglichst unbemerkt hereingeschlichen und wäre am liebsten gleich wieder aus dem Umkreis der Menge davongegangen. Nach einem solchen Abend – das war um 1920 – wollte man noch ein wenig in einem Kaffeehaus beisammensitzen. Vor dem Eingang des »Kontinental« blieb alles stehen: Kafka wollte nicht mitkommen. Er war damals körperlich nicht mehr auf der Höhe, fürchtete offenbar die rauchige Luft und vielleicht auch den Übermut des geselligen späten Aufbleibens. Aber es war so viel wehmütigen Lächelns in seinem »Nein, ich werde nicht mitgehen«, daß wir ganz bestürzt waren. Wie ausgeschlossen mußte er sich fühlen! Wir redeten ihm zu, teils um durch eine Art Mitleid ins Gleichgewicht zu kommen, teils aus Selbstsucht, um den irgendwie Entgleitenden an uns zu halten. Wir konnten ihn schließlich bewegen, mit uns zu bleiben. Er machte den Eindruck jemandes, der wußte, er habe gegen sein Gelübde ein religiöses Gebot übertreten. Er saß still da, zeigte Teilnahme an allen Gesprächen, die ihn in dem großen

Friedrich Thieberger

Kreis erreichten, ängstlich bemüht, nur ja nicht selbst in den Mittelpunkt zu geraten.

Wir wohnten nur ein paar Schritte weit voneinander, er bei seinen Eltern in einem Eckhaus des Altstädter Ringplatzes und ich bei meinen Eltern in einer der nächsten Seitenstraßen. Eines Abends, als ich mit meinem Vater gerade vor dem geschlossenen Haustor stand, kam Kafka mit meinen beiden Schwestern, die er nach Hause begleitete. Mein Vater hatte einige Tage vorher die ›Verwandlung‹ gelesen, und wiewohl sich Kafka in ein abweisendes Lächeln hüllte, wenn man von seinen Arbeiten sprach, ließ er sich von meinem Vater einige Worte über diese Verwandlung eines Menschen in einen Käfer gefallen. Dann wich Kafka einen Schritt zurück und sagte mit einem erschreckenden Ernst und einem Kopfschütteln, als ob es sich um eine wirkliche Begebenheit gehandelt hätte: »Das war aber auch eine furchtbare Sache.« Meiner jüngeren Schwester Trude – sie und ihr Mann Urzidil haben über Kafka Wertvolles in Amerika veröffentlicht – schenkte er einmal eine Ausgabe seines ›Heizers‹[72] mit einer langen Widmung, einem Zitat aus Mérimée, das mit den Worten begann: »In einen geschlossenen Mund kommt keine Fliege.« Als ich die kleine zierliche Schrift zu sehen bekam, in der nur die heftigen vertikalen Stäbe der großen Konsonanten den Eigenwillen des Schreibers zeigten, erkannte ich in dem Spiegel seiner Handschrift die kindliche Freude wieder, die er an den kleinsten Dingen des Alltags nahm, um sich vor den Schatten schwerer Gedanken zu schützen. Ich sehe mich mit ihm vor dem Eingang seines Hauses stehen, als nach einem düstern Gespräch über persönliche Dinge unvermittelt das mildeste Lächeln auf seinem Gesicht lag und er sagte: »Ich muß Ihnen etwas zeigen!« Und mit einer behutsamen Bewegung der Hand, die etwas sehr Kostbares versteckt hervorholen sollte, griff er nach seiner Brieftasche, öffnete sie geradezu ängstlich und fand endlich mitten unter verschiedenen Zetteln das Gesuchte: eine Photographie, auf der die Kinder seiner ältesten Schwester abgebildet waren. Sein ganzer Trost an den sanften Einzelheiten des Lebens lag in seinem Blick. Aber ich erinnere mich an eine ganz andere Äußerung von ihm über Photographien. Da konnte man etwas von dem Grauen ahnen, das er dort empfunden haben mußte, wo er in allgemeine Zusammenhänge schaute. Ich begegnete ihm einmal, als ich einen unförmigen Kasten für photographische Vergrößerungen trug. Er staunte darüber. »Sie photographieren?« fragte er, »das ist doch eigentlich etwas Unheimliches«, und nach einer kurzen Pause – »das vergrößern Sie noch!«

Einmal besuchten wir gemeinsam meine Schwester Nelly Engel, die vieljährige Leiterin der von Kafka regelmäßig gelesenen jüdischen Wochenschrift ›Selbstwehr‹. Meine Schwester hatte einige Monate zuvor geheiratet und wußte den Wohnraum, den sie bei der großen Wohnungsnot in einem Villenviertel gefunden hatte, mit vielen kleinen Mitteln einzurichten. Die Freude Kafkas an den Einzelheiten des hellen Zimmers war ganz ungewöhnlich. Man spürte, wie er die Wärme der Details und der nahen Dinge brauchte, weil er vor den Schauern der Ferne fror. Noch nach Tagen erzählte er mir von den Nischen und Winkeln des Zimmers.

Mit meinem Freund Eugen Lieben, der gründliche humanistische Bildung mit strenger Treue zur jüdisch-religiösen Überlieferung verband, machte ich an einem recht stürmischen Herbstabend einen Gang durch die Stadt, und Kafka, dem wir begegneten, schloß sich uns an. Wir nahmen ihn in die Mitte und setzten unsere Unterredung darüber fort, ob Religion ein verpflichtender Auftrag von außen oder ein Ausbruch unseres innersten Wesens sei. Kafka hielt seinen ärmellosen Überwurf fest an sich und sprach kein Wort. Aber sein Blick ging sehr ernst von einem zum andern, und wir spürten lebhaft, wie eindringlich sein Zuhören war. »Wir müssen unser Gespräch fortsetzen«, sagte er beim Abschied vor seinem Haus. Er stand auf einer ganz anderen metaphysischen Ebene und strebte, sich in die unsere hinüberzudenken. Ich erinnerte mich später oft an den Eindruck dieses Abends, wenn ich in Kafka las. Was war er doch für ein in sich verhüllter, auf einer einsamen Ebene stehender Mensch, der vergeblich versuchte, zu der Ebene der anderen eine Brücke zu schlagen! Alle Bemühungen, von uns aus ein System in seine rätselhafte Welt zu bringen, sind vergeblich. Es gibt keine Formel, mit deren Hilfe man die Begebenheiten seiner Erzählungen in die gewohnten Maße unseres Lebens überführen könnte. Seine Figuren scheinen nach dem normalen Leben zu hungern. Deutlich ist mir der Inhalt eines Gespräches in Erinnerung, das ich mit Kafka auf einem Spaziergang über die Karlsbrücke nach der Insel Kampa hatte. Damals führte der Regisseur Jessner seine Inszenierung von Shakespeares Richard III. in Prag vor, und wir sprachen über den tiefen Eindruck des Abends.[73] Kafka warf die Frage auf, woran es denn liege, daß die Menschen an der Darstellung des Bösen, wie eines Richard III., eine solche Freude hätten, weit mehr als an der Darstellung des Guten. Er meinte schließlich, es komme daher, weil das Böse ursprünglicher und lebensstärker wirke als das Gute und weil alles Vitale, auch wenn es noch so schlecht sei, unser Interesse im Banne halte.

Nur selten ging es übrigens bei den Gesprächen mit Kafka um Werke der Literatur. Als er ›Furcht und Zittern‹ von Kierkegaard gerade las, meinte er: »Es tut einem um jede Zeile leid, die man weiterkommt, weil man sich damit dem Ende nähert.« Ein anderes Mal erzählte er: »Ich lese die Lebensgeschichte Benjamin Franklins. Wie viele Kinder es in seinem Elternhaus gab! Wie muß das ausgesehen haben, wenn sie alle um den Tisch saßen und der Vater vor ihnen!« Vielleicht fand er in diesem Bild die Anregung zu seiner Geschichte von den elf Söhnen, die er in seinen ›Landarzt‹ aufnahm; er läßt darin einen Vater in kühler Aneinanderreihung seine elf Söhne schildern, die natürlicher Weise einander die Nächsten sein müßten und durch ihre bloße Existenz einander und dem Vater grauenhaft fremd sind.

Mit dem jüdisch-religiösen Leben war er nur sehr wenig vertraut. Er erzählte mir einmal von einem Seder (Passah-)abend, der im wesentlichen bloß ein größerer Familienabend gewesen ist. Aber das jüdische Volksbewußtsein war ihm etwas Selbstverständliches. Mit allem Ernst begann er Hebräisch zu lernen. Es war kurz nach dem Ersten Weltkrieg, als er mich fragte, ob ich ihn nicht im Hebräischen unterrichten wolle. Er hatte bereits die ersten Lektionen nach dem Lehrbuch von Rath durchgenommen; mir selbst, der wohl von Jugend an das alte Hebräisch betrieben hatte, fehlte die Übung in praktischer Konversation. Kafka widerlegte alle meine Argumente mit seinem bittenden Lächeln, in dem so viel Hilflosigkeit und Verzeihung für alle Mängel lag, daß ich schließlich zusagte. Durch viele Wochen hindurch kamen wir nun zu genau festgesetzten Stunden bei ihm zusammen, zumeist in einem kleinen Hofzimmer hinter der Küche. Er nahm es mit Vokabelheft und schriftlichen Übungen sehr genau und war sehr ungehalten über eine Ungenauigkeit im System des Buches. Nur einmal entschuldigte er sich wegen der versäumten Aufgabe mit den Worten, die er hebräisch sagte: »Ich bin krank, ich bin sehr krank.« Die zehrende Krankheit hatte damals seinen Körper zu zerstören begonnen. Kurz darauf mußte er zur Erholung aufs Land hinaus, und dann brach unser Lernen ab.

Während jener Zeit der Hebräischstunden wurde mir sein Wesen immer vertrauter. Er war von einer rührenden Schlichtheit. Weder in seinen Reden noch in seiner Haltung war auch nur das Geringste einer literarischen oder ästhetischen Betonung. Alles an ihm war unmittelbar natürlich, von einer zarten Schüchternheit. Nur im Dahinschreiten zeigte seine hohe Gestalt eine straffe Entschiedenheit. Trotzdem blieb auch in dieser Zeit, jedesmal wenn ich von ihm fortging, das Gefühl des Rätselhaften. Ich konnte es mir nur auf bildliche Weise deutlicher machen. Es schien aus zwei Komponenten zu bestehen. Die eine war das vergebliche Bemühen, der Einsamkeit seines persönlichen Schicksals zu entgehen, so als wollte ein irgendwo zurückgelassener Mensch über einen tiefen Erdspalt in das Gebiet der anderen hinübersetzen, ohne den entscheidenden Schritt tun zu können. Die andere Komponente (und diese machte ihn zum Erzähler) war die Freude, sich in kleine Einzelheiten einzuspinnen und aus ihnen möglichst viel an Lebenswärme zu ziehen. Als wir einmal vom Fenster auf den Ringplatz hinunterschauten, sagte er, auf die Gebäude hinweisend: »Hier war mein Gymnasium, dort in dem Gebäude, das herübersieht, die Universität und ein Stückchen weiter links hin, mein Büro. In diesem kleinen Kreis« – und mit seinem Finger zog er ein paar kleine Kreise – »ist mein ganzes Leben eingeschlossen.«

An diese mit verzichtendem Lächeln gesprochenen Worte mußte ich denken, als mir nach Kafkas Tod seine Braut[74] von einer vernichteten Tiergeschichte erzählte, deren Inhalt das Leben einer gefangenen Schlange war; sie wanderte unablässig um den Rand des Behältnisses, das sie einschloß, aber fand niemals den Weg über den Rand hinaus.

Als der ›Landarzt‹ erschien, wollte er in das mir zugedachte Exemplar sehr viel, wie er ausdrücklich sagte, hineinschreiben. Ich bat ihn, aus irgendeinem bedrückten Gefühl heraus, daß alles, worin ich ihm menschlich helfen könnte, unzulänglich sei, das nicht zu tun. »O doch!« beharrte er. So rangen wir eine Weile, und er wickelte sich mit Freude in seinen Gedanken ein. Als er mir schließlich nachgab, hatte ich, eben weil er nachgab, ein noch bedrückteres Gefühl. Tags darauf brachte mir seine Schwester das Buch, und darin standen ein paar wenige, liebe Worte von seiner Hand. Als ich das nächste Mal zu Kafka kam und ihm dankte, machte ich ihm gegenüber die Bemerkung, wie glücklich er eigentlich sein müsse, daß er das Buch seinem Vater – trotz allem! – habe widmen können. (Mein Vater war wenige Monate vorher gestorben.) Darauf antwortete Kafka sehr ernst: »Aber diese Widmung an meinen Vater ist ironisch gemeint! Ich habe gestern einen Brief von hundert Seiten an meinen Vater fertiggeschrieben, worin ich mich mit ihm auseinandersetze.«

Nicht lange nachher verließ Kafka Prag, sein Gesundheitszustand schien sich sogar gebessert zu haben. Aber es waren nur ein paar Jahre der Hoffnung. Dann wußten wir, daß er rettungslos verloren war. Er wurde in eine Krankenanstalt bei Wien gebracht, sein Ende war weniger qualvoll, als die Krankheit befürchten ließ. Als wir ihn in Prag zu Grabe trugen, ging die hohe Gestalt seines Vaters vor dem Sarge her.

Etwas über Franz Kafka

ERINNERUNGEN VON GEORG MORDECHAI LANGER

Sehr geehrter Herausgeber, gerne habe ich Ihren Vorschlag, meine Erinnerungen an meinen verstorbenen Freund Franz Kafka aufzuschreiben, angenommen. Doch sobald ich zur Feder griff, um dies zu tun, wandelte sich meine Freude in Leid, und ich sann nach und suchte lange in meinen Erinnerungen. Trotz der vielen Jahre, die ich in seiner Nähe verbringen durfte, finde ich fast gar nichts, um Ihren Durst und den Durst Ihrer Leser zu stillen und einige Informationen über diesen erstaunlichen Menschen hinzuzufügen. Vielleicht, werden Sie sagen, ist dies eine Folge des Vergessens? Eher nicht, denn es vergeht kaum ein Tag, an dem ich mich nicht an ihn erinnere, das heißt an die Stärke seiner außerordentlichen Persönlichkeit. Aber ich kann mich an kein konkretes Detail und an nichts Ungewöhnliches erinnern. Womit könnte man dies vergleichen? Mit der Geschichte jenes Schülers des Baal-Schem-Tov, der durch die Welt reiste, um die großen Taten seines Meisters zu verbreiten, und wenn es so weit war, konnte er gar nichts sagen. Genauso verhält es sich mit Franz Kafka. Es hängt mit seiner Natur und seinem Wesen zusammen: Er, Kafka, wollte sich einfach nicht »offenbaren«, das heißt, er wollte es und wollte es nicht, und beides gelang ihm, wie sich im folgenden zeigen wird.

Kafka war ein absolut origineller Mensch. Ein Dichter, dessen Eigenart es war, seine Originalität so gut wie möglich zu verbergen und sich den Leuten gerade als ein ganz gewöhnlicher Mensch und als einer von ihnen zu zeigen. Auf diese Art, wie um uns zu ärgern, hat er mir nichts hinterlassen, an das ich mich beim Schreiben dieser Erinnerungen halten könnte. Ich erinnere mich zwar noch gut an sein trockenes Lachen, an seine behutsamen Bewegungen, an seinen eleganten Stil zu sprechen – übrigens habe ich den Ausdruck »eleganter Stil« von ihm gelernt –, aber was hat dies alles mit dem Schreiben von Erinnerungen zu tun? Nur eines weiß ich gewiß: daß er einen großen Einfluß auf mich hatte, daß ich viel von ihm gelernt habe und ihm zu großem Dank für vieles verpflichtet bin. Von ihm habe ich zum Beispiel gelernt, daß der Mensch jeden Tag ein Gedicht lesen muß. Eines und nicht zwei, so hat er es mir immer wieder geboten, und die Worte des Weisen sind immer lieblich. Mehr könne kein Kopf aushalten. Als meine ersten Gedichte in Elieser Steinmanns Zeitschrift »Kolot« erschienen, sagte Kafka mir, sie hätten eine gewisse Ähnlichkeit mit der chinesischen Lyrik. Ich ging und kaufte mir eine Sammlung chinesischer Lyrik in der französischen Übersetzung von Franz Toussaint, und seitdem liegt dieses schöne Buch immer auf meinem Tisch. Ich sagte, Kafka habe meine Gedichte gelesen. Das bedeutet, daß er Ivrith konnte, und daß diejenigen, die ihre Erinnerungen über ihn niederschrieben, dieses Detail nicht aufgeschrieben haben. Ja. Kafka sprach Ivrith. In seinen letzten Jahren haben wir die ganze Zeit Ivrith gesprochen. Er, der immer wieder beteuerte, er sei kein Zionist, hat unsere Sprache in erwachsenem Alter und mit großem Fleiß gelernt. Und anders als die Prager Zionisten, sprach er fließend Hebräisch, was ihm eine besondere Befriedigung bereitete, und ich glaube, ich übertreibe nicht, wenn ich sage, daß er insgeheim stolz darauf war. Zum Beispiel einmal, als wir in der Straßenbahn fuhren und uns über die Flugzeuge unterhielen, die in diesem Moment über uns am Himmel Prags kreisten, da fragten uns die Tschechen, die mit uns fuhren, als sie die Klänge unserer Sprache hörten, die sie wohl als wohlklingend empfanden, was für eine Sprache wir denn sprechen würden. Und als wir ihnen antworteten, welche Sprache das sei und worüber wir gerade geredet hätten, staunten sie sehr, daß man auf Ivrith sogar über Flugzeuge sprechen könne... Wie sehr leuchtete da Kafkas Gesicht vor Freude und Stolz! Und so freute er sich über jedes Wort Hebräisch, das er von mir lernte, wie einer, der große Beute gemacht hat. Ich nehme an, daß er zu seinem eigenen Vergnügen auch Ivrith gelesen hat, doch er mochte nicht die verquatschten Dichter, die viele Worte machen und absichtlich seltene Wörter benutzen. Über die hat er mir einmal gesagt: Sie wollen zeigen, daß sie sich gut im hebräischen Lexikon auskennen. Er war kein Zionist, aber er beneidete zutiefst jene, die den großen Grundsatz des Zionismus selbst verwirklichten, was schlicht bedeutet, nach Erez Israel einzuwandern. Er war kein Zionist, aber alles, was in unserem Land passierte, bewegte ihn sehr. Besonders interessierte er sich für das Wirken der erez-israelischen Jugend und für ihre Erziehung. Einmal fand er den Brief eines erez-israelischen Jugendlichen in einer Zeitung abgedruckt, der einen Ausflug irgendwo dort in jene Wüsten beschrieb, mit denen unser Land gesegnet ist, und diese Beschreibung war nicht gerade ermutigend, man erfuhr fast gar nichts, außer von Müdigkeit, Durst, Schweiß, aber gerade dies, die Schilderung gerade der negativen, abstoßenden Seiten – genau das gefiel Kafka ...

Er war wirklich ein sonderbarer Mensch.

Einmal offenbarte er mir seinen Wunsch, alle seine noch nicht veröffentlichen Schriften zu verbrennen. »Wenn dem wirklich so ist«, fragte ich ihn, »warum schreibst und veröffentlichst du dann überhaupt?« »Das weiß ich nicht genau«, antwortete Kafka mir, »irgend etwas drängt mich, eine Erinnerung zu hinterlassen, trotz allem ...« Und tatsächlich verbrannte er danach einen Großteil seiner Schriften. Schade, wie schade, daß sie untergegangen sind.

Kafkas besonderer Humor, der mit Bitterkeit und Trockenheit einherging, blieb ihm bis in seine letzte Stunde erhalten. Als diese gekommen war, wollte der Arzt, der ihn behandelte, die Türe aufmachen. Damit der Kranke aber nicht den Verdacht schöpfte, er wolle ihn alleine lassen, stand er auf und sagte: »Ich gehe hier nicht weg«. »Aber ich gehe hier weg«, antwortete Kafka und hauchte seine Seele aus.

Dies ist vielleicht der Ort, eine merkwürdige Begebenheit zu berichten, die zwar in keinerlei Zusammenhang mit Kafka selbst steht – wir sind doch alle aufgeklärte Leute, ohne jeden Makel von Aberglauben – und trotzdem führe ich sie allein zu dem Zwecke an, um etwas zu illustrieren. Denn wenn er dies bewirkt hätte, so würden wir zu recht sagen, daß diese Sache charakteristischer für ihn ist als hundert andere Taten. Es begab sich lange nach seinem Tod, im Hause unseres gemeinsamen Freundes Max Brod. Der hatte es auf sich genommen, die wenigen übriggebliebenen Texte des verstorbenen Kafka zu ordnen und zu veröffentlichen. Unnötig zu sagen, daß er mit diesen Schriften vertrauenswürdig umging, sie hoch schätzte und sie wie seinen Augapfel hütete. Und siehe, eines Abends besuchte ihn ein bekannter Schriftsteller, und Brod wollte ihm die Handschriften Kafkas zeigen, in die er niemandem so leicht Einblick gewährte, außer diesem Mann, einfach weil das Anschauen ihnen Schaden zufügen könne. Er war bereits dabei, die Schriften aus ihren Mappen zu holen und wollte sie gerade dem Gast zeigen. Doch in diesem Moment verlosch das Licht im ganzen Haus und ebenso in den Nachbarhäusern aufgrund eines Zwischenfalls in der Stromversorgung, und der ehrenwerte Gast ging enttäuscht nach Hause; er hatte auch nicht einen Buchstaben gesehen.

Wie gesagt, man muß dieser Tatsache keinerlei Bedeutung beimessen, und ich erwähne es nur als ein Beispiel. In jedem Fall enden hiermit meine gegenwärtigen Erinnerungen an Kafka. Sollte mir noch etwas einfallen, werde ich natürlich nicht zögern, es für Sie und für Ihre Leser sogleich aufzuschreiben.

Hochachtungsvoll
Mordechai Georgo Langer
Tel Aviv, 17. Schewat 5701 (14. Februar 1941)

Ein Abend mit Franz Kafka

ERINNERUNGEN VON EUGEN MONDT

Gottfried Kölwel und ich besuchten zusammen die Vorlesung Kafkas, die in dem Leseraum über der damaligen Buchhandlung Goltz beim Café Luitpold stattfand.[75]

Unter den vielen Autoren, die ich lesen gehört habe, fiel er durch seine ruhige, ungewollte, fast bescheidene, in sich zusammengehaltene Art, – also durch sehr natürlichen Ausdruck auf. Das drückte sich nicht nur im Wesen, sondern auch in der Kleidung und allem aus. Und so war er auch im besten Sinne temperiert.

Diese blanke Geschichte: ›Das Urteil‹[76], – die er vortrug, war gerade in ihrer Sachlichkeit so faszinierend schauerlich, so sehr traf da der Ton des Neuen, den wir von seinem geliebten Buch, ›Der Heizer‹, her kannten, gerade den neuen Menschen unserer Zeit, daß verschiedene Frauen aufstanden und den Raum verließen.

Wir fanden uns später noch mit Kafka und seiner Freundin[77], einer schlichten, einfachen, großen Person, sofort in ihrer Übersichtlichkeit erkennbar, im Restaurant. Am Tisch saßen: die Frau von Gerhard Ouckama-Knoop, mein Freund Kölwel, der Dichter Max Pulver, ich und Kafka und ein Musikgelehrter Lehmann. Ich war ungewollt neben Kafka zu sitzen gekommen, und er sagte mir, »ich hätte meine kleine schmutzige Geschichte nicht lesen sollen«.

Ich suchte ihm das Gegenteil zu beweisen, und wir sprachen von Rilke, wobei er mehr aufmerksamer Zuhörer blieb. Nichts unterbrach auch bei ihm die ruhige Natürlichkeit, das Wohltemperierte seines Gesprächs ließ einen sofort teilhaben. Nichts Stechendes, Verkrampftes, nur Gewolltes war in allen seinen so selbstverständlichen Äußerungen.

Wie angenehm ist es immer auf so gewachsene Mitmenschlichkeit zu stoßen, die nichts vorgibt und nichts will als nur sich selbst sein und auch das nur in der Stille.

So könnte ich mir auch Mozart vorstellen; vielleicht um einige

Töne lebhafter, aber doch im Grunde genau so allem zugänglich und offen.

Nun muß ich aber etwas erzählen, was alsbald die allgemeine Heiterkeit erregte.

Max Pulver, der Schweizer Schriftsteller und Horoskopier, war hinter mich getreten und bat:

»Sie gestatten.«

Ich dachte, die Passage wäre versperrt und stand auf, um ihm Platz zu machen. Aber er nahm einfach meinen Stuhl, setzte sich darauf und kehrte mir seinen breiten Rücken zu. Von da ab nahm er ausschließlich von Kafka Besitz.

Mein Freund Kölwel machte eine mich assistierende Bemerkung; aber sie fiel bei Pulver, bei seiner nicht zu unterbrechenden, dickfälligen, eingehenden Hingebung zu Kafka auf taube Ohren. Kafka schickte sich wunderbar in solche Unvermeidlichkeit, wie man etwa um etwas herumgeht, wenn man nicht gerade sitzen muß. Und doch war ein Hauch von Lächeln nicht unterblieben, sicher von Pulver unbemerkt und gewertet; so nachhaltig war die dicke, stierhafte Art seiner Auseinandersetzung; seine Frau war, wie Kölwel immer sagte, nur wie sein Schatten.

So wie er, so sind manche Menschen nur personifizierte Naturkraft. Das vollkommne Gegenteil Kafkas hatte sich zu ihm gesetzt. Und es blieb, als suche es doch ein wenig bei ihm nach Übereinstimmung.

Heute denke ich mit Vergnügen an dies reizende Geschehnis und war damals doch noch nicht ganz bereit, ihm auf der Stelle diese Heiterkeit abzugewinnen, die es mir bot.

Auch Unbeirrtsein muß im Leben gelernt werden.

Wo käme denn ein Irrenarzt hin, der nicht dumm scheinen könnte, wenn er im Stillen für sich den lieben Kontrahenten regissiert.

Spaziergang mit Franz Kafka

AUS DEN ERINNERUNGEN VON MAX PULVER

Es war im Winter 1917. Wir hungerten sehr in München. Aber unsere Zeitungen priesen uns unser Leben als ein Paradies, die Zuckerkrankheit und andere Folgen einer zu üppigen Ernährung sollten durch die aufgedrungene Mäßigkeit verschwunden sein. In unserer Kälte und in unserer grauen Entmutigung über den Verlust so vieler Kameraden und so vielen jungen Lebens mußte der Geist uns wärmen und lebendig erhalten. Was von jungen Künstlern und von jungen Schriftstellern der Krieg noch übrig gelassen hatte, scharte sich zusammen mit den kunstliebenden Laien und fand sich zu Abendvorträgen in der Galerie Goltz.

Hier sah ich Franz Kafka zum erstenmal. Bisher war er für mich ein großer, aber ferner Name gewesen; er sollte Vieles und Wichtiges geschrieben haben, aber er hatte nur ein paar kurze Erzählungen herausgegeben: ›Der Heizer‹, ›Die Verwandlung‹, ›Das Urteil‹. Wie man erfuhr, waren das einzelne Kapitel, gleichsam Splitter aus großen, unveröffentlichten Romanwerken. Ein schmaler Prosaband von seiner Feder, ›Betrachtung‹, hatte den Kleistpreis erhalten durch Franz Blei, der ihn in jenem Jahr vergab,[78] blieb aber ungelesen ein Schmuck im Schaufenster der guten Buchhandlungen.

Von Kafkas knappen Prosaseiten ging ein beizender Geschmack auf den Leser über. Die unverhohlene Bitterkeit seiner Lebensschau machte stutzig. Wer war dieser Mensch, dem die menschliche Schäbigkeit so geläufig schien?

Wer war dieser Mann mit seinem fast bestürzenden Anschein von Vorurteilslosigkeit seelischer Verquältheit gegenüber? Dieser Ton war in deutscher Sprache unbekannt. Nur Gogol, nur Dostojewskij, nur die Russen hatten bis heute diesen Ton getroffen: dürftige Menschlichkeit ohne Bedauern und ohne Verachtung zu gestalten, die Stumpfheit der Erniedrigten ohne Sentimentalität zu sehen und zu sagen, so gut wie die Grausamkeit der Grausamen. Das Nichts der menschlichen Durchschnittsexistenz als die große Aufgabe des Dichters. Nicht um zu trösten, nicht um zu beschönigen. Dieses graue Nichts als seelischer Stoff, und die Erzählung aus diesem grauen, faserigen Zeug hauchdünn gewebt.

Und nun war dieser seltsame Mensch nach München gekommen, von Prag herüber, trotz Krieg und Grenze, trotz Verpflichtung in einem bürgerlichen Beruf. Nun also war der Richter da, und so ging ich hin zu ihm, als würde mir der Prozeß gemacht. Ich fand den Saal schlecht erhellt, ungeheizt, im ersten Stocke der Galerie. An den Wänden hingen die Ölbilder unserer Freunde aus der Münchner Neuen Sezession, farbige und rhythmische Formeln oder krasse Montagen expressionistischen Geschmacks. Kafka saß auf einer Rampe am Vortragspult, schattenhaft, dunkelhaarig, bleich, eine Gestalt, die ihre Verlegenheit über die eigene Erscheinung nicht wirklich zu bannen wußte. So las er, schräg gegen sein Pult sitzend, ein unveröffentlichtes Prosastück: ›In der Strafkolonie‹.

Wie er sprach, habe ich vergessen. Mit den ersten Worten schien sich ein fader Blutgeruch auszubreiten, ein seltsam fader und blasser Geschmack legte sich mir auf die Lippen. Seine Stimme mochte entschuldigend klingen, aber messerscharf drangen seine Bilder in mich ein, Eisnadeln voller abgründiger Quälerei. Nicht nur wurden ein Marterwerkzeug und eine Marter beschrieben in den Worten gedämpfter Ekstase des Peinigers und Vollstreckers. Auch der Hörer wurde in diese Höllenqualen hineingerissen, auch er lag als Opfer auf dem wippenden Marterbett, und jedes neue Wort ritzte als ein neuer Stachel die langsame Hinrichtung in seinen Rücken.

Ein dumpfer Fall, Verwirrung im Saal, man trug eine ohnmächtige Dame hinaus. Die Schilderung ging inzwischen fort. Zweimal noch streckten seine Worte Ohnmächtige nieder. Die Reihen der Hörer und der Hörerinnen begannen sich zu lichten. Manche flohen im letzten Augenblick, bevor die Vision des Dichters sie überwältigte. Niemals habe ich eine ähnliche Wirkung von gesprochenen Worten beobachtet. Ich blieb bis zuletzt, für Augenblicke mit stockendem Herzen, aber ich blieb und hörte, wie sich der Henker selbst freiwillig seiner kunstreichen Tortur unterwirft, und wie die Hinrichtungsmaschine über seinem aufgespießten Leichnam in die Brüche geht. Der poetischen

Gerechtigkeit war Genüge geschehen. Der Henker war tot.

Aber seine hundert Opfer machte er nicht wieder lebendig. Vielleicht war die grauenvolle Quälerei der Verurteilten für den Henker, einen Kolonialoffizier, nur eine gesteigerte Art der Selbstpeinigung. Der Satz blieb mir haften: »Wie nahmen wir alle den Ausdruck der Verklärung von dem gemarterten Gesicht.« Der Henker nahm Kinder auf den Arm und ließ sie das erleben. Pervertierte Frömmigkeit, Askese, an den Mitmenschen ausgeübt, mochte dem Helden der Erzählung wie dem Erzähler selbst solche Wunschbilder eingegeben haben, aber das Erschreckende darin saß viel tiefer, war ein Unmittelbares: So widersinnig und abstoßend diese Strafkolonie schien, so war sie doch ein Vorausbild unserer Zeit. Eine Vorausschau in unsere kommende Zeit. Der Dichter war hier wieder Seher, auch wenn er selbst an dem geschauten Grauen zerbrach. Er hatte gerichtet, indem er sah; vorausgerichtet, indem er voraussah. Abzuwenden aber vermochte er das Schicksal nicht.

Nach dem Vortrag blieben ein paar Hörer im Gespräch mit ihm beieinander. Auch ich war darunter, ziemlich schweigsam.

Trotzdem verabredeten Kafka und ich einen Spaziergang schon für den nächsten Nachmittag, denn er mußte bald wieder nach Prag zurück. Im Nebelgrau eines Novembertages gingen wir über leicht gefrorene Stoppelfelder. Die Welt schien eingegangen und ohne Hoffnung. Kafka rang immer wieder nach Atem. Ein Lungenleiden war ihm zur Waffe geworden gegen diese Welt[79], vor allem gegen seinen Vater. Er konnte ihn strafen, indem er krank war. Er wollte nicht gesund werden, denn dann hätte er seinem Vater in seinen eigenen Augen recht gegeben. Er wollte krank sein, als Versicherungsbeamter sein Brot bitter verdienen, er wollte im Unbehagen und in der Peinlichkeit leben müssen. All das gaben mir seine Äußerungen zu verstehen. Wie gebannt blickte er auf sein Vaterbild hin.

Viele der Gleichaltrigen litten damals an derselben überwertigen Vorstellung. Das Stichwort »Vatermord« lag in der Luft und wurde ausgiebig auf den Bühnen und auch in der Lyrik abgehandelt. Es vermischte sich mit dem Vorwurf: die Väter hätten ihre Söhne in den Tod geschickt. Denn so wurde die Schlächterei von 1914–1918 von vielen Jungen gefühlsmäßig gedeutet.

Kafka kam nicht dazu, sein eigenes Leben zu leben und zu gestalten, es schien ihm nur mit Beziehung auf das elterliche Leben wichtig. Und dieses war Tyrannei der Väter. Unser Gespräch, immer wieder unterbrochen vom Keuchen Kafkas, flatterte zwischen Namen und Problemen hin und her. Mir war dieser Haß auf den Vater fremd, der übrigens von Kafka nicht unmittelbar ausgesprochen wurde. Ich war der jüngste Sohn einer Witwe und hatte noch vor Schulanfang den größten Verlust meines Lebens auszuhalten gehabt, den Verlust eines geliebten Vaters, der mich in einer ungeheuren Einsamkeit und Seelennot zurückgelassen hatte.

Dieser Vaterhaß erschien mir deshalb als Krankheit, ja fast als Lästerung. Aber Kafka überhörte meine Einwände, er war besessen von seiner Weltansicht, die ihm den Urheber des Bösen – und böse war diese Zeitwelt – im Väterlichen enthüllt hatte. In seiner Verbitterung glücklich, den Schuldigen gefunden zu haben, gab er doch auf unheimliche Weise diesem Schuldigen recht.

Der Sohn vollstreckt den väterlichen Fluch an sich selbst; er stürzt sich im ›Urteil‹ in die Moldau, er verendet, verhungert im Nebenzimmer der Familie in der ›Verwandlung‹ oder vergessen im Käfig als Hungerkünstler.

Des Vaters Machtspruch vollstreckt sich. Der Sohn, äußerlich ein Empörer, unterwirft sich innerlich dem Vater-Patriarchen. Der Sohn gibt dem Vater gegen sich selber recht und vollstreckt bei sich das Urteil.

Eine gewaltige Liebe klopft hinter diesem unsinnigen Haß: der Sohn kann seinen Vater nur so sehr hassen, weil er ihn zuvor unendlich geliebt hat. Es gibt im Menschen einen primitiven Abgrund, wo Liebe und Haß noch ungeschieden sich durchdringen. All das dämmerte mir auf unserem Spaziergang auf, während wir unseren Weg in nebliger Straße vor seinem Hotel beendeten.

Die Stellung des Kindes zwischen Vater und Mutter, das, was die zeitgenössische Psychologie den Ödipuskomplex genannt hat, war mir in Franz Kafka Gestalt geworden. Diese Konstellation war sein Schicksal, nicht ein unabänderliches Schicksal für jeden, sondern das Schicksal dieses nervösen Sensitiven, dessen

Selbsthaß ihm niemals erlaubte, sich selber recht zu geben oder auch nur sich selber unbefangen zu nehmen und zu ertragen. Seine Blickrichtung hielt krankhaft nur solche Bezüge fest, die den werdenden Menschen ausweglos machten. Das Gefühl äußerster Peinlichkeit war die Grundbedingung seiner Existenz. Er war überfeinert bis zum Krankhaften, aber er wollte auch krank sein; dieser für ihn einzige Ausweg war seine Lebensform, die Unerträglichkeit also Bedingung seiner Existenz. Die auf 1917 folgenden Jahrzehnte haben gezeigt, wie verbreitet dieses Leiden und diese Grundhaltung waren; Kafka hat vorgelebt, was unsere Konzentrationslagerzeit dem allgemeinen Bewußtsein aufgedeckt hat. –

Übrigens sah ich ihn nicht wieder. Noch kam gelegentlich Kunde von ihm, sein wohlhabender Vater habe ihn bestimmen wollen, das kärgliche Büroleben aufzugeben und auf seine, d.h. des Vaters Kosten nach Ägypten zu gehen, damit seine angegriffene Lunge in trockener Wüstenluft ausheile. Kafka wies das Anerbieten ab, wie er auch die Hilfe seiner Freunde zurückwies. Im Jahre 1924 las ich im Eisenbahnzuge, zwischen Wien und Linz fahrend, die Nachricht von seinem Tode in der schon einige Tage alten Zeitung. Eine mir unbekannte tschechische Studentin saß mir gegenüber, sah die Nachricht und knüpfte darüber ein Gespräch mit mir an. Sie wußte Details zu berichten, für deren Wahrheit ich mich nicht verbürgen kann.

Danach wäre Kafkas Leichenbegängnis ebenso wedekindisch barock verlaufen wie sein Leben und vor allem wie seine Erzählungen, wo oft, wie in einem Puppenspiel, Gestalten auftreten, z.B. die drei Herren oder Mieter mit schwarzem Bart in der ›Verwandlung‹, die aus einem Ballett zu stammen scheinen. Der sonstigen überfeinerten Charakteristik der Situationen und Personen tritt dann bei ihm ein spielerisches Element gegenüber, und die grauenvolle, verquälte Mühseligkeit des Ganzen scheint sich für Augenblicke aufzuhellen.

Auch an seinem Grabe soll sich ähnliches ereignet haben. Zwei Frauen sollen sich darum gestritten haben, ihn als seine Braut zu beweinen. Aber vielleicht ist das wiederum Gerücht.

Bei diesem seltsamen Menschen ist schon zu seinen Lebzeiten das Gerücht in den Mythos übergegangen. Die Fama, diese große und geheimnisvolle Göttin, diese wahrhaft schöpferische Gewalt in aller Geschichte hatte aus dem gequälten Quäler eine Hauchgestalt gebildet, einen prophetischen Schatten des kommenden Untergangs und Übergangs.

Kafka lebt im Grauen unserer Tage fort, ein seltsam bleiches Licht, das nicht verlischt, wenn es auch nicht tröstet...

Kafka und die Kunst

ERINNERUNGEN VON FRIEDRICH FEIGL

Es war im Jahre 1894. Kafka und ich besuchten die gleiche Schule, das Altstädter Deutsche Gymnasium. Er war damals etwa zehn Jahre alt, ein schmaler, zarter Junge mit sehr großen schwarzen Augen, einem langen Kopf und spitzen Ohren, was ihm ein degeneriertes Aussehen gab. Ich erinnere mich deshalb so deutlich an ihn, weil er immer nach der Schule von seiner Mutter abgeholt wurde, was wir anderen Kinder sehr merkwürdig fanden.[80]

Später verlor ich ihn aus den Augen und hörte erst wieder 1907 von ihm. In dem Kreise moderner Maler, die in Prag als »Die Acht« bekannt waren, bemerkte Max Brod auf einer Diskussion: »Ich kann euch den Namen eines ganz großen Künstlers nennen: Franz Kafka.« Dazu zeigte er uns einige seiner Zeichnungen, die expressionistisch waren und an den frühen Paul Klee oder Kubin erinnerten. Kafka hat sein Zeichentalent jedoch nicht weiter ausgebildet. Und dann sagte mir der Vortragskünstler Ludwig Hardt einmal: »Wissen Sie, daß Franz Kafka der bedeutendste Schriftsteller in Prag ist?« (Damals war Rilke nicht mehr in Prag, und Werfel hatte sich in Wien niedergelassen.) Bald darauf schlossen Kafka und ich Freundschaft. Kafka gehörte einer Gruppe von Schriftstellern an, die sich gegenseitig ihre Werke vorzulesen pflegten. Ich weiß noch, wie Kafka in diesem Kreise seine Skizze ›Der Kübelreiter‹ vorlas. Den Hintergrund dieser Erzählung bildet die Zeit der Kohlenrationierung nach dem Ersten Weltkriege. Ein Mann reitet auf einem Kohlenkübel durch die Luft zum Kohlenhändler. Das erinnert an E.T.A. Hoffmann, nur ist es weniger mystisch, es macht eher einen humoristischen und grotesken Eindruck. Kafka las es mit einem sicheren Gefühl für die feinen Pointen vor, mit einer knabenhaften Stimme. Diese Knabenhaftigkeit ist ein charakteristisches Merkmal, das ihn sein ganzes Leben lang nicht verlassen hat.

In Berlin machte er mich mit seiner Braut bekannt.[81] Er hatte eine »ewige« Braut, von der er immer behauptete, sie wäre zu gut für ihn. Hinter solchen Erscheinungen verbirgt sich eine völlig anomale sexuelle Entwicklung. Kafka fürchtete, glaube ich, allen körperlichen Kontakt; er haßte die Realität. An den Kausalitätsverhältnissen dieser Welt rächte er sich mit seiner mikroskopisch scharfen analytischen Methode. Unter seinem Mikroskop wird die Kausalität des Alltagslebens zum Drama. Dimensionen verlieren ihren Sinn, denn unter dem Vergrößerungsglas nehmen sie sich ganz anders aus als mit dem bloßen Auge betrachtet. Aus den Geschehnissen einer Erzählung macht er einen Roman. Seine Sätze sind schön und geordnet, weil sie nach einem weitschauenden Plan entstanden sind, wie es der komplizierte Kausalnexus seiner Gedanken erfordert. So war er ebenso schöpferisch in seinem Sprachgebrauch wie in seiner Seelenanalyse. Man könnte bei ihm von einer psychoanalytischen Arbeitsweise sprechen; heute wird sie gern von Leuten ausgebeutet, welche die Dinge nicht bildhaft sehen und sie damit ad absurdum führen. Denn es kommt schließlich darauf an, was man unter seinem Mikroskop findet.

Kafkas Leben schien einem seiner Romane entnommen. Dieser einsame Mensch mit seinem Hang zur Romantik – ich erinnere mich, daß er eine Zeitlang in einem Häuschen in der Alchimistengasse in Prag wohnte – mußte für ein kümmerliches Gehalt bei einer Versicherungsgesellschaft arbeiten, wo er alle fünf Jahre auf einen etwas höheren Posten rückte. Er hatte einen despotischen Vater, der ihm ein langweiliges und nüchternes Leben aufzwang und mit dem er nicht das geringste gemein hatte. Wenn wir uns trafen – wir unternahmen gewöhnlich ausgedehnte Spaziergänge miteinander –, war er immer sehr begierig, etwas über die anderen Künste zu erfahren. Einmal versuchten wir, die Elemente der einzelnen Künste zu analysieren; es war etwa fünf Jahre vor seinem Tode. Wir kamen dabei zu dem Schluß, daß das Wesenselement der Malerei der Raum sei, während es für die Musik die Zeit und für die Dichtung die Kausalität sei, entsprechend den Grundelementen der Sinneswahrnehmung: räumlichem, zeitlichem und Kausalgefühl. Mir wurde damals zum ersten Male klar, daß Kafkas Art zu schreiben eine neue Kausalität, einen neuen Kausalzusammenhang darstellte. Er kam jedoch nie wieder darauf zu sprechen.

Kafka liest. Zeichnung von Friedrich Feigl

Ein andermal unterhielt ich mich über ihn mit Max Brod, seinem Knappen und Herold. Es interessierte mich zu erfahren, wie weit man in dieser Verschiebung der Kausalität gehen könne. Ich reihte Kafka unter die Romantiker ein, doch Brod empfand das als eine Begrenzung und protestierte dagegen, während es für mich kein Werturteil bedeutet.

Die Dinge ins mikroskopisch Kleine oder ins Überlebensgroße zu vereinfachen, war eine typisch kontinentale Erscheinung und im Grunde »barock«. Prag, diese phantastische Stadt, stellt sich von jeher in einem barocken und beinahe grotesken Bilde dar. Für die Bewohner von Prag hat alles Phantastische schon immer eine starke Anziehungskraft besessen. Die Tatsache, keine Kohlen zu bekommen, wird so zu einem tragischen Erlebnis, und der »Ritt« durch die Lüfte ist eine Idee, die mit bildhaften Mitteln Gestalt gewinnt.

Ich glaube heute, daß ich Kafka damals verstanden habe: doch war er sehr zurückhaltend und ließ niemanden wirklich an sich heran. Wenn ich mich heute an seine Erscheinung zu erinnern suche, an die Art, wie er sich bewegte und was er unternahm, dann verstehe ich ihn noch besser. Schon damals nahm ich an, daß seine Schriftstellerei für ihn etwas Befreiendes hatte und damit Selbstzweck war. Er brauchte nichts weiter zu seiner eigenen Bestätigung. Die Ehe oder die Beziehung zwischen Autor und Publikum sind etwas Wirkliches. Gegen die Wirklichkeit aber verteidigte er sich, indem er sich seine eigene Welt schuf; von dieser Position aus rächte er sich an der offensichtlichen Gefühllosigkeit und Ungerechtigkeit der Wirklichkeit, indem er sie karikierte.

In Berlin traf ich Kafka wieder. Wir kamen oft auf die gleichen Fragen zu sprechen. Er kaufte damals ein Bild von mir, eine Prager Studie, deren etwas unheimliche Atmosphäre an Edvard Munch anklang. Ich empfand, als ich eines Tages aus dem rationalistischen Deutschland dorthin zurückkehrte, Prag als unheimlich. Es war bezeichnend für ihn, daß er sich ausgerechnet dies Bild aussuchte. Er scheint eine ausgesprochene Haßliebe für Prag empfunden zu haben. Das Bild hat er seiner Braut geschenkt.

Hebräischstunden mit Kafka

ERINNERUNGEN VON MIRIAM SINGER

Eines Tages sah ich ihn von weitem mit Max Brod gehen. Sie waren ein sonderbares Paar. Max Brod klein, ein wenig verwachsen und sein Begleiter, von dem ich ja nicht wußte, daß es Kafka ist, groß, schlank, gertengeschmeidig und schien viel jünger zu sein als Max Brod. »Da geht Max Brod sicher mit einem seiner Protegés oder einem Verehrer von ihm«, dachte ich. Ich wußte, daß Max Brod in seiner Liebenswürdigkeit sich immer um jüngere Dichter oder Schriftsteller kümmerte. Einige Tage später sah ich sie wieder. Sie gingen auf der anderen Seite der Straße und ich konnte ihnen nicht begegnen. War es Zufall oder war es unbewußte Absicht von mir, daß ich nun auf der anderen Seite der Straße zu gehen begann, denn es schien mir, daß die interessanten Menschen auf der anderen Straßenseite gehen. Und wirklich – eines Tages traf ich sie wieder. Den Meister und seinen Famulus – wie es mir schien. Und diesmal hielt mich Max Brod an und machte uns bekannt. Wenige wußten damals – außer Max Brod, der Kafka ja nach seinem Tode erst in der Welt bekannt machte – wem ich damals zaghaft die Hand drückte. Wir gingen eine kleine Strecke Weges und dann verabschiedeten wir uns, und ich blieb tief beeindruckt von den stahlgrauen Augen Kafkas und ihrem tiefen Blick.

Nicht lange danach begegneten wir einander wieder in einem gemeinsamen Hebräischkurs. Heute nach so vielen Jahren weiß ich nicht, wie sich die Ereignisse entwickelten, aber ich weiß, daß ich mich mit Kafka und Felix Weltsch dazu entschloß, aus dem Hebräischkurs auszutreten und bei Jiří Langer, einem Verwandten von Max Brod, einem jungen Menschen, dessen Jugend von einem dichten Bart und Schläfenlocken irreführend überdeckt wurde, quasi »Privatstunden« zu nehmen.

Kafka hatte ein kleines Heft, in welches er jedes Wort, das hebräisch fiel, eintrug. Um sich das Lernen leichter zu machen, pflegte er immer irgendeine – und oft humoristische – Assoziation zu finden. So erinnere ich mich, als wir wagen – agalah –

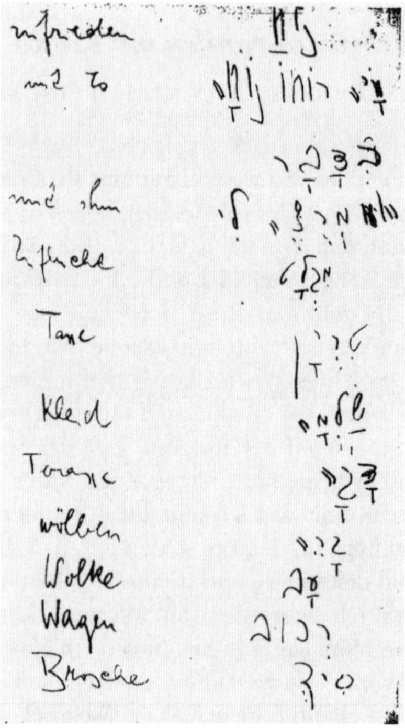

Hebräische Vokabeln in einem der Oktavhefte Kafkas

lernten, griff er mit seinem schlanken Finger an seine Stirne und sagte: »Das ist doch klar: A gala-wagen.«

Damals prägte Kafka die passende Feststellung: »Die Prager Zionisten beginnen im September bei der ersten Moses-Rath-Lektion und lernen fleißig bis zum Juni. Während der Ferien gelingt es ihnen, alles Gelernte wieder zu vergessen und dann fangen sie im September wieder mit der ersten Moses-Rath-Lektion an.«

In dieser Hinsicht hatte er recht.

Unsere Hebräischstunden waren am Nachmittag. So geschah es, daß er eines schönen Tages – es war im Frühjahr – zu mir sagte: »Heute ist es so schön – wollen Sie, daß ich Sie nach Hause begleite?«

Nachdem ich – wie oben bemerkt – nicht wußte, wie groß

außer seinem Körper seine Seele und sein Talent waren – war ich nicht befangen und freute mich über seinen Vorschlag. Wir gingen an dem Moldauufer entlang, immer mit der Sicht auf die herrliche Silhouette des Prager Hradschins. Die Luft war weich, und mein Begleiter fragte mich nach meiner Familie, fragte nach meinem Beruf, wollte viel über meine Mutter wissen. Der Weg war ziemlich lang, denn wir wohnten in einem Vorort.

Als wir vor dem grauen Haus, einer Mietskaserne, ankamen, sagte Kafka: »Ich gehe noch mit Ihnen hinauf.« Meine Mutter machte die Türe auf, war erstaunt über den unerwarteten Besuch. Wir standen im Vorzimmer. Im Vorzimmer befand sich eine große Kohlenkiste, die mit einem provisorischen Brett und einer gestickten dunklen Decke bedeckt war, und auf diese Kiste setzte sich Kafka. Meine Mutter zwinkerte mir mit den Augen zu, denn das Brett war nicht stabil genug, es konnte jeden Augenblick brechen. Sie bemühte sich, den Gast ins Zimmer einzuladen. Kafka saß behaglich auf der unsicheren Kiste, lächelte und wechselte einige freundliche Worte mit meiner Mutter, wollte aber nicht ins Zimmer.

Mit einem Male stand er auf, reichte uns beiden die Hände zum Abschied und sagte freundlich: »Ich wollte ja nur Ihre Frau Mutter kennenlernen und das habe ich erreicht.« Dann stieg er langsam die Treppen herunter.

Unsere gemeinsamen Hebräischstunden nahmen ein Ende. Ich fuhr nach Palästina und Kafka – wie ich später erfuhr – nach Berlin.

Die Zeit verging – im Jordan floß das Wasser ins Tote Meer und in Prag die Moldau in die Elbe. Zwei Jahre vergingen, und ich fuhr diesmal – nicht mehr allein –, meine Mutter besuchen. Indessen erschienen einige kleine Bücher von Kafka, und über das Mittelmeer drang zu uns – wenn auch nur ganz bescheiden – der Name Kafkas. Seine ›Verwandlung‹ erregte damals viele und sonderbare Empfindungen. Noch lag im Schoße der Zukunft jene Zeit, die man die Kafkaische nennt. Seine Werke stauten sich irgendwo in seinem Schreibtisch, aber wir wußten schon, daß er Bücher schreibt.

Nachdem mich mit Max Brod warme Beziehungen verbanden – war er doch der Dichter, der mich in die Literatur und zum Verleger R. Löwit einführte – war es natürlich, daß ich ihm einen Besuch abstattete. Ich erzählte ihm von meinem Lebensgefährten, und er lud uns zu einem Nachmittagsbesuch ein; diese Einladung nahm ich mit Freuden an.

Auch Kafka erschien. Er war, wie immer, daran interessiert, Menschen aus jenem Land kennenzulernen, nach dem seine Sehnsucht ging. Damals schon kämpfte er gegen seine Krankheit – von der ich ja erst nach seinem Tode zwei Jahre später erfuhr – aber er sah, so wie immer, jugendlich aus, niemand konnte das Schicksalszeichen auf seiner Stirne ahnen, denn zwei Jahre nachher starb Kafka.

Bei Max Brod war es sehr angenehm. Kafka interessierte sich sehr für das Leben in der Kwuzah. Für das Neuaufleben der hebräischen Sprache und für das Tun und Treiben der Menschen. Max Brod spielte eigene Kompositionen auf dem Klavier, und die Zeit verging wie im Handumdrehen. Als wir uns verabschiedeten, trat ich zu Kafka und bat ihn, mir ein Buch zu geben. Ich nehme an, daß er diese Bitte erwartet hatte, oder daß er vorhatte, mir zum Abschied ein Buch zu geben. Er griff nach einem Buch, das auf der Kommode in der Wohnung von Max Brod lag, und indem er mich mit seinen stahlgrauen Augen lang und tief ansah, überreichte er mir ›Der Landarzt‹ und sagte langsam: »Irma, Sie sind zu gesund, Sie werden es nicht verstehen.« Mit einem Male war die friedliche Atmosphäre im Zimmer verflogen. Irgendein dunkler Finger schien schwer meine Stirne berührt zu haben, und während er mir einige Worte ins Buch schrieb, hörte ich die Flügel des Todesengels durch das Zimmer gehen. Im Buch standen die Worte:

»Für Irma S.
Mit nach Daganiah
K.«

Kafka in Schelesen

ERINNERUNGEN VON DORA GERITT

In ländlicher Abgeschiedenheit zwischen Hügeln und Wäldern in winterlichem Schnee betrieb Kafka auf der Veranda einer kleinen Pension eine Liegekur, die ihm seine schwankende Gesundheit aufzwang.

Er unterhielt sich viel mit einem lebhaften Mädchen undefinierbaren Alters, das ihm wohl viel Allgemeines und Interessantes, aber niemals etwas von sich erzählte. Da begrüßte er sie eines Morgens, als sie an seinen Liegesessel trat, lebhaft und sagte: »Ich habe von Ihnen geträumt! Sie gingen in einem weiten, bauschigen, braunen Seidengewande, das unten mit roten Herzen eingesäumt war, in großen, schwingenden und elastischen Bewegungen einen sehr weiten, langen Weg – da trat Ihnen ein großer, schlanker, rothaariger Mann freudig entgegen. Sie öffneten die Arme und riefen laut und erlöst: ›Endlich!‹ – Sagen Sie, haben Sie vielleicht in Ihrem Leben so etwas Ähnliches erlebt?« – Sie lächelte still und sagte: »Ja, viele haben sich um mich bemüht, aber nur in einem einzigen fühlte ich mein Schicksal. Zwischen meiner Liebe und meiner Verlobung lagen neun Jahre. Dazwischen heiratete und schied sich jener Mann und hatte zwei Kinder, als er endlich zu mir, seiner Jugendliebe, zurückkehrte. – Dies ist die poesievolle Gleichheit Ihres Traumes mit meinem Geschick. Nicht geträumt und dennoch vorgeahnt haben Sie, daß dieser Mann schnell vergaß und nach drei Monaten der Abschiedsbrief zwischen uns schon geschrieben war!«

Später einmal, als sie behauptete, Boz Dickens sei langweilig, las er ihr ein paar heitere Seiten, die erste Verlobung aus David Copperfield, vor; er las vorzüglich, sie lachte herzlich und war bekehrt.

Dann gab er ihr ein Bündelchen Korrekturbogen, bat, sie zu lesen und eine Meinung zu sagen, ein Freund hätte ihm dies geschickt. Sie las seinen ›Landarzt‹, die Variationen über die Furchtbarkeit dieses Berufes; und als sie ihm das Büchlein zurückgab, erwähnte sie, daß auch ein kleiner Cousin von ihr in demselben Leiden habe sterben müssen wie die Bauersfrau in dieser Geschichte.[82] Es war da eine ganz absonderliche Art innerer Wundverpestung beschrieben. »Das ist merkwürdig«, rief Kafka – »ich habe medizinisch nie von dieser Krankheit gehört – habe sie mir nur zusammenphantasiert; ich bin erstaunt, daß es dies wirklich gibt, aber es beruhigt mich, daß ich es richtig geahnt habe.«

Die Villa Stüdl in Schelesen

Auf seinem Liegesessel lag er in viele Decken eingehüllt den ganzen Tag in frischer Winterluft, eine Kappe tief ins Genick gezogen. »Oh, was für eine schöne Fliegerkappe Sie heute anhaben«, rief ihm jemand zu. »Mehr Lieger- als Fliegerkappe«, lächelte er leise, resigniert mit seinen stahlblauen Augen von einer Seite zur anderen herumblickend.

Ein junges Mädchen, mit schwerem Seelenerbe und leerem Leben belastet, gehörte in diesen Kreis und erregte sein mitfühlendes Interesse. Er warnte, beschwor, lehrte sie, sich der Zukunft in Arbeit zu ergeben und alle Besserung in Wirken und Leisten zu erhoffen. –

Als er abreiste, blieb sie lange in Briefwechsel mit ihm und wurde selbständige Landwirtin.[83]

Er verteidigte ein Kind, dessen stete Vergeßlichkeit man rügte: »Vielleicht hat es viele interessante Dinge in seinem kleinen Kopf und kann sich damit beschäftigen, während ihn der Auftrag langweilt und ihm gar nichts sagt. Erwachsene sprechen für Erwachsene!«

Kafka wußte allem eine leuchtende Seite abzugewinnen. Es war, als trete man an ein sonnenbeschienenes Meer von tausend funkelnden Wellchen überzittert – und geblendet müsse man die Augen schließen, um geringeres Licht aufzusuchen.

»*Warum lassen Sie die arme Fliege nicht in Ruh'...*«

ERINNERUNGEN VON HERMINE BECK
AUFGEZEICHNET VON PETER ENGEL

Hermine Beck, geborene Pomeranz, kam 1899 in Wien als Tochter wohlhabender jüdischer Eltern zur Welt und lebte von ihrem neunten Lebensjahr an in Prag. Sie genoß alle Annehmlichkeiten der damaligen gutbürgerlichen Kreise, ihr Vater besaß eines der ersten Autos in Prag, und sie erhielt eine gute Schulbildung. Mit 19 Jahren erkrankte sie und wurde im Frühjahr 1919 zu einem Kuraufenthalt verschickt. Das Erholungsheim lag in Schelesen nördlich von Prag in waldreicher Umgebung, aber Frau Beck kann sich an den Namen der Pension nicht mehr erinnern. Aus der Kafka-Sekundärliteratur ist bekannt, daß der Dichter damals in der Pension Stüdl wohnte, wohin er sich Ende November 1918 begeben hatte, weil er seinen Dienst wegen Fiebers, Kurzatmigkeit und Schweißausbrüchen nicht mehr verrichten konnte.

Frau Beck sagt über ihren Erholungsaufenthalt in der Pension: »Es war im Frühjahr und nur zwei Gäste da, ich und ein Herr, der sich mir als Franz Kafka vorstellte. Wir hatten die Mahlzeiten separat in unseren Zimmern, verbrachten aber unsere Zeit auf einer Terrasse in Liegestühlen, zugedeckt mit Decken. Es war ein überdachter Balkon, auf dem wir lagen. Ich habe damals einen Lungenspitzenkatarrh gehabt, aber es war nur ein ganz leichter, der mich mein ganzes Leben lang weiter nicht gestört und behindert hat.«

Über ihre Gespräche mit Kafka meint seine damalige Leidensgenossin, daß sie nur allgemeiner Natur gewesen seien. »Ich war zu jener Zeit ein sehr schüchternes Mädchen und konnte nicht ein Gespräch leiten, wie ich gewollt hätte.« Auf die Frage, ob der Dichter über die Krankheit gesprochen habe, die die beiden Pensionsgäste auf dem überdachten Balkon zu stundenlanger Gemeinsamkeit zusammenführte, versichert Frau Beck lebhaft: »Überhaupt nicht, nein. Das weiß ich ganz bestimmt, daß er nie über Krankheit gesprochen hat.« Das junge Mädchen, das den Namen des Dichters zuvor nie gehört hatte, hat sich während der Zeit in der Pension Stüdl mit Kafka nicht über Literatur unterhalten. »Ich habe mich damals nur für ältere Literatur interessiert und für die Russen, Tolstoi und Dostojewski. Und Felix Dahn habe ich zum Beispiel sehr gern gelesen und war sehr beschämt, als man mir sagte, das ist ein drittklassiger Schriftsteller.«

Aber es gab etwas anderes, was das junge Mädchen und Kafka während der Liegekur auf dem Balkon verband: »Ich hab' ihn oft geprüft, wenn er etwas gelernt hat, hebräische Vokabeln nämlich. Ich hab' immer was gelernt, und ich habe auch die hebräischen Buchstaben gelernt, warum, weiß ich nicht. Ich hab's nicht übersetzen können, aber ich konnte es lesen. Kafka lernte nach einem Lehrbuch, und ich habe ihn Vokabeln abgefragt. Es ging recht ordentlich.«

Der Dichter hat über seine Fortschritte im Hebräischen zu dieser Zeit selbst berichtet, und wir wissen, daß er das damals sehr verbreitete Lehrbuch von Moses Rath benutzte und ziemlich systematisch durcharbeitete. Seine Bemühungen um diese Sprache hingen mit seinen Plänen zur Auswanderung nach Palästina und seinem wachsenden Interesse am Zionismus zusammen. Dem jungen Mädchen gegenüber hat er aber nichts über derartige Pläne und Wunschvorstellungen verlauten lassen: »Nein, darüber hat er nie gesprochen, und ich war so dumm und dall, ich hab' absolut nicht solche Fragen gestellt.«

Eine bezeichnende Erfahrung mit Kafka hat sich Frau Beck mit besonderer Deutlichkeit eingeprägt: »Einmal war er ärgerlich mit mir. Eine Fliege flog laut um mich herum, und ich hab' nach ihr ausgeschlagen. Da war er sehr ärgerlich und sagte verweisend: ›Warum lassen Sie die arme Fliege nicht in Ruh', was hat sie Ihnen getan?‹, was mich sehr verblüffte.« Des weiteren erinnert sich Frau Beck an gemeinsame Waldspaziergänge mit dem Dichter, nicht aber an die dabei geführten Gespräche.

Das junge Mädchen war von dem fast doppelt so alten Kafka wohl mehr als nur beeindruckt, wie aus folgenden Worten ersichtlich wird: »Nach ungefähr vierzehn Tagen kam in das Heim ein Mädchen, das ich aus Prag kannte, und die schöne Zweisamkeit war vorbei, was mich sehr kränkte, da ich von der Persönlichkeit Kafkas so sehr beeindruckt war. Etwa zwei Wochen später fuhr ich dann nach Hause.« In Prag kaufte sich Hermine Pomeranz die damals erhältlichen Bücher des Dichters, war aber für sie – anders als für die Person des Verfassers selbst – keineswegs eingenommen.

Gleichwohl konnte sie Kafka nicht vergessen, wie sie bekennt: »Jahre später las ich im ›Prager Tagblatt‹, daß er gestorben sei, und so ging ich zu seinem Begräbnis. Das Ehrengeleit war nicht besonders groß. Da war aber ein Mädchen, das so herzzerbrechend weinte, daß zwei Herren es stützten, sonst wäre es zusammengebrochen.« Nach allem, was wir wissen, kann die ihren Schmerz derart äußernde junge Frau nur Dora Diamant gewesen sein, die den Dichter in seinen letzten Tagen hingebungsvoll gepflegt hatte. Kafkas letzte Gefährtin wurde bei dem Begräbnis, das am 11. Juni 1924 gegen 16 Uhr auf dem jüdischen Friedhof im Prager Stadtteil Straschnitz stattfand, von Max Brod gestützt, dem treuen Freund des Dichters, für dessen Nachruhm er alles getan hat.

Gespräche mit Kafka

AUS DEN ERINNERUNGEN VON GUSTAV JANOUCH

Kafka hatte große graue Augen unter dichten dunklen Brauen. Sein braunes Gesicht ist sehr lebhaft. Kafka spricht durch sein Gesicht.

Wo er das Wort durch eine Bewegung der Gesichtsmuskeln ersetzen kann, tut er es. Ein Lächeln, Zusammenziehen der Augenbrauen, Kräuseln der schmalen Stirne, Vorschieben oder Spitzen der Lippen – das sind Bewegungen, die gesprochene Sätze ersetzen.

Franz Kafka liebt Gesten, und darum geht er mit ihnen sparsam um. Seine Geste ist keine das Gespräch begleitende Verdoppelung des Wortes, sondern Wort einer Art selbständigen Bewegungssprache selbst, ein Verständigungsmittel, also keineswegs passiver Reflex, sondern zweckmäßiger Willensausdruck.

Falten der Hände, ausgebreitetes Hinlegen der Handflächen auf die Schreibunterlage des Schreibtisches, behagliches und dabei doch gespanntes Zurückbeugen des Oberkörpers im Stuhl, Vorbeugen des Kopfes in Verbindung mit Hochziehen der Schultern, Pressen der Hand ans Herz – das ist ein kleiner Teil seiner sparsam angewendeten Ausdrucksmittel, die er immer mit einem entschuldigenden Lächeln begleitet, als wollte er sagen: »Es ist wahr und ich gestehe, daß ich spiele; doch hoffe ich, daß euch mein Spiel gefällt. Und dann – dann mache ich das ja nur, um euer Verständnis auf eine ganz kleine Weile zu gewinnen.«

Mein Vater und Doktor Franz Kafka arbeiteten in der alten Arbeiter-Unfall-Versicherungs-Anstalt, mein Vater als Verwaltungsbeamter oben im vierten Stock und Doktor Franz Kafka als Justitiar zwei Stockwerke tiefer. Auf dem Wege zu meinem Vater machte ich immer einen Besuch bei Doktor Kafka. Das war nicht durch die gewundene Treppe und die Lage der beiden Kanzleien bedingt. Meine Schritte wurden von innen her in das zweite Stockwerk gelenkt. Ich mußte im wahren Sinne des Wortes bei Franz Kafka haltmachen, ihn anhören und mit ihm sprechen, um dann besser hinauf zu meinem Vater zu kommen.

Ja, heute weiß ich den Grund: Ich konnte nur über den Dichter Franz Kafka, über seine tief menschliche Anteilnahme und Güte zu meinem Vater und damit zu einem gewissen Verstehen der Welt und der Zeit, zu einer gewissen Klärung und Ordnung um mich und in mir selbst gelangen. Der Weg über die Treppen der Unfallversicherungsanstalt und durch Franz Kafkas Kanzlei war für mich damals eine Lebensnotwendigkeit. Das heißt: Durch den Verkehr mit dem Dichter der ›Verwandlung‹ und des ›Heizers‹, von denen ich damals ergriffen war, wurde eine große innere Not von mir abgewandt.

Ich malte damals bunte Postkarten, verfertigte für einen Papierhändler in Karolinenthal Holz- und Linoleumschnitte, verdiente Geld, um Bücher zu kaufen, saß stundenlang am Klavier und schrieb Tage und Nächte hindurch Gedichte, Märchen, Aufsätze, Skizzen und Dramen, die ich in einem alten Koffer verwahrte und später, nach Jahren, alle als wertlosen Kram verbrannte. Aber in der Zeit, da ich sie niederschrieb, waren sie für mich sehr wichtig.

»Vielleicht würde ich gar nicht schreiben, wenn es daheim anders wäre«, sagte ich einmal zu Doktor Kafka. »Ich will der Unruhe entrinnen, die Stimmen um mich und in mir nicht hören – darum schreibe ich. So wie jemand mit der Laubsäge verschiedene Dummheiten erzeugt, um die Langeweile häuslicher Abende auszufüllen, so kleistere ich Worte, Sätze und Abschnitte zusammen, damit ich Grund habe, allein zu sein, mich von der Umwelt, die mich bedrängt, abzuschließen.«

»Das ist richtig«, sagte darauf Doktor Franz Kafka. »Das machen viele Menschen. Flaubert schreibt in einem Brief, daß sein Roman ein Felsen sei, an den er sich halte, um nicht in den Wogen der Umwelt unterzugehen.«

»Ich bin zwar auch ein Gustav, aber kein Flaubert«, meinte ich lächelnd.

Doktor Franz Kafka faltete seine schmalen, knochigen Hände über der Tischplatte und sagte, ohne mich anzusehen: »Die Technik der seelischen Hygiene ist nicht einzelnen vorbehalten. Damit Sie Flauberts Name nicht stört, verrate ich Ihnen, daß ich es in einer gewissen Zeit ebenso gemacht habe, wie Sie es jetzt tun. Nur ist die Sache bei mir etwas komplizierter. Durch das Gekritzel laufe ich vor mir selbst davon, um mich beim Schlußpunkt selbst zu ertappen. Ich kann mir nicht entrinnen...«

»Vielleicht kann das niemandem gelingen«, sagte ich nach einer kleinen Pause. »Vielleicht ist das durch die Einsamkeit des Menschen bedingt.«

»Durch die Einsamkeit?« Franz Kafka sah mich mit großen, grau blitzenden Augen an. »Wie kommen Sie, so ein junger Mensch, auf den Gedanken?«

Ich griff in die Brusttasche, zog mein mit einem Randalphabet versehenes Notizbuch hervor, öffnete es und las daraus laut vor: »Die Menschen sind einsam, Schweigen umgibt sie, das ist die Welt.«

Kafka drehte den Kopf zur linken Seite und sah zum Fenster hinaus. Ich schloß mein Notizbuch und schob es in die Brusttasche.

»Das sagte Dostojewski«, bemerkte ich. »Ich hab' es mir abgeschrieben. Es ist eine genaue Beschreibung der Situation, in der wir leben.«

»Ich mag ihn nicht«, sagte Franz Kafka leise, ohne den Blick vom Fenster abzuwenden. »Wenigstens nicht alles und nicht immer.«

»Hier sagt er die Wahrheit«, meinte ich trotzig. »Die Menschen sind einsam, Schweigen umgibt sie, das ist die Welt... Die Situation, in der wir leben, kann nicht besser ausgedrückt werden.«

»Ja, das ist möglich.« Kafka sah nicht mehr zum Fenster hinaus. Er straffte den Oberkörper, lehnte sich im Stuhl zurück und ließ die Arme schlaff herabhängen. »Ja, das ist möglich«, wiederholte er etwas leiser und sah mir plötzlich mit ermatteten, grauen Augen ins Gesicht. »Das ist die Situation, der Rahmen alles Geschehens... Aber ist das die Wahrheit? Die Wahrheit ist doch keine Situation, nichts Vergängliches. Die Wahrheit ist viel dauerhafter; vielleicht ist sie das Leben selbst.«

Seine Stimme mündete in einen leichten, doch unangenehm trockenen, hohlklingenden Hustenanfall. Franz Kafka zog die

Schultern hoch, beugte sich über die Tischplatte, senkte den Kopf, schob die rechte Hand unter seinen rechten Oberschenkel, während er die linke Hand auf die Brust preßte.

Ich erhob mich vom Sessel. »Kann ich Ihnen irgendwie helfen? Soll ich Wasser holen?«

Kafka schüttelte langsam den Kopf.

»Ich störe Sie.«

»Nein«, sagte er gepreßt. »Aber es ist unangenehm, so auszusehen.« Er legte beide Hände auf den Tisch, hob den Kopf und hatte plötzlich ganz helle, lächelnde Augen. »Man könnte fast wie ein Beweis, wie eine Illustration des Dostojewski-Zitates aussehen. Das wäre nicht gut. Alles, was die Schatten festigt und vertieft, ist nicht gut, nicht richtig, weil es uns in eine falsche Richtung weist.«

»Wie dieser Husten«, bemerkte ich hastig. »Jetzt ist er vorbei.«

»Ja«, nickte Kafka und fügte mit einem hilflosen Lächeln hinzu: »Aber er kommt wieder – der Husten.« Er reichte mir die Hand. »Entschuldigen Sie, ich habe heute keinen guten Tag. Auf Wiedersehen!«

Beim Abschied vor seiner Abreise nach dem Sanatorium in der Tatra[84] sagte ich: »Sie werden sich erholen und gesund zurückkommen. Die Zukunft wird alles gutmachen. Alles wird sich ändern.«

Kafka legte lächelnd den Zeigefinger seiner rechten Hand auf seine Brust.

»Die Zukunft ist schon hier in mir. Die Änderung ist nur ein Sichtbarwerden der verborgenen Wunden.«

Ich wurde ungeduldig.

»Wenn Sie nicht an eine Genesung glauben, warum fahren Sie dann in das Sanatorium?«

Kafka beugte sich über die Tischplatte.

»Jeder Angeklagte bemüht sich, eine Vertagung des Urteilsspruches zu erlangen.«

Mit Kafka in Matliary

NACH AUFZEICHNUNGEN VON ROBERT KLOPSTOCK

Kafka wählte »Tatranské Matliary« als das für ihn passendste Sanatorium, weil er von dort die freundlichste Antwort auf seine Anfrage erhielt, und besonders weil man ihm schrieb, daß er im Frühling Gelegenheit hätte, »nach Herzens Lust« im Garten zu arbeiten.

In Matliary gab es eine sogenannte »Hauptvilla«, in der sich der Speisesaal befand und in der während des Winters die meisten Kranken untergebracht waren, da man dort gerade eine Zentralheizung installiert hatte. Es gab noch zwei weitere Villen; die eine nur für den Sommerbetrieb, daher völlig geschlossen, und die andere, »Tatra«, mit Ofenheizung, in der im Winter 1920, als Kafka ankam, nur das Dienstpersonal und der Zahntechniker Glauber, auch ein Patient, wohnten. Auch der »Tscheche«, ein Schwerkranker mit Kehlkopftuberkulose, war dort untergebracht, um ihn vor den Blicken der anderen Kranken abzuschirmen, wenn er auf einem Balkon seinen Kehlkopf mit reflektiertem Sonnenlicht bestrahlte.

Kafka (vorne rechts) mit anderen Patienten im Sanatorium in Matliary (1921). Vorne links Robert Klopstock

Zwei andere Kranke, der »Kaschauer« und Klopstock, kamen regelmäßig von der Hauptvilla herüber, um ihre Liegekur auf einem der Balkone der unbesetzten Zimmer im zweiten Stock zu nehmen.

Als Kafka Mitte Dezember 1920 in Matliary eintraf und ihm die Situation und Benutzung der verschiedenen Villen erklärt wurde, wählte er ohne Zögern und trotz offensichtlicher Nachteile der Beheizung und dem Mangel an Dienstpersonal während des ganzen Tages die »Villa Tatra«, ein Zimmer mit Balkon im ersten Stock. Ausschlaggebender Grund dafür war seine Hoffnung auf Stille, die Voraussetzung für ungestörten Schlaf.

»Der Kaschauer« (mit Namen Szinay) war der erste vis-à-vis Tischnachbar Kafkas, ein hypochondrischer junger Mann, jedoch eine hingebungsvolle Seele, voller Bewunderung besonders für Gedanken, die ihm nicht ganz zugänglich waren.

Klopstock erinnert sich an den ersten Abend, als Kafka ankam und im großen Speisesaal der »Hauptvilla« Szinay gegenüber gesetzt wurde.

Nach dem Abendbrot eilte Szinay in größter Aufregung zu Klopstock:

»Sie müssen ihn treffen, Sie müssen ihn treffen.«

»Wen, wer und warum?«

»Dort sitzt er, jetzt erhebt er sich, kommen Sie.«

Aber Klopstock zögerte, weil er weder die Situation noch Szinay verstand und sah, daß der Mann (Kafka) sichtlich beabsichtigte, in Eile den Saal zu verlassen.

»Oh, jetzt ist es zu spät... ein ganz wunderbarer Mensch, ich weiß nicht warum, ich verstehe nicht die Hälfte von dem, was er sagt, aber ich weiß, daß es wunderschön ist... er lächelt wie ich noch nie einen Menschen habe lächeln gesehen.«

»Über was hat er denn gesprochen... so Ungewöhnliches?« fragte Klopstock, dem Szinay mindestens sehr übertrieben und verwirrt erschien.

»Er hat zugehört. Ich erzählte ihm von meiner Krankheit, von meinem Magen. Niemand hat mir je so zugehört im Leben, niemand hat mein Leiden so verstanden, was das für ein Leben ist, mit einem kranken Magen.«

»Und wer ist dieser ›wunderbare‹ Mann, ich meine, was ist sein Beruf?« fragte Klopstock, nicht ohne Ironie hinsichtlich Szinays Leiden, dem er schon Wochen und Wochen zuhören mußte.

»Er sagt, er sei Beamter in einer Versicherungsgesellschaft... Sie müssen ihn kennenlernen.«

»Aber warum?«

»Weil ich ihn nicht verstehe und Sie nicht verstehe. Ich bin sicher, daß Sie beide sich verstehen werden. Er wird hier sehr einsam sein.«

Klopstock leistete zunächst Widerstand gegen das Vorgestelltwerden. Genauso wie Kafka, wie Klopstock später erfuhr.

Aber es dauerte nicht lange, bis Kafka und Klopstock bekannt wurden, und zwar auf der Landstraße, wo sie beide für gewöhnlich spazierengingen. Klopstock hatte eine deutsche Ausgabe von Kierkegaards ›Furcht und Zittern‹ in seiner Hand. Kafka sprach ihn an:

»Lesen Sie Kierkegaard? Ich lese eben dasselbe Buch.«

»Sind Sie Herr Kafka aus Prag?« fragte Klopstock. »Herr Szinay spricht fast jeden Tag über Sie.«

»Ich hoffe, Sie lächeln über seine Geschichten.«

»Nicht im geringsten. Ich bin wirklich sehr glücklich, Sie kennenzulernen.«

Von diesem Tage an waren Kafka und der junge Klopstock, der sofort unter den Bann von Kafkas bezaubernder Persönlichkeit geriet, täglich zusammen.

Klopstock hatte keine Ahnung, daß Kafka ein Dichter war. Kafkas Wesen war so umfassend, überwältigend und doch so ohne Gewalt und Gewicht, daß er keine Fragen einer äußeren Berechtigung oder Bestätigung seines Wesens stellte.

Kafka verfolgte jede Einzelheit, jede kleine Veränderung in dem Zustand des »Tschechen«, wie in Vorahnung seines späteren ähnlichen Leidens. Er litt zusehends durch Miterleben die Qualen dieses Mannes. Häufig konnte er es nicht über sich bringen, ihn zu besuchen; er hatte aber nicht die Kraft, sich nicht zu erkundigen, und bat entweder Glauber (den »Zahntechniker«) oder Klopstock, den »Tschechen« zu besuchen.

Der Medizinstudent
Robert Klopstock 1924

Als bei Kafka Jahre später, im Dezember 1923 in Berlin, eines Abends eine leichte Heiserkeit auftrat, fand ihn Klopstock in einer für ihn ungewöhnlichen Erregung vor. Kafka empfing ihn mit dem Ausruf: »Nie habe ich auf Sie so gewartet. Es ist abscheulich von mir, mich so auszudrücken, weil ich eigentlich nicht auf Sie gewartet habe, sondern nur darauf, daß Sie mir den Namen des ›Tschechen‹, der sich umgebracht hat, sagen. Ich quäle mich den ganzen Tag, mich an seinen Namen zu erinnern. Ich beginne ihn zu verstehen.«

Obwohl damals, inmitten eines kalten Winters, eine kaum hörbare Heiserkeit kein Grund zur Beunruhigung war – Kafka hatte die Gewißheit. Niemand konnte ihn beruhigen, und wenn man es versuchte, lächelte er eher mit den Augen denn mit den Lippen.

Die Heiserkeit verschwand für Tage, dann trat sie wieder auf.

Eines Tages sagte er: »Ich habe eine Untersuchung über das tierische Piepsen begonnen.«[85]

Als Kafka zwei Wochen vor seinem Tode die Fahnen der Novelle ›Josefine, die Sängerin‹ korrigierte, konnte er kaum einen Laut hervorbringen; auf einem Gesprächsblatt notierte er für Klopstock: »Nicht wahr, ich habe noch rechtzeitig die Untersuchung des tierischen Piepsens unternommen.«

Zwei Abende mit Franz Kafka

ERINNERUNGEN VON FRED BÉRENCE

Es war an einem Winterabend in Prag, zwei oder drei Jahre vor seinem Tod. In einem kleinen Saal im Stadtzentrum rezitierte die Frau von Rudolf Fuchs Werke ihres Mannes und junger deutsch-jüdischer Dichter aus Prag: Otto Pick, Franz Werfel, Ernst Weiß, Franz Kafka und noch anderer, deren Namen ich vergessen habe.[86] Einige Tage zuvor hatte ich eine Erzählung von Franz Kafka, ›Der Heizer‹, gelesen, deren symbolischer Realismus mich berührt und zugleich neugierig gemacht hatte.

Gegen Ende des Abends – es waren nur etwa fünfzig Personen anwesend – stellte mich Otto Pick Franz Kafka vor. Keine der Photographien von ihm kann den bescheidenen Charme dieses Mannes wiedergeben. Er war groß, gut gewachsen, sehr dunkelhaarig, äußerst gut gekleidet; er machte einen sportlichen Eindruck. Ich erinnere mich an zwei dunkle Augen, die aus einem blassen Antlitz derartig leuchteten, daß ich darin goldene Flitter tanzen zu sehen glaubte. Seine scheinbar erloschene Stimme wurde im Laufe des Gesprächs immer lebhafter, wurde warm, volltönend und farbig.

Wir folgten der Gruppe von Schriftstellern, die Frau Fuchs begleitete. Auf der dunklen Straße gingen Kafka und ich nebeneinander. Wir sprachen über die Gedichte von Rudolf Fuchs, die weit davon entfernt waren, die ihnen gebührende Beachtung zu finden. Ich vermied es, mit Kafka über seine eigenen Dichtungen oder über die Erzählung, die ich gelesen hatte, zu sprechen. Vielleicht weil ich mir wünschte, daß der Schwung, mit dem wir uns aufeinander zu bewegten, auch zu einem äußeren Einverständnis führen würde. In meiner Erinnerung suche ich vergeblich die Worte, die wir möglicherweise zehn Minuten lang ausgetauscht haben. Vor mir aber sehe ich noch seine leicht zu mir gebeugte Gestalt und die bunten Laternen des Wenzelsplatzes.

Die Gruppe hielt, um auf uns zu warten. Ohne es zu merken, waren wir zurückgeblieben. Einige Augenpaare blickten Kafka an, bereit »Auf Wiedersehen« zu sagen. Vor der Tür des Café Edison fragte Otto Pick: »Kommen Sie mit uns, Kafka?« Dem Klang seiner Stimme konnte man aber entnehmen, daß er aus reiner Höflichkeit fragte. Kafka wandte sich mir mit fragender Miene zu. Da ich bejahend antwortete, gab er mit dem Kinn ein Zeichen: wir folgen!

Im Café setzte sich der Autor von ›Das Schloß‹ neben mich und trotz des Lärms konnten wir unser Gespräch fortsetzen, ohne uns viel um die Gesellschaft, in der wir uns befanden, zu kümmern. Als er gerade eine Bewegung mit seinen feingliedrigen Händen andeutete, erinnerte ich mich plötzlich daran, daß Kafka noch vor kurzem bei einem tschechischen Gärtner gearbeitet hatte, und ich sah ihn an der ihm eigentlich angemessenen Stelle: mitten unter großen Chrysanthemen und roten Dahlien, über die er sich mit liebevoller Fürsorge beugte.

In diesem Augenblick sagte ich ihm, daß ich ›Der Heizer‹ gelesen hätte und teilte ihm unbeholfen meine Bewunderung mit. Ich fügte hinzu, wie empfänglich ich für das ans Absurde grenzende Gefühl der Einsamkeit und der Leere wäre, das aus seiner Erzählung hervorträte. Da er mir aufmerksam zuhörte, und ich in seinem Blick einen leuchtenden goldbraunen Schimmer sah, fragte ich: »Ist ›Der Heizer‹ eigentlich nur ein Fragment? Wird denn die Hauptfigur der Erzählung den Grund ihrer Vereinzelung nicht herausfinden?«

Ohne daß wir es gemerkt hatten, hörten mehrere unserer Begleiter unserem Gespräch zu. Die Gattin eines »Dichterlings«, die sich neben Kafka gesetzt hatte, fuhr mich, ohne seine Antwort abzuwarten, an und erklärte mir, ich hätte die mit Einleitung und Schluß perfekt gestaltete Erzählung mißverstanden. Die mit langen schwarzen Wimpern gesäumten Augenlider Kafkas senkten sich und verbargen das Aufblitzen in seinen plötzlich sehr hell gewordenen Augen. Um die Mundwinkel zeichnete sich ein leicht schalkhaftes Lächeln ab, und erst in diesem Moment sah ich, daß seine dunklen Augen blau waren.

Nachdem mir die anmaßende Interpretin der Gedankenwelt Kafkas meinen Mangel an Scharfsinn bewiesen hatte, wandte sie sich Kafka zu, seine Billigung suchend. Aber Kafka antwortete in wenig freundlichem Ton: »Der Fremde hat recht!«

Warum benutzte er gerade dieses in vielen seiner Werke auf-

Das Café Edison am Wenzelsplatz

tauchende Wort? Machte er eine Anspielung auf einen von der jungen Frau benutzten Ausdruck für mich, den in Prag Fremden? Wahrscheinlich war es so, aber die Bezeichnung »Fremder«, die in so vielen Sprachen der Erde oft wie eine Beleidigung klingt, wurde im Munde des Dichters zu einer zwischen ihm und mir geschlagenen Brücke.

Die Gattin des »Dichterlings« errötete und ich hatte den Eindruck, daß er sie dabei beobachtete. Dieser Eindruck verstärkte sich noch, als ich bemerkte, daß sein Blick für einen kurzen Augenblick auf den stets ein wenig sarkastischen Gesichtszügen von Ernst Weiß verweilte, der gleichmütig wie ein Buddha dasaß. Dann beugte er sich zu mir, und seine Antwort auf meine Frage klang wie ein Geständnis: »Alles Leben ist nur Fragment.«

In all dem Qualm und Lärm sah ich ihn erneut zwischen Chrysanthemen und Dahlien, und ich verstand sogleich die Lehre, die ihm die geliebten Blumen vermittelt hatten: das von uns wahrgenommene Leben ist nur ein Fragment.

Es schlug elf oder Mitternacht, ich weiß es nicht mehr. Überrascht blickte Kafka auf seine Uhr, streckte mir die Hand zu einem herzlichen Handschlag entgegen, begleitet von einem Lächeln, das sein Gesicht verklärte, stand auf und ging. Die ganze Gesellschaft folgte seinem Beispiel.

In dem darauffolgenden Durcheinander fand ich mich auf dem Bürgersteig neben der Gattin des »Dichterlings« wieder.

»Nun«, sagte sie mit einer Stimme, die den zuvor begangenen Fauxpas zu entschuldigen suchte, »Sie können stolz sein, nur Ihretwegen ist Kafka in ein Café gegangen!« Und da ich sie erstaunt ansah, fügte sie hinzu: »Er besucht sonst niemals eins, er geht sehr früh schlafen; wissen Sie denn nicht, daß er Tuberkulose hat?«

So etwas wurde behauptet, aber konnte man denn ahnen, daß dieser schöne Mann, der jünger aussah als er war, tödlich erkrankt war? Ich verließ Prag; als ich später wieder zurückkehrte, erfuhr ich, daß Kafka nun in Berlin lebte.

Ein oder zwei Jahre später, ich kann mich nicht mehr genau erinnern, las in einem kleinen Konzertsaal ein bekannter Schauspieler vor einem aufgeschlossenen Publikum, der deutsch-jüdischen Elite Prags, Dichtungen moderner Autoren, unter anderem auch von Franz Kafka.[87]

Der Autor selbst war anwesend, sehr abgemagert, mit fiebrigen Augen, bewegender und viel gegenwärtiger als in meiner Erinnerung. Er wurde von einer Frau begleitet, die die Neugier der Anwesenden weckte. Man tuschelte, es sei seine Frau. Ich saß vier oder fünf Reihen hinter ihnen und beobachtete sie. Sie war dunkelhaarig und fast so groß wie er, von einer unaufdringlichen Schönheit und vornehmer Natürlichkeit. Eine gewisse Ähnlichkeit brachte mich auf den Gedanken, es könnte seine Schwester sein. Kafka stand und führte mit ruhiger Nonchalance eine Unterhaltung, bis er durch den Auftritt des Schauspielers unterbrochen wurde. Mir schien, daß er sich an seine Gefährtin schmiegte, zumindest haben sich ihre Schultern leicht berührt.

Gegen Ende des Abends las der Schauspieler eine seltsame Dichtung von Kafka. Ein Greis, Vater zahlreicher Kinder, zählt die guten und schlechten Eigenschaften seiner Söhne auf. Da es sich um allgemein verbreitete Eigenschaften handelte, stellten sich die Zuhörer die Frage, ob der Greis nicht etwa Gottvater sei?

Irgendjemand hinter mir nutzte den Beifall, der auf die Dichtung folgte, und sagte halblaut: »Das ist abgeschmackt.« Mit einer impulsiven Bewegung drehte ich mich um und sah die Gattin des »Dichterlings«. »Es mag verwirrend sein, aber es ist nicht abgeschmackt!« erwiderte ich heftig.

Zum Glück begann der Schauspieler in diesem Moment, eine andere Dichtung vorzutragen, deren Titel und Inhalt ich aber vergessen habe.

Nach der Veranstaltung wurden die anwesenden Dichter von Bewunderern umringt. Kafka, zwischen Sitzreihen und Komplimenten gefangen, schien sich von soviel Interesse nicht täuschen zu lassen. Ihm war offenbar klar, daß Neugier eine viel stärkere Triebfeder ist als Bewunderung, und daß viele sich nur vergewissern wollten, ob er tatsächlich verheiratet war. Ein erschöpftes Lächeln glitt über seine zwar angespannten, aber von einem inneren Glück leuchtenden Züge. Angesichts all der Aufdringlichkeit enthielt ich mich, ihn zu beglückwünschen und mir seine »Frau« vorstellen zu lassen.

Beim Verlassen des Saales ging ich davon aus, er sei geheilt und glücklich, und ich beschloß, ihm eine Karte zu schicken, um ihm meine Freude darüber mitzuteilen. Ich tat es nicht sofort, und am nächsten Tag fand ich die Worte nicht mehr, die ich für angebracht gehalten hatte.

Rudolf Fuchs belehrte mich eines Besseren: der Vater der jungen Dame stellte sich einer Heirat entgegen, und Kafka ginge es äußerst schlecht, er befände sich in einem Wiener Sanatorium.

Einige Wochen später – im Juni 1924 – traf ich auf der Straße die Gattin des »Dichterlings«, die mich anhielt und mir ins Gesicht hinein sagte: »Wissen Sie, daß Ihr Freund Kafka gestorben ist? Mein Mann hat es gerade eben erfahren; er wird gewiß einen sehr schönen Artikel für seine Zeitung schreiben.«

Letzte Begegnung mit Franz Kafka

ERINNERUNGEN VON ALFRED WOLFENSTEIN

Ein Zusammensein, das sich nicht mehr wiederholen kann, wird uns immer in einem besonderen Lichte gegenwärtig bleiben, zum ewigen Ausgleich der Vergangenheit, – ja, es wirkt wie die Totenmaske, die uns ein reineres und stärkeres Antlitz übermittelt als eine Photographie zu Lebzeiten. Wenn die erste Begegnung mit einem Menschen oft vorurteilsvolle Eindrücke hinterläßt, so tilgt die letzte Begegnung alle Schlacken, für das Auge des Zurückschauenden. Heute leben wir auch mehr als je zuvor in dieser Sphäre der Abschiede, die Zeit steht unaufhörlich an einem Ende, und wir sind so sehr auf Trennung und Abschluß gefaßt, daß wir unter der Spannung des tödlichen Risikos bei jedem größeren Auseinandergehen den uns teuren Menschen schärfer ins Auge und ins Herz fassen. Danach erscheint er uns nicht nur verklärter, sondern auch wirklich klarer.

Prag, das dunkel-schöne Märchen einer Stadt in der Mitte Europas, ist noch immer ein sehr tief passender Geburtsort für Dichter. Zwei gewissermaßen absolute Poeten sind hier geboren, Rainer Maria Rilke, der sehr Katholische, und Franz Kafka, der ganz Jüdische. Vom gotischen Veitsdom in den Mauern der in den Himmel getürmten Burg des Hradschin, von der barocken Schönheit der Kleinseite kam ich zur Altstadt herab. Kafka wohnte dort in einem jener Prager Bauten, in denen man mit jeder Treppenstufe nicht hinauf, sondern immer tiefer wie in eine Unterwelt hinunterzusteigen glaubt. Das Zimmer, in das ich trat, war kühl und mit vielen Schatten erfüllt. Aus der Ecke, in der er in fast völliger Finsternis geschrieben oder gelesen hatte, erhob sich die lange schmale Gestalt des Dichters, und an seiner Begrüßung merkte ich, daß er meinen Namen nicht verstanden hatte. So sprach er während der ersten halben Stunde mit einem unbekannten Besucher; gewiß ergaben sich alltäglich solche symbolhaften Situationen für diesen Darsteller jeder Fremdheit und Verlorenheit unter den Menschen. Er sprach mit einem knabenhaften Charme und zeitloser Weisheit; die etwas heisere

Stimme hatte den gleichen einfachen und immer bedeutsamen Tonfall seiner Schriften. Ich ließ den Zauber gerade dieser Mischung auf mich wirken: die Hintergründigkeit eines wahren Dichters und die Liebenswürdigkeit eines wahren Menschen. Seine Figur erschien im Lichte des Fensters noch dünner, – ein unendlich üppiger Geist wohnte darin, – ich dachte an seine knappen Erzählungen und an die uferlos hinfließenden großen Romane, an die feinen und vollen Figuren, wo in einer sonderbaren Josefine unter dem Mäusevolk das Geheimnis der Kunstverehrung oder in einem Türsteher vor dem Gesetz die Problematik der Gerechtigkeit Gestalt gewinnt; wo in einen Prozeß alles Schuldbewußtsein des Menschen hineinblickt oder die Unendlichkeit selbst von einem hohen Schlosse aus mit einem Dorfe in Verbindung tritt.[88] Die Spitzen der Theinkirche standen vor uns im Fenster, die ornamentreichen Häusergiebel des Altstädter Rings schweiften sich um seine Schultern, das bleiche sanft-scharfe Gesicht des Dichters schwebte im letzten Licht, mit seltsam spitzen ausgespannten Ohren, so als hingen unter seinem Haar ein Paar Fledermäuse. Jener junge Mensch, der sich, aus übergewaltigem Schuldbewußtsein, beim Erwachen in seinem Bett in ein Ungeziefer verwandelt glaubt; jener Bankbeamte, der begeistert von der schönen Inschrift auf seinem eignen Grabstein träumt; jene das Publikum und besonders ihren Dichter selbst hinreißende Zirkusreiterin, schwebend über allen Bedrückungen der Welt: sie waren aus diesem Raume hervorgegangen, und bei den Schrecknissen seiner ›Strafkolonie‹ hatte er zu dem Rathausaltan drüben hinausgeschaut, auf dem einst die kaiserlichen Notabeln jenem großen Tage der Folterungen und Hinrichtungen vor dem dreißigjährigen Kriege beiwohnten (einer der Herren verließ die Tribüne nur für den Augenblick, in dem sein Bruder dem blutigen Spuk zum Opfer fallen sollte). Aus Prags ruheloser Geschichte, vermischt mit der ruheloseren Geschichte des eignen jüdischen Volkes, aus Prags bleibend dunklem Stadtbild, dunkler durch das starrste Ghetto Europas, das in den Seelen noch steht, mag es auch in »Wirklichkeit« rings um die älteste Synagoge und das Grab des hohen Rabbi Löw scheinbar abgerissen sein, – aus den schmerzhaften Überschneidungen europäischer und jüdischer Geheimnisse an diesem seltsa-

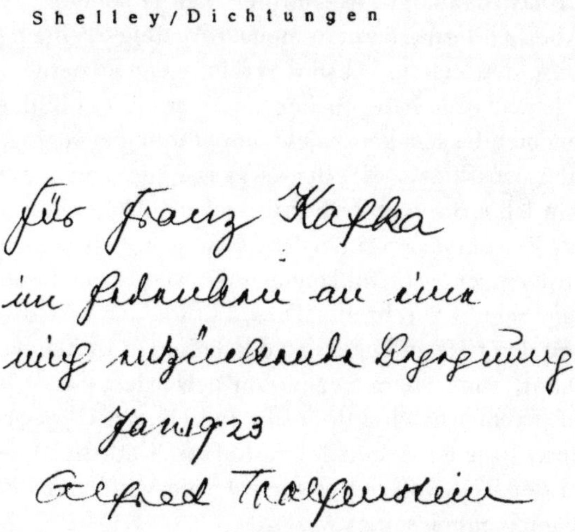
Shelley/Dichtungen

für Franz Kafka
im Gedenken an eine
mich entzückende Begegnung
Jan. 1923
Alfred Wolfenstein

Widmung Alfred Wolfensteins in dem Band mit seinen Übertragungen der ›Dichtungen‹ Shelleys (Berlin 1922)

men Ort erklärten sich viele seiner Gestalten und Gedanken. Unser Gespräch sprang jetzt durch Literatur und Leben zu einem anderen Menschen und Dichter, dessen gleichfalls melancholisch-humanes Werk ich soeben neu übertragen hatte, Shelley. Dabei verdeutlichte sich offenbar auch der Klang meines Namens nachträglich in seinem Ohr, und als ich mich nun verabschiedete, gab es einen Augenblick desto herzlicherer Nähe. Ich wartete noch, bis ein schrecklicher Hustenanfall vorüber war, dann sah ich die Gestalt des Dichters in dem ganz dunkel gewordenen Zimmer sich verlieren. Als ich unten durch die engen Straßen zurückging, bemerkte ich, daß mir jemand von Kafkas Hause her folgte. Er blieb stehen, wenn ich vor einem Schaufenster haltmachte, er beschleunigte seinen Schritt mit dem meinen, und als er hinter mir auch die Treppe zu einem Café hinaufstieg und neben mir im Zeitungswinkel stehenblieb, sagte er auf meinen verwunderten Blick leise: »Sie lieben Franz Kafka auch?« Das Rätsel löste sich zwar, indem er auf das Buch in meiner Hand wies, Kafkas ›Landarzt‹, das mir der Dichter soeben geschenkt hatte. Aber ich lernte dann in meinem Verfolger, einem jungen Studenten, den erstaunlichsten Verehrer eines Poeten kennen, den ich je getroffen habe. Später sandte er mir ein Bild, ein von Geist leuchtendes Knabengesicht, mit Ohren gleich ausgespannten Fledermausflügeln –: Franz Kafka war kurz zuvor gestorben.

In ihm lebte das wunderbarste seelenvollste Schuldbewußtsein: das Bewußtsein von der Unvollkommenheit der Welt und des Menschen, einer Unvollkommenheit, an der der Mensch sich selbst die Schuld zuschreibt. Dieses Ethos der Verantwortung gehört zu den tiefsten Tugenden des Juden; es ist heute und für die Zukunft von neuem bedeutsam geworden. Seine humane Tendenz offenbart sich, in reinster Sprache des Gewissens und der Kunst, in jeder Arbeit Franz Kafkas. Und die Unvollkommenheit der Welt, von der er spricht, überwindet er bereits in der Vollkommenheit seines Werks.

Ich war Kafkas Hebräischlehrerin

AUS EINEM INTERVIEW MIT PUAH MENCZEL-BEN-TOVIM

Nach meinem Studium in Jerusalem bin ich auf Anraten Hugo Bergmanns nach Prag gegangen, um dort weiterzustudieren. Dort schlug mir Brody, der Rabbiner der Großsynagoge, vor, das in Palästina gesprochene Hebräisch ehrenamtlich zu unterrichten. Ich wohnte bei Hugo Bergmanns Mutter. Einer seiner Schulfreunde wohnte zwei Straßen weiter. Es war Franz Kafka, aber damals sagte mir dieser Name nichts, denn er hatte so gut wie nichts veröffentlicht und seine Schriften einem anderen Jugendkameraden, nämlich Max Brod, anvertraut. Eines Tages erfuhr ich, daß Kafkas Mutter es gerne sehen würde, wenn ich ihrem Sohn, der wegen seines Gesundheitszustandes seine Stelle hatte aufgeben müssen,[89] Hebräischunterricht erteilte.

Wir begannen, und mit gewissem Erstaunen bemerkte ich, daß er sich bereits mit Hilfe der ›Sfat Amenou‹ (›Die Sprache unseres Volkes‹) genannten Sprachlehre bemüht hatte, das Hebräische zu erlernen. Tatsächlich hatte er damit bereits 1917 angefangen, als die Tuberkulose bei ihm ausbrach. Auch hat er versucht, sich die »Sprache seiner Ahnen« zusammen mit zionistischen Freunden zu erschließen. Und später hat er Doktor Thieberger aus Prag vorgeschlagen, ihm Unterricht zu erteilen; aber Thieberger beherrschte nur das biblische Hebräisch und nicht jenes, das in Palästina im Begriff stand, wieder eine lebendige Sprache zu werden.

Kafka sah schwach aus, so schwach. Zu seiner Krankheit gesellten sich noch die Schwierigkeiten, die er mit Frauen gehabt hatte. Nach und nach erfuhr ich darüber manche Einzelheit. Er war sehr zurückhaltend, sehr höflich und hatte keinerlei Bedenken, mir ein Kompliment über einen neuen Rock oder über mein gutes Aussehen zu machen. Bisweilen, während wir lachten, legte er plötzlich die Hand auf seine Brust und lehnte sich, von heftigem Schmerz befallen, zurück. Ich wußte von seiner Krankheit und sorgte mich nicht übermäßig. Seine Mutter war dagegen sehr besorgt; mehrmals während einer Unterrichtsstunde blickte sie zur Tür herein, um zu sehen, ob es ihrem Sohn gutginge.

Puah Ben-Tovim

Zwischen uns habe ich keinerlei erotische Spannung verspürt. Er fühlte sich unstreitig von mir angezogen, aber eher von einem Ideal als von dem realen Mädchen, das ich war, und zwar von dem Bild des fernen Jerusalem, über das er mich unentwegt ausfragte und wohin er mich bei meiner Rückkehr begleiten wollte. Er hing an mir, weil ich der erste »hebräisch sprechende Vogel« war, der aus Palästina kam, weil ich eine Vertreterin jener Juden war, die nicht mehr in Angst vor Pogromen und Demütigungen leben mußten. Später gestand er mir, es sei vor allem die von mir ausgestrahlte Zuversicht gewesen, die ihn angezogen habe. Als ich mich entschloß, nach Berlin zu gehen und ihm erzählte, wie sehr meine Eltern diese Reise mißbilligten, drückte er sein Verständnis in einem Brief aus, wohl dem einzigen von ihm in Hebräisch geschriebenen. Der Wunsch, mit mir nach Jerusalem zurückzukehren, bestand trotz der Schwere seines Leidens noch immer.

Zwischen 1917 und 1923 begann Kafka, sich allmählich seines Judentums bewußt zu werden. Zunächst hatte er die jüdischen Riten immer mit einem gewissen Zynismus betrachtet, wohl, weil er sie kaum kannte. Die Anregungen durch das jiddische Theater, die Gespräche mit seinen zahlreichen zionistischen Freunden und der Entschluß, Hebräisch zu lernen, haben dann sein Bewußtsein für seine jüdische Identität geweckt und unterstützt. Später, in Berlin, wollte er noch mehr über sein Volk erfahren und hat Kurse der Hochschule für die Wissenschaft des Judentums besucht. Natürlich empfand er wie jeder europäische kultivierte Jude jener Zeit den Zwiespalt zwischen dem Ruf Palästinas und dem Reiz, den das Leben in der Diaspora darstellte. Ich glaube auch, daß er sich von Dora Diamant zu einem großen

Teil deshalb so sehr angezogen fühlte, weil sie aus einer ultrakonservativen chassidischen Familie kam. Er wollte alles über das Leben der Pioniere in Palästina wissen, er wollte sich mit landwirtschaftlichen Dingen vertraut machen, denn er redete davon, daß auch er auf dem Feld arbeiten wollte. Das Hebräischstudium bot ihm die Möglichkeit zu einer zumindest symbolischen Verbindung mit Palästina, denn die reale war ihm wegen seiner körperlichen Schwäche und wegen seiner widersprüchlichen Persönlichkeit versagt.

Ich lebte schon in Berlin, als Kafka mich in Eberswalde in einem Sommerferienlager, in dem ich arbeitete, besuchen wollte. Aber wegen seiner Krankheit mußte er unterwegs die Reise abbrechen. In einem anderen Ferienlager, in Müritz, hat er dann zufällig Dora kennengelernt. Ich habe sie beide dann in Berlin getroffen, wo sie wegen der Feindseligkeit, welche die Nachbarschaft diesem seltsamen Paar entgegenbrachte, innerhalb von sechs Monaten mehrmals umziehen mußten: Miquelstraße, Grunewaldstraße, Heidestraße. Kafka bat mich, den Hebräischunterricht wiederaufzunehmen, und ich gab ihm fünf oder sechs Stunden. Dann wurde mir klar, daß dies eigentlich auch Dora tun konnte, die die Sprache in Grundzügen gut beherrschte. Im nachhinein glaube ich, ihn enttäuscht zu haben; zunächst, weil ich allein nach Berlin ging, und dann, weil ich unseren Unterricht dort aufgab: Er hatte das Gefühl, den Kontakt mit Palästina zu verlieren.

»Hörst du, Tile, Franz heißt die Kanaille!«

TILE RÖSSLERS BEGEGNUNGEN MIT FRANZ KAFKA

In Berlin war Inflationsvorstimmung, das jüdische Volksheim änderte seinen Status und wurde der J. J. W. B (Der jung-jüdische Wanderbund). Mein Elternhaus wurde immer bedrückender; ich wurde ganz gegen meinen Willen in eine Handelsschule eingetragen, um dort eine kaufmännische Ausbildung zu bekommen, revoltierte aber zum ersten Mal auch nach außen hin, und trat auf eigene Veranlassung in eine Buchhandlung als Lehrmädchen ein. In diese Zeit fällt meine Begegnung mit Franz Kafka.

Wir hatten vom Bund aus eine Sommerferienkolonie in Müritz an der Ostsee, deren Wirtschaftsleiterin Dora Diamant war, mit der ich ein kleines Zimmerchen teilte. Auf einem meiner Spaziergänge am Strand entdeckte ich eine Sandbucht mit aus Tannenzapfen ausgelegten Buchstaben: F. K.

Die Buchstaben waren so schlank und rank gelegt, und neugierig, wie nur ein junges Mädchen sein kann, blickte ich ganz

Im Vordergrund in der Mitte »Haus Glückauf«,
Kafkas Hotel, hinten rechts am Waldrand
das Gebäude der Ferienkolonie des J. J. W. B.

schnell in den Strandkorb und sah dort einen langen, schlanken, dunklen, zarten Mann sitzen. Bevor ich entdeckt wurde, ging ich schnell weiter und stieß auf eine Gruppe unserer *Chawerim* aus dem Bund. Aufgeregt erzählten sie mir, daß der Dichter Franz Kafka hier seine Burg hätte und ob ich wohl mitkommen möchte, um ihn vom Strand aus zu beobachten.

Meine Ehrfurcht vor einem Dichter war zu groß, um ihn anzuglotzen, und ich war stolz, daß ich eines seiner kleinen Bücher bereits gelesen hatte. Es war ›Der Heizer‹, ein Fragment aus dem Amerika-Buch, den wir in unserer Buchhandlung führten.

Ich ging also nicht mit, aber nun wußte ich, daß F.K. für Franz Kafka stand. Aus den aufgeregten Unterhaltungen meiner Freunde erfuhr ich, daß er in einem riesengroßen Hotel am Strand wohne, daß er krank sei und täglich bei gutem Wetter am Wasser zu finden sei, daß er aber eigentlich immer alleine wäre und scheinbar jede Gesellschaft meide. All dies nahmen meine Ohren zwar auf, bedrückte aber damals noch nicht mein Herz, da ich ihn ja nicht kannte.

Aber dieses Kennenlernen ließ nicht lange auf sich warten.

Vom Bund aus wurde eine Freilichtaufführung als Abschiedsfest für einen unserer Führer geplant. Unter unseren Mädchen war auch eine professionelle Schauspielstudentin der Reinhardt-Schule, die selbstverständlich die Hauptrolle erhielt. Aber zwei Tage vor der Aufführung äußerte der Regisseur seinen Mißmut über ihre Leistung und fragte mich, ob ich die Rolle eines Geistes in so kurzer Zeit übernehmen könnte. Glücklich, ja überglücklich nahm ich an.

Der Abend kam, ich spielte meine Rolle und veränderte meine Stimmlage, um geisterhaft zu klingen und das Menschennahe auszuschalten. Ich erreichte auch das Ende meiner Zeilen, hatte aber, quasi als Epilog, noch ein paar Worte an den scheidenden Führer zu richten. Hier aber setzte meine Stimme aus, ein leises Geflüster entrang sich meinen Lippen. Ich glühte vor innerer Erregung, Stolz und Glück, aber auch vor Angst. Jeder Versuch, die Stimme zu erheben, blieb erfolglos.

Außer den vielen Menschen, die im Kreis um die Bühne saßen, stand auch ein Mensch auf seinem Hotelbalkon und verfolgte das Spiel. Da ich unerkenntlich war, erkundigte sich F.K.

»Haus Glückauf«

bei den Freunden des Bundes, wer diese Solorolle gespielt hätte, und bat mich, ihn am Strande in seiner Bucht aufzusuchen, da er mich kennenlernen möchte.

Und nun ging eine andere Tile den Strand entlang, um die schöne Burg mit den Tannenzapfen aufzusuchen. Ich war eingeladen, fühlte mich irgendwie erwachsen und ernstgenommen. So durchschritt ich seine Umzäunung und stand vor ihm. Heiser, ohne ein hörbares Wort herausbringen zu können, blickte ich hinauf in sein schönes Gesicht. Gleich nachdem er begriff, daß ich keine Stimme hatte, flüsterte auch er zu mir.

Dieses war der Beginn unserer Begegnung. Von nun an ging ich täglich in seine Burg, unsere Unterhaltungen wurden immer ernster und tiefer, und ich fand einen ungeahnten Halt an ihm. Wir sprachen über alles, Elternhaus, Träume, Gott, Zionismus, Judentum. Wenn er im Badeanzug dasaß, konnte ich meine Augen nicht von seiner Gestalt lassen. Besonders schön fand ich die unendlich langen zarten Fußzehen, die eigentlich so charaktervoll aussahen wie Hände. Als ob diese Zehen zumindest Klavierspielen könnten, dachte ich. Ich wußte, daß er krank war; ich wußte auch, daß er sehr erwachsen war (40 Jahre alt), und dennoch schien er mir wie ein junger Mann, eigentlich wie ein

Die Rückseite von »Haus Glückauf« mit den Balkonen, von denen der Blick bis zur Ferienkolonie des Jüdischen Volksheims reichte

Junge. Etwas ungeheuer Frisches, Jugendliches strahlte von ihm aus, und so gab es niemals große Distanz zwischen uns.

Die Mädels und Jungens im Heim waren schrecklich neugierig; sie sahen uns ja in Gespräche vertieft, entweder in seinem Korb sitzend oder spazierengehend, und konnten einfach nicht verstehen, was K. an mir so interessant fand. Sie ahnten nicht, daß ich, die ich aus einem ostjüdischen Hause kam, mit der Mutter kämpfte, mit meinem zionistischen Bekenntnis, mit meinen Gottesproblemen, und ihm einerseits so verwandt war, und andererseits sein Wissenwollen so sehr anregte.

Sicher glaubten die *Chawerim* damals, daß ich einfach in ihn verliebt war und er mich wohl nur als Kind ansah. Nur Dora Diamant, mit der ich das Zimmer teilte, und eine kleine Freundin, »Krümel« genannt, wußten über den tiefen Ernst unserer Freundschaft, und denen schüttete ich ja auch mein Herz aus.

Eines Tages stand ich mit Krümel im Laden von Müritz, wo man alles kaufen konnte, vom Hering bis zum Kunstgegenstand. Und dort erblickte ich hoch auf einem Regal eine rubinrote flache Konfektschale. Ich konnte meine Begeisterung nicht zurückhalten. Mit dem Finger in die Richtung zeigend, Krümel dabei mit der freien Hand umarmend, sagte ich: »Gott ist die schön!

Müritz 1923, vor »Haus Glückauf«. Mittlere Reihe von rechts: Marie Wernerová, Elli Hermann; vor ihnen Gerti Hermann und als fünfte von rechts Hana Hermann

Du, nein?« Bevor sie den Mund auftun konnte hörte ich hinter mir eine Stimme: »Ja, wirklich schön, sehr schön!«

Ich drehte mich um und sah F.K., das erste Mal lächelnd, in dieser neuen Umgebung. Nicht am Strand, sondern einfach in einem Laden. Daß auch er in einen Laden zu gehen hätte, war mir nie in den Sinn gekommen, und ich war schrecklich verwirrt. Wir beiden Mädels verließen schnell das Geschäft. Selbstverständlich ohne die rote Schale, wir hatten ja kein Geld für Luxus, und irgendwie schämte ich mich, so laut und so verliebt eine Schale angebetet zu haben. Nie fiel zwischen F.K. und mir ein Wort über diese Sache. Aber ich wußte, daß er auch dieses auf das Konto meiner »Schwärmerei« setzen würde.

Denn einige Tage zuvor war unser Thema »Schauspielkunst«, und ich schilderte ihm meinen Eindruck von Alexander Moissi im ›Lebenden Leichnam‹. Mich hatte seine Rolle zutiefst erschüttert, hatte mir schlaflose Nächte bereitet, führte mich tief in Tagesträume hinein und regte damals schon meinen Wunsch an, auf einer richtigen und echten Bühne als Professionelle zu spielen. Und hier ergoß ich also vor F.K. alle diese Eindrücke, ich versuchte sogar, das merkwürdige N von Moissis Aussprache zu kopieren, und hielt mit meinem Lob nicht zurück. F.K. hörte sich diesen jugendlichen Schwall schweigend an, und als Antwort bekam ich am folgenden Tage eine Tafel Hildebrandt Schokolade mit folgenden Worten darauf:

»Nicht so süß, nicht so bezaubernd, nicht so verführerisch wie M., aber anspruchsloser, fester und nahrhafter.«

Ich wußte sofort, daß M. für Moissi stand und daß F.K. mich für eine Schwärmerin hielt. Und daher war mir die Begeisterung für die rote Schale doppelt unangenehm.

Mit derselben Begeisterung erzählte ich ihm von unseren Freitagabenden im Heim, wie der Saal geschmückt sei, was für ein schöner *Kiddusch*[90] gesungen, wie gut gegessen würde, das Schönste aber von allem, die Lieder oder *Nigunim*, die gesungen würden, und das gesellige Beisammensein bei Spiel und Volkstanz. Ich steckte ihn mit dieser Begeisterung an. Ich lud ihn ein, zu uns ins Heim zu kommen und einen Freitagabend mit uns zu verleben.

Unsere *Chawerim*[91] waren stolz und froh, daß er annahm, und gaben sich besondere Mühe, alles schön zu gestalten. Er aber, Franz, brachte noch am selben Tag einen *Siddur*[92] und fragte mich, welche Seiten oder Gebete wohl gelesen werden würden, denn er wolle noch schnell diese Kapitel gut lesen lernen, damit er nicht auffalle und kein Außenseiter sei.

Der Freitag kam, ich glühte vor Erregung, einen solch hohen Gast eingeladen zu haben, und er wurde auch neben mich hingesetzt. An diesem Abend stellte ich ihm Dora Diamant vor.

Er war wie ein fleißiger Schüler, der seine Lektion gelernt hatte, und verfolgte alle Segenssprüche und das Tischgebet mit tiefem Ernst. Als er sich am Abend vor dem Haus von mir verabschiedete und der Mond sein Gesicht beleuchtete, da war mir danach, seine Hände in den meinen haltend, als müßte ich mich vor ihm verneigen oder knien und seine Hände küssen. Es kam wohl nur ein symbolisches Verneigen heraus, irgendwie hatte ich zu große Hemmungen, diesem Drang nachzugeben.

Von diesem Abend an nahm Dora noch mehr Anteil an allem, was ich von Franz zu erzählen hatte. Sie fand auch ab und zu Zeit, zum Strand mitzugehen, um aus unserer Zweiheit eine Dreiheit zu gestalten.

Inzwischen kam auch Besuch zu Franz, seine Schwester mit zwei Kindern, und unsere Clique im Strandkorb wurde immer größer. Die Zeit meiner Heimkehr näherte sich, und ich bereitete mich innerlich auf den Abschied von Franz vor. Ich kaufte ihm noch ein winzig kleines rundes graublaues Väschen, in das ich Margareten steckte, stellte es ihm aufs Zimmer und fing damals schon an, meinen ersten Brief an ihn zu komponieren.

Gott, ich hatte ihm ja noch soviel zu sagen, soviel zu fragen, aber das Schicksal riß uns auseinander. So nahte jener Tag des Abschiednehmens.

Schon am Morgen weinte der Himmel, die Wolken waren schwarz, das Meer raste und tobte, und Franz kam selbstverständlich nicht zum Strand. Ich zog meinen Regenmantel an und ging in das große Hotel am Meer. Es war an einem Sonntag, ein Musiker saß versunken am Klavier und spielte ausgezeichnet Griegs ›Ases Tod‹. Meine Stimmung, der Regen und diese Musik lösten viele Tränen in mir, da aber meine Regenkappe tropfte, merkte es der Hoteldiener, der mich nach meinem Wunsche fragte, nicht.

So saß ich da und sagte mir: »Tile, das ist das letzte Mal, daß du ihn siehst, was, um Gottes Willen, sollst du ihm noch sagen, wie das alles überleben? Oder sollst du einfach streiken und erklären, daß du nicht nach Hause fährst?«

All dieses und die Tränen und der Grieg wurden plötzlich von einem großen Jungen unterbrochen, der die Treppe mit einem leuchtend wissenden Gesicht herunterkam. Kaum, daß er mich begrüßt hatte, schlug er sich an die Stirne und bat um Verzeihung, er hätte etwas vergessen. Nach ganz wenigen Minuten erschien wieder seine Gestalt, einen riesengroßen Karton in beiden Händen tragend. Mein Herz pochte stark, denn ich ahnte! Und er, das große Kind, übergab mir den Karton und ließ mich nachsehen, was in ihm sei.

Die Verpackung wurde immer kleiner, sie war wie eine Zwiebel, Schicht um Schicht von Papier hatte ich zu entfernen, was ihm einen Riesenspaß machte. Inzwischen konnten meine Tränen trocknen, und jede neue Art der Verpackung holte ein Lachen von uns beiden hervor. Und jetzt kam der Schluß; das Paket war schon ganz klein, mein Herz klopfte lauter und stärker, weil ich es wußte und nicht nur fühlte, daß die Rubinschale dort eingepackt war. Nun hielt ich sie in der Hand. Sogar beim Niederschreiben dieses Erlebnisses, nach so vielen Jahren, weinen meine Augen und mein Herz, wenn ich an diese Minuten denke. Und Franz sagte in jenem Moment:

»Tile, du weißt, wenn eine Braut unter der *Chuppah* steht, hat sie ein Glas kaputtzutreten, und dieses rote Glas, Tile, wirst du zertreten, wenn du unter der *Chuppah* stehen wirst.« Da konnte ich meine Tränen nicht mehr zurückhalten und ließ sie einfach übers Gesicht laufen. Dann brachte mich Franz noch zum Hotelausgang, bis an die Glastüre. Der Wind schrie wie in Verzweiflung, und Franz küßte mich auf die Stirn.

Wie ich damals ins Heim zurückgekommen bin, weiß ich einfach nicht, ein völliges »Blackout« verdeckt mir diesen Abend.

Am nächsten Morgen in aller Frühe ging mein Zug nach Berlin. Tatsächlich schrieb ich schon in der Bahn meinen ersten Brief an Franz. Ich war wohl gänzlich verwirrt, hatte nur die zwei Extreme vor mir: Als erwachsener Mensch neben Franz zu sein, geehrt, aufrecht, erhaben, oder quasi als »Aschenputtel« ins Haus zurückzukehren. Aber es gab keinen anderen Ausweg, und so stellte ich mir vor, wie es wohl sein würde, wenn ich Briefe von Franz bekäme, und ich wußte auch schon den Platz für die rote Schale. Auf dem schwarzen Klavier, ja dort, zusammen mit Musik, dort war ihr Platz. Kaum in Berlin angekommen, schrieb ich den zweiten Brief, und es dauerte nicht lange, so kam eine Antwort von Franz. Wie oft ich diesen Brief las, ist »legendär«. Ich kannte ihn einfach auswendig.

Hier ist er:[93]

Meine liebe Tile,

die Post hat Deine Briefe verwirrt, der zweite kam am Mittag, der erste nachher am Abend. Den Abendbrief bekam ich am Strand, Dora war dabei. Wir hatten gerade ein wenig Hebräisch gelesen. Es war der erste sonnige Nachmittag seit langer Zeit und wohl für lange Zeit. Die Kinder lärmten, ich konnte nicht in meinen Strandkorb gehen, weil dort der Schwager eine vom Fußballspiel verletzte Zehe behandelte. So stand ich also und las Deinen Brief, während Felix über mich hinweg, um mich herum, durch mich hindurch mit Steinen einen Pfahl zu treffen versuchte, der hinter mir stand.

Doch hatte ich Ruhe, Deinen Brief zu lesen, mich zu freuen, daß Dir nach uns bange ist, aber auch froh zu sein, daß Du wenigstens nach meinem augenblicklichen Gefühl durch das Wegfahren bei weitem nicht soviel verloren hast, wie Du glaubst. Es gefällt mir nicht mehr so gut hier wie früher, ich weiß nicht ganz genau, ob daran nur meine persönliche Müdigkeit, die Schlaflosigkeit und die Kopfschmerzen schuld sind, aber warum war das alles früher geringer? Vielleicht darf ich nicht zu lange an einem Ort bleiben; es gibt Menschen, die sich ein Heimatgefühl nur erwerben können, wenn sie reisen. Es ist ja äußerlich alles, wie es war, die Menschen im Heim sind mir sehr lieb, viel lieber als ich es ihnen zu zeigen imstande bin, und besonders Dora, mit der ich am meisten beisammen bin, ist ein wunderbares Wesen, aber das Heim als solches ist mir nicht mehr so klar wie früher. Eine sichtbare Kleinigkeit hat es mir beschädigt; andere unsichtbare Kleinigkeiten arbeiten daran, es weiter zu beschädigen. Als Gast, als Fremder, als ein müder Gast überdies, habe ich keine Möglichkeit zu sprechen, mir Klarheit zu verschaffen, und so falle ich ab. Bis jetzt war ich an jedem Abend dort, aber heute, trotzdem es der Freitagabend ist, werde ich, wie ich fürchte, nicht hingehen.

So bin ich garnicht sehr unzufrieden damit, daß meine Schwester (ihr Mann ist sie abholen gekommen) nicht erst am 10., sondern schon paar Tage früher wegfährt, und ich werde, weil es bequemer und billiger ist, und vor allem deshalb, weil ich alleine hier nicht bleiben will, mit ihnen fahren. In Berlin werde ich, wenn ich nicht gar zu müde bin, ein oder zwei Tage bleiben und dann sehe ich Dich gewiß, aber auch wenn ich nicht bleiben, sondern gleich nach Marienbad zu meinen Eltern weiterfahren würde (um dann für einen Tag auch nach Karlsbad zu fahren und statt Tile leider nur den Herrn Chef zu sehen) sehen wir einander bald, denn ich hoffe bald wieder nach Berlin zu kommen.

Letzthin hatte ich Besuch hier, eine gute Freundin, die Palästinenserin, von der ich Dir erzählte. Sie kam gleichzeitig mit Frieda Behr, die sie von früher her kannte, und wohnte im

Heim. Der Besuch ging schnell vorüber, sie war kaum einen Tag hier, aber von ihrer Selbstsicherheit, ihrer ruhigen Fröhlichkeit blieb eine Aufmunterung zurück. Du mußt sie einmal in Berlin kennen lernen.

Es ist sehr hübsch, daß Du »Schaale« schreibst, so wie man, glaube ich, »Frage« im Jargon schreibt. Ja, die Schale soll auch eine Frage an Dich sein, nämlich diese: »Du, Tile, wann zerschlägst Du mich endlich?«

Um die Vase, die ich von Dir habe, muß ich manchmal mit Christl kämpfen, der dreijährigen Tochter unseres Wirtes, einer jener kleinen blonden, weißhäutigen, rotwangigen Blumen, wie sie hier in allen Häusern wachsen. Wenn sie zu mir kommt, immer will sie sie haben. Unter dem Vorwand, ein Vogelnest auf meinen Balkon ansehen zu wollen, drängt sie sich ein, kaum aber ist sie beim Tisch, streckt sie schon die Hand nach der Vase; sie macht nicht viele Umstände, erklärt nicht viel, wiederholt nur immer streng: die Vase! die Vase! und besteht auf ihrem guten Recht, denn da ihr die Welt gehört, warum nicht auch die Vase? Und die Vase fürchtet sich wohl vor der grausamen Kinderhand, aber sie muß sich nicht fürchten, ich werde sie immer verteidigen und niemals hergeben.

Grüß bitte alle meine Freunde vom Heim, besonders Bine, der ich schon längst geschrieben hätte, wenn ich nicht den Ehrgeiz hätte, ihr für ihr schönes Hebräisch auch mit Hebräisch, allerdings einem weniger schönen, zu danken, und wenn ich in der Unruhe, in der ich jetzt bin, die Sammlung für die hebräische Kraftanstrengung gefunden hätte.

Auch alle meine Verwandten lassen Dich vielmals grüßen, besonders die Kinder. Als Dein Mittagsbrief kam, entstand ein großer Streit zwischen Felix und Gerti, wer Deinen Brief früher lesen dürfe. Es war schwer zu entscheiden, für Felix sprach sein Alter und die Tatsache, daß er den Brief vom Briefträger gebracht hatte. Gerti führte für sich an, daß sie mit Dir noch besser befreundet gewesen sei als Felix. Leider entschied die Gewalt und Gerti ließ auf die ihr eigentümliche großartige Weise die Unterlippe hängen. –

Hast Du schon Grieg gehört? Das ist eigentlich die letzte ganz deutliche Erinnerung, die ich an Dich habe: wie Klavier gespielt wird, und Du ein wenig gebeugt, ein wenig verregnet dastehst und Dich vor der Musik demütigst. Mögest Du dieser Haltung immer fähig bleiben!

Lebe recht wohl! Dein K.

An die Seite geschrieben:

Und die Stimme? Der Arzt? – Meine Adresse in Prag, wohin ich allerdings erst in etwa 14 Tagen kommen werde, ist: Altstädter Ring No. 6. III. Stock

Mit diesem Briefe im Herzen, mit dem schönen rubinroten Andenken trottete ich mein Leben in Berlin weiter. Die Zeit der Inflation erreichte damals ihren Höhepunkt. Die Buchhandlung, in der ich arbeitete, hatte auch ihre Probleme. Wenn am Abend nach Börsenschluß Bücher verkauft wurden, konnten wir sie am nächsten Morgen nicht mehr zum gleichen Preis nachkaufen. Also beschlossen meine Kollegin Anna und ich, da unser Chef ja im Ausland war, die Buchhandlung bereits am zeitigen Nachmittag zu schließen, und statt Geld in der Kasse lieber Bücher in den Regalen zu haben. So wurde die große Glastüre geschlossen, während wir im Büro unsere Arbeiten beendeten.

An einem Nachmittage, ich arbeitete mit dem Rücken zum Eingang gewandt, hörte ich jemanden ungeduldig an der Türe rütteln. Ich flüsterte Anna zu: »Wir hören nicht, bitte drehe dich nicht um, ein so Ungeduldiger wird morgen auch noch seine Bücher zu neuen Preisen kaufen können.« Das Rumoren an der Türe aber hörte nicht auf. Plötzlich und instinktiv drehte ich mich um, um diesem Störenfried Bescheid zu geben. Da sah ich Franz Kafka hinter der Glastür stehen, der lange Junge mit einem Veilchenstrauß in seinen Händen. Franz in Berlin? Oh Gott, welch eine Überraschung. Ich stürzte wohl zur Türe, vor lauter Erregung blieben mir die Worte weg. Ich bat dann Anna, für mich fertig zu arbeiten und mich frei zu geben.

Franz erzählte, daß er auf dem Wege nach Prag sei, daß er aber vorher diesen Sprung nach Berlin machen wollte und daß er mich heute abend ins Theater ausführen möchte. Es gäbe ›Die Räuber‹ von Schiller, und ob ich Lust hätte, mit ihm zu gehen?

Lust hätte! Ich war wohl an diesem Tage die Glücklichste unter den Menschenkindern. Mir fiel ein, daß unsere Wohnung am frühen Abend leer sei, alle zufällig abwesend, und so schlug ich ihm vor, erst zu mir nach Hause zu fahren, wo ich mich dann für das Theater fein machen würde und wir einen kleinen Imbiß einnehmen könnten. Ach Gott, wie gut, daß die Mutter aus war und ich von allen Fragen und Inquisitionen entbunden war.

Er lächelte, als er die rote Schale auf dem Klavier sah, fragte mich, ob ich ihm vorspielen möchte. Ich war aber viel zu aufgeregt und wechselte schnell mein Kleid.

Und nun saß ich neben Franz in der Untergrundbahn, die ganze Zeit denkend: Ach, wenn Ihr alle wüßtet, wer da neben mir sitzt! Und dann das Deutsche Theater, und bei einer Szene wurde Franz wie ein Kind, er stieß mich an und sagte leise:

»Hörst du, Tile, Franz heißt die Kanaille.«

Nach dem Theater ließ er es sich nicht nehmen, mich nach Hause zu bringen. Ich weiß noch, wie er mich fragte: »Woran denkst du eigentlich abends kurz vor dem Einschlafen? Welche Gedanken hast du gewöhnlich?« Und ich antwortete ihm: »Von Gott, von einem Hadern mit Gott, und manchmal auch von einem Zweifel an seiner Existenz.« Auch an *Erez Israel* dächte ich oft, erzählte ich ihm damals. Vor dem Abschied verriet mir Franz, daß er wohl nach Berlin kommen werde, vielleicht für längere Zeit, und daß Dora Diamant dann seinen Haushalt führen werde. Ich war beglückt und fand die Lösung mit Dora als seiner Wirtschafterin ganz wundervoll. Konnte sie doch so gut kochen! Ich verabschiedete mich also leichteren Herzens mit dem neuen Hoffnungsstrahl im Herzen, Franz in Berlin zu haben.

Eines Tages, es vergingen wohl nur ein paar Wochen, wurde mir, als ich nach Hause kam, mitgeteilt, es wäre ein Telefonanruf für mich gewesen, der Name sei Franz Kafka, er hätte gebeten, sofort anzurufen, sobald ich nach Hause käme. Da meine Eltern annahmen, es sei irgendein geschäftliches Gespräch, wurde ich nicht weiter ausgefragt. Ich eilte zum Telefon und bat um die Nummer. Von der anderen Seite ertönte eine Frauenstimme. Es war Dora. Als ich ohne lange Einleitung nach Franz fragte, sagte sie: »Das ist unmöglich, Franz schläft jetzt, und ich darf ihn nicht stören.« »Aber er hat doch eben hier angerufen und mich gebeten, ihn sofort zu erreichen, das kann doch nicht sein. Dora!«

Und plötzlich hörte ich ein Knacken in der Leitung, hörte seine Stimme, die sagte: »Aber wo, wer schläft denn, Tile, ich bin jetzt in Berlin, schreibe dir bitte die Adresse auf.« Wir verabredeten meinen ersten Besuch in seinem neuen Heim.

Als ich den Hörer anhängte, sah plötzlich die ganze Welt in meinen Augen anders aus. Warum sagte Dora, sie könne ihn nicht rufen, er schlafe, wo er doch ganz wach war und so schnell am Telefon war! Warum nur? Warum wollte sie lügen? Ich ahnte nicht, daß noch andere Dinge hier eine Rolle spielen könnten. Von diesem Augenblick an war meine Stellung Dora gegenüber völlig verändert, und sie besaß nicht mehr mein Vertrauen, das sie in Müritz gehabt hatte.

Am Sonntag also fuhr ich nach Steglitz. Dora öffnete die Türe, es gab eine kurze formelle Begrüßung, und ich öffnete die Türe zu Franz' Zimmer. Dora war niemals während meiner Besuche bei ihm anwesend. Das Zimmer war schön und schlicht, und mein Interesse galt einem holzgeschnitzten japanischen Vogel, ganz dünn, flach und breit (eigentlich wie eine Flunder), der unter der Lampe mitten im Zimmer hing und sich bei der kleinsten Luftschwankung schwebend bewegte. Als Franz sah, wie ich diesen Vogel beobachtete, lächelte er über das ganze Gesicht und sagte: »Ja, natürlich, der Vogel gehört zu dir, du mußt ihn in deinem Zimmer haben, zusammen mit der roten Schale.« Er stieg auf den Tisch, band den Vogel ab und übergab ihn mir. Wieder ein Stück von Franz in meine Welt hinübergerettet!

Diese meine Welt aber sah besonders grausam aus. Der Nervenzustand meiner Mutter mußte sich wohl sehr verschlechtert haben, denn sie hatte keine Kontrolle mehr über sich selbst. Bei irgendeiner Kleinigkeit, weiß Gott, ich wußte nie den wahren Grund, geriet sie so außer sich, daß sie die rote Schale und den Vogel in viele Stücke zerbrach.

Ich wurde krank, lag viel, las viel, und träumte nur von dem Tage, an dem ich wieder aufstehen könnte, um zu Franz zu fahren. Meine Stimmung war schwer und bedrückt, ausgerechnet in ›Schuld und Sühne‹ von Dostojewski vertiefte ich mich damals. In dieser Grauheit hörte ich plötzlich jemanden umständlich nach meinem Namen fragen, und vor mir stand ein Bote. Er kam von Franz und brachte mir ein Geschenk. Es war eine Schachtel

Fürstenberg Konfekt. Mit seiner lieben langen Handschrift waren folgende Worte auf den Karton geschrieben:

> Nicht ihrer Güte wegen schicke ich Dir die Bonbons, sie sind wohl nicht viel wert, aber es sind Zauberbonbons. Du mußt sie gar nicht anrühren, bleib ruhig auf dem Kanapee, leg die offene Schachtel neben Dich, und so weit wie es auch von Steglitz ist, ich werde Dir doch Stück für Stück in den Mund stecken, so, als säße ich neben Dir. Versuch es!

Was für ein Trost das für mich war.

Eines Sonntags wachte ich mit einer unheimlichen Besorgnis in meinem Herzen auf, mit dem vorahnenden Gefühl, daß es Franz sehr schlecht gehe. Ich konnte ja, da ich sonntags frei war, herausfahren und mich überzeugen.

Dora öffnete mir die Türe, sprach aber diesmal mehr als sonst: »Ich kann dich unmöglich zu ihm lassen, es geht Franz sehr schlecht, er hat Fieber, und wir werden ihn wohl nach Österreich in ein Sanatorium bringen müssen. Und außerdem schläft Franz jetzt.« Ich war sofort entschlossen, Franz zu sehen, und sagte ruhig zu ihr: »Ich werde solange warten, bis er aufwacht, es ist ja heute Sonntag, und da habe ich Zeit.« Sie fühlte wohl meine eiserne Entschlossenheit und blieb stumm. Ich setzte mich auf einen Stuhl seiner Türe gegenüber und wartete. Ab und zu ging Dora hinein, leise, es wurde nicht gesprochen. Und ich saß da und fragte mich: »Ist das möglich? Kann es so schlimm um ihn stehen? Ach, lieber Gott, es darf nicht sein!«

Und plötzlich öffnet Dora die Türe, Franz steht in der Mitte des Zimmers, in seinem weinroten Bademantel und sagt ganz leise: »Komm, Tile, heute geht es mir nicht gut, wir fahren auch bald weg, Dora wird dir unsere Adresse mitteilen. Aber zum Abschied möchte ich dir noch etwas mitgeben. Kennst du von Knut Hamsun ›Unter den Herbststernen‹?« Und er entnahm es dem Regal und drückte es mir in die Hand.

Als ich in sein Gesicht aufsah, wußte ich alles! Alles, alles. Daß ich ihn nie wieder sehen würde, daß er dem Tode geweiht war.

Mein Leben mit Franz Kafka

ERINNERUNGEN VON DORA DIAMANT

Ich begegnete Kafka zum ersten Male an der Ostsee, im Sommer 1923. Ich war damals sehr jung, neunzehn Jahre, und arbeitete freiwillig für ein Ferienlager in einem Berliner Volksheim in Müritz bei Stettin[94]. Eines Tages sah ich am Strand eine Familie spielen, Eltern und zwei Kinder. Der Mann fiel mir besonders auf, ich konnte seinen Eindruck nicht loswerden. Ich ging diesen Leuten sogar in die Stadt nach, und später traf ich sie dann wieder. Eines Tages wurde im Volksheim bekanntgegeben, daß Dr. Franz Kafka zum Abendessen kommen würde. Ich hatte zu der Zeit gerade in der Küche zu tun. Als ich von meiner Arbeit aufblickte – der Raum hatte sich verdunkelt, es stand jemand draußen vor dem Fenster – erkannte ich den Herrn vom Strand wieder. Dann trat er ein – ich wußte nicht, daß es Kafka war und daß die Frau, mit der ich ihn am Strande zusammen gesehen hatte, seine Schwester war. Er sagte mit sanfter Stimme: »So zarte Hände, und sie müssen so blutige Arbeit verrichten!« (Kafka war damals Vegetarier.) Abends saßen wir alle auf Bänken an langen Tischen. Ein kleiner Junge stand auf und wurde, als er hinausging, so verlegen, daß er hinfiel. Kafka sagte zu ihm mit vor Bewunderung leuchtenden Augen: »Wie geschickt bist du gefallen und wie geschickt wieder aufgestanden!« Diese Worte schienen mir, als ich später wieder an sie dachte, ausdrücken zu wollen, daß alles zu retten sei – außer Kafka. Kafka war unrettbar.

Er war groß und schlank, hatte eine dunkle Haut und machte große Schritte, so daß ich zuerst glaubte, er müßte ein Halbblut-Indianer sein und nicht ein Europäer. Er schwankte ein wenig, hielt sich aber immer sehr gerade. Nur seinen Kopf ließ er immer leicht nach einer Seite hängen, er hatte die Haltung des Einsamen, der immer eine Beziehung zu etwas außer ihm Liegenden unterhält. Es war nicht eigentlich ein Lauschen, es lag auch etwas sehr Liebevolles darin; ich möchte es als das äußere Zeichen eines Bedürfnisses nach Beziehungen bezeichnen, so als wollte er sagen: »Ich allein bin nichts, erst in Verbindung mit der Außenwelt bin ich etwas.«

Warum machte Kafka auf mich einen so starken Eindruck? Ich kam aus dem Osten, als ein dunkles Geschöpf voller Träume und Vorahnungen, wie aus einem Roman von Dostojewski entsprungen. Ich hatte soviel vom Westen gehört, von seinem Wissen, seiner Klarheit und seinem Lebensstil, und so kam ich nach Deutschland mit einer aufnahmebereiten Seele, und es hat mir viel gegeben. Aber immer wieder hatte ich dabei das Gefühl, daß die Menschen dort irgend etwas brauchten, was ich ihnen geben könnte. Nach der Katastrophe des Krieges erwartete jedermann Rettung vom Osten. Ich aber war aus dem Osten davongelaufen, weil ich glaubte, daß das Licht aus dem Westen käme. Später wurden meine Träume weniger anspruchsvoll: Europa hatte meine Erwartungen enttäuscht, seine Menschen waren im Grunde ihres Herzens ruhelos. Irgend etwas fehlte ihnen. Im Osten wußte man um den Menschen; vielleicht konnte man sich dort nicht so frei in der Gesellschaft bewegen und wußte sich nicht so leicht auszudrücken, aber man wußte um die Einheit von Mensch und Schöpfung. Als ich Kafka das erstemal sah, erfüllte sein Bild sofort meine Vorstellung vom Menschen. Aber auch Kafka wandte sich mir aufmerksam zu, als ob er etwas von mir erwartete.

Das Markanteste an seinem Gesicht waren seine Augen, die offen, mitunter sogar weit geöffnet waren, er mochte reden oder zuhören. Sie starrten nicht erschreckt, wie manchmal von ihm behauptet wurde, eher war ein Ausdruck von Verwunderung in ihnen. Er hatte braune, schüchterne Augen, in denen es aufleuchtete, wenn er sprach. Es erschien in ihnen mitunter ein Funke Humor, der jedoch weniger ironisch als schalkhaft war, so als ob er Dinge wüßte, die andere Leute nicht kennen. Aber der Sinn für Feierlichkeit fehlte ihm vollständig. Er hatte gewöhnlich eine sehr lebendige Art zu reden, und er redete gern. Seine Ausdrucksweise im Gespräch war ebenso bildhaft wie seine Dichtungen. Wenn es ihm besonders gut gelungen war, zu schildern, was ihm vorschwebte, dann erfüllte ihn das anscheinend mit der gleichen Genugtuung, die ein Handwerker bei einer gelungenen Leistung empfindet. Seine Handgelenke waren sehr schlank und seine Finger lang und ätherisch. Diese Finger belebten sich, wenn er eine Geschichte erzählte, und begleiteten gleichsam sprechend seine Worte; er redete nicht so sehr mit den Händen als mit den Fingern. Wir entwarfen oft zum Vergnügen mit unseren Händen Schattenbilder an der Wand, wofür er eine außerordentliche Geschicklichkeit besaß. Kafka war immer heiter. Er spielte gern, er war der geborene Spielkamerad, der immer zu irgendwelchen Späßen aufgelegt ist. Ich glaube nicht, daß Depressionen sein hervorstechendes Merkmal waren. Sie kehrten nicht in regelmäßigen Abständen wieder, und meistens hatten sie einen unmittelbaren Anlaß, der genau festzustellen war. So etwa, wenn er aus der Stadt heimkam; dann war er oft mehr als deprimiert, sein ganzes Wesen revoltierte. Es war in der Inflationszeit. Kafka litt schwer unter den äußeren Lebensbedingungen, doch verfuhr er sehr rigoros mit sich selbst. Er hatte nach seiner Ansicht kein Recht, sich von dem auszunehmen, was um ihn herum geschah. So bedeutete der Weg in die Stadt für ihn immer eine Art Golgatha, worunter er fast körperlich zusammenbrach. Er konnte stundenlang in Schlangen anstehen, und zwar nicht nur, um etwas einzukaufen, sondern einfach aus dem Gefühl heraus: hier floß Märtyrerblut, und deshalb mußte auch seines fließen. So erlebte er die Gemeinschaft mit einem unglücklichen Volk in einer unglücklichen Zeit. Für mich ist das ganz deutlich in dem Grundthema des ›Prozesses‹, wo er K. verurteilt, weil dieser sein Leben nicht zu einer lebenslangen Kreuzigung machen wollte. Leben aber gibt es nur in der »Kreuzigung«, und vor dem obersten Gerichtshof wird niemand freigesprochen. Das ist meine Interpretation. »Wie kann es je anders werden«, sagte er damals zu mir. »Da sind nun Helfferich, Hilferding und Rathenau – aber keine Hilfe und kein Rat!« Es schien ihm, als ob die Menschen die Dinge nicht beim rechten Namen zu nennen wagten und die ganze Tragödie hinter glatten Worten zu verbergen trachteten.

Als wir in Berlin waren, ging Kafka oft in den Steglitzer Park. Ich begleitete ihn manchmal. Eines Tages trafen wir ein kleines Mädchen, das weinte und ganz verzweifelt zu sein schien. Wir sprachen mit dem Mädchen. Franz fragte es nach seinem Kummer, und wir erfuhren, daß es seine Puppe verloren hatte. Sofort erfindet er eine plausible Geschichte, um dieses Verschwinden zu erklären: »Deine Puppe macht nur gerade eine Reise, ich weiß es, sie hat mir einen Brief geschickt.« Das kleine Mädchen ist etwas mißtrauisch: »Hast du ihn bei dir?« »Nein, ich habe ihn zu Haus liegen lassen, aber ich werde ihn dir morgen mitbringen.« Das neugierig gewordene Mädchen hatte seinen Kummer schon halb vergessen, und Franz kehrte sofort nach Hause zurück, um den Brief zu schreiben.

Er machte sich mit all dem Ernst an die Arbeit, als handelte es sich darum, ein Werk zu schaffen. Er war in demselben gespannten Zustand, in dem er sich immer befand, sobald er an seinem Schreibtisch saß, ob er nun einen Brief oder eine Postkarte schrieb. Es war übrigens eine wirkliche Arbeit, die ebenso wesentlich war wie die anderen, weil das Kind um jeden Preis vor der Enttäuschung bewahrt und wirklich zufriedengestellt werden mußte. Die Lüge mußte also durch die Wahrheit der Fiktion in Wahrheit verwandelt werden. Am nächsten Tag trug er den Brief zu dem kleinen Mädchen, das ihn im Park erwartete. Da die Kleine nicht lesen konnte, las er ihr den Brief laut vor. Die Puppe erklärte darin, daß sie genug davon hätte, immer in derselben Familie zu leben, sie drückte den Wunsch nach einer Luftveränderung aus, mit einem Wort, sie wolle sich von dem kleinen Mädchen, das sie sehr gerne hätte, für einige Zeit trennen. Sie versprach, jeden Tag zu schreiben – und Kafka schrieb tatsächlich jeden Tag einen Brief, indem er immer wieder von neuen Abenteuern berichtete, die sich dem besonderen Lebensrhythmus der Puppen entsprechend sehr schnell entwickelten. Nach einigen Tagen hatte das Kind den wirklichen Verlust seines Spielzeugs vergessen und dachte nur noch an die Fiktion, die man ihm als Ersatz dafür angeboten hatte. Franz schrieb jeden Satz des Romans so ausführlich und so humorvoll genau, daß die Situation der Puppe völlig faßbar wurde: die Puppe war gewachsen, zur Schule gegangen, hatte andere Leute kennengelernt. Sie versicherte das Kind immer wieder ihrer Liebe, spielte dabei aber auf die Komplikationen ihres Lebens an, auf andere Pflichten und auf andere Interessen, die ihr im Augenblick nicht gestatteten, das gemeinsame Leben wieder aufzunehmen. Das kleine Mädchen wurde gebeten, darüber nachzudenken, und wurde so auf den unvermeidlichen Verzicht vorbereitet.

Das Spiel dauerte mindestens drei Wochen. Franz hatte eine furchtbare Angst, bei dem Gedanken, wie er es zu Ende führen sollte. Denn dieses Ende mußte ein richtiges Ende sein, das heißt, es mußte der Ordnung ermöglichen, die durch den Verlust des Spielzeugs heraufbeschworene Unordnung abzulösen. Er suchte lange und entschied sich endlich dafür, die Puppe heiraten zu lassen. Er beschrieb zunächst den jungen Mann, die Verlobungsfeier, die Hochzeitsvorbereitungen, dann in allen Einzelheiten das Haus der Jungverheirateten: »Du wirst selbst einsehen, daß wir in Zukunft auf ein Wiedersehen verzichten müssen.« Franz hatte den kleinen Konflikt eines Kindes durch die Kunst gelöst, durch das wirksamste Mittel, über das er persönlich verfügte, um Ordnung in die Welt zu bringen.

Wir lebten erst in Steglitz, dann in Zehlendorf, zunächst in einem Zimmer, später hatten wir zwei. Aus der ersten Wohnung zogen wir wegen der Wirtin aus. In ›Eine kleine Frau‹ hat Kafka sie beschrieben: »Nur aus Widerwillen, aus einem nicht aufhörenden, ewig sie antreibenden Widerwillen beschäftigte sie sich mit mir!«

Kafka mußte schreiben, weil das Schreiben seine Lebensluft war. Er atmete sie im Rhythmus der Tage, an denen er schrieb. Wenn man von ihm sagt, daß er vierzehn Tage lang schrieb, so heißt das, daß er an vierzehn Abenden und Nächten hintereinander fortschrieb. Gewöhnlich wanderte er schwerfällig und unlustig umher, bevor er mit dem Schreiben begann. Er sprach dann wenig, aß ohne Appetit, nahm an nichts Anteil und war sehr niedergedrückt; er wollte allein sein. Anfangs verstand ich diese Stimmungen nicht, später hatte ich immer ein Gefühl dafür, wann er zu schreiben begann. Sonst brachte er auch für die unwesentlichsten Dinge das lebhafteste Interesse auf, doch an solchen Tagen verschwand dies vollständig. Ich kann diese Tage in ihrem unterschiedlichen Spannungsgehalt nur durch den Vergleich mit Farben voneinander unterscheiden: purpurrote, dunkelgrüne oder blaue Tage. Er hatte es später gern, wenn ich im Zimmer blieb während er schrieb. Einmal begann er nach dem Abendbrot zu schreiben; er schrieb sehr lange, so daß ich auf dem Sofa trotz des elektrischen Lichtes einschlief. Auf einmal saß er neben mir, ich erwachte und blickte ihn an. In seinem Gesicht hatte sich eine deutlich wahrnehmbare Veränderung vollzogen; die Spuren der geistigen Anspannung lagen so klar zutage, daß sein Gesicht davon völlig verwandelt war.

Eine seiner letzten Erzählungen, ›Der Bau‹[95], ist in einer einzigen Nacht geschrieben worden. Es war Winter; er begann früh am Abend und war gegen Morgen fertig, dann arbeitete er wieder daran. Er erzählte mir davon, scherzhaft und im Ernst. Es war eine autobiographische Geschichte, und vielleicht war es eine Vorahnung der Rückkehr ins Elternhaus und des Endes der Freiheit, die in ihm dies panische Angstgefühl erregte. Er erklärte mir, daß ich der »Burgplatz« in diesem Bau sei. Oft las er mir vor, was er geschrieben hatte; aber niemals analysierte oder erklärte er. Mitunter erschien es mir voller Humor, vermischt mit einer gewissen Selbstironie. Hin und wieder sagte er: »Ich möchte wohl wissen, ob ich den Gespenstern entkommen bin!« Unter dieser Bezeichnung faßte er alles zusammen, was ihn vor seiner Ankunft in Berlin gequält hatte. Von dieser Vorstellung schien er wie besessen zu sein, es lag darin gewissermaßen ein trotziges Aufbegehren. Um seine Seele von diesen »Gespenstern« zu befreien, wollte er alles verbrennen, was er geschrieben hatte. Ich achtete seinen Willen, und als er krank im Bett lag, verbrannte ich einige seiner Arbeiten vor seinen Augen. Was er wirklich schreiben wollte, würde erst später kommen, wenn er seine »Freiheit« errungen hatte. Die Literatur war für ihn etwas Heiliges, Absolutes, Unantastbares, rein und groß. Kafka meinte mit »Literatur« nicht die Tagesliteratur. Da er der meisten Dinge des Lebens nicht ganz sicher war, drückte er sich sehr vorsichtig aus. Wenn es jedoch um Literatur ging, ließ er nicht mit sich handeln und kannte keine Kompromisse, denn hier war sein ganzes Dasein betroffen. Er wollte nicht nur den Dingen auf den Grund gehen – er war selbst auf dem Grund. Doch wo es um die Lösung der menschlichen Wirrungen ging, mochte er sich nicht mit Halbheiten begnügen. Er hatte das Leben als ein Labyrinth erfahren, aus dem er keinen Ausweg erblicken konnte. Immer gelangte er nur bis zur Verzweiflung. Für ihn war alles mit kosmischen Ursachen verknüpft, selbst die alltäglichsten Dinge. Man findet diese Einstellung auch im Osten, dieses Verlangen nach

Ganzheit des Lebens. Es gibt im Osten geistige Voraussetzungen, die bedingungslos erfüllt werden müssen, wenn man nicht lebensunfähig werden will. Kafka fühlte das. Der Westen hat es vergessen, und darum hat Gott ihn verlassen. Deshalb konnte all das geschehen, was wir erlebt haben. Das scheint mir einer der Gründe zu sein, weshalb man sich heute so für Kafka interessiert: das Bewußtsein, daß Gott uns verlassen hat.

Man hat mir vorgeworfen, daß ich einiges von Kafkas Arbeiten verbrannt habe. Ich war damals so jung, und junge Menschen leben in der Gegenwart, allenfalls noch in der Zukunft. Letzten Endes war für ihn ja alles nur ein Mittel der Selbstbefreiung gewesen, und in Berlin glaubte Kafka sich tatsächlich von der Tyrannei seiner Vergangenheit befreit zu haben. Aber die früheren Probleme waren zu eng mit seinem Leben verbunden. Sobald man davon nur eine Saite anrührte, schwangen alle übrigen mit. Sein inneres Leben war unermeßlich tief und unerträglich. Er haßte Prag nicht eigentlich, er sprach von der Stadt, wie ein Europäer von Europa spricht. Am meisten quälte ihn die Angst, wieder von seinen Eltern abhängig zu sein. Diese Abhängigkeit gefährdete seinen »Bau«, daher seine äußerste Sparsamkeit. Er wollte sich an ein spartanisches Leben gewöhnen. In Berlin glaubte er eine Zeitlang, eine persönliche Lösung für die inneren und äußeren Wirren gefunden zu haben, mit der er sein Leben zu retten hoffte. Er wollte sich ganz als ein gewöhnlicher, kleiner Durchschnittsmensch fühlen, ohne besondere Wünsche und Bedürfnisse. Wir schmiedeten viele Pläne; so dachten wir einmal daran, ein kleines Lokal aufzumachen, worin er selbst Kellner sein wollte. Auf diese Weise hätte man alles beobachten können, ohne selbst gesehen zu werden, hätte man mitten im Alltagsgeschehen gestanden. Im Grunde tat er das, wenn auch auf seine eigene Manier.

Er legte großen Wert darauf, gut angezogen zu sein. Es war in seinen Augen eine Unhöflichkeit, irgendwohin mit einem nachlässig gebundenen Schlips zu gehen. Seine Anzüge ließ er von einem erstklassigen Schneider anfertigen, und zum Ankleiden nahm er sich immer viel Zeit, jedoch nicht aus Eitelkeit. Er betrachtete sich prüfend und kritisch im Spiegel, ohne alle Selbstgefälligkeit, in der Absicht, bei der Umwelt nicht Anstoß zu erregen.

Dora Diamant

Er machte sehr gern Besorgungen, denn er liebte die einfachen Leute. Mit seinem Einholekorb oder der Milchkanne in der Hand war er in unserer Gegend eine vertraute Erscheinung. Vormittags ging er oft allein spazieren. Sein Tag war genau eingeteilt, und zwar im Hinblick auf seine schriftstellerische Arbeit. Auf seine Spaziergänge nahm er immer ein Notizbuch mit, und wenn er es einmal vergaß, kaufte er sich unterwegs ein neues. Er liebte die Natur, wenn ich ihn das auch niemals ausdrücklich habe versichern hören.

Zu den Dingen, die er besonders liebte, gehörte seine Taschenuhr. – Als wir mit unserer Wirtin wegen des elektrischen Lichtes Streit bekamen – denn er schrieb oft die ganze Nacht hindurch – kaufte ich eine Petroleumlampe. Er hatte ihren milden, belebenden Schein sehr gern und wollte sie immer selbst auffüllen. Dann pflegte er mit dem Docht zu spielen und entdeckte dauernd neue Tugenden an seiner Lampe. – Dagegen hatte er eine Abneigung gegen das Telefon und litt unter seinem Klingeln; ich mußte alle Anrufe entgegennehmen. Ich glaube, Maschinen und alle mechanischen Dinge beunruhigten ihn. – Meinen Kalender, auf dem für jeden Tag ein Spruch stand, liebte er sehr. Später besaßen wir jeder einen eigenen, und bei besonderen Gelegenheiten pflegte Kafka »den Kalender zu befragen«. Als ich einmal eine Glasschüssel, in der ich Weintrauben wusch (Weintrauben und Ananas aß er besonders gern), zerbrach, erschien er sogleich mit dem Kalender in der Hand in der Küche und sagte mit weit aufgerissenen Augen: »Ein Augenblick kann alles zerstören!« Dann gab er mir das Blatt. Die Wahrheit klang so trivial. Er lächelte.

Obwohl sich Kafka nicht gern stören ließ, hatten wir doch oft Besuch. Ich erinnere mich noch an Willy Haas, den Herausgeber der ›Literarischen Welt‹, und an Rudolf Kayser von der ›Neuen Rundschau‹. Einmal kam Werfel, um Kafka aus seinem neuesten Buch vorzulesen. Nachdem sie lange zusammen gewesen waren, sah ich Werfel unter Tränen fortgehen. Als ich ins Zimmer kam, saß Kafka dort vollkommen zerschlagen und murmelte ein paarmal vor sich hin: »Daß es etwas so Entsetzliches geben kann!« Auch er weinte. Er hatte Werfel fortgehen lassen, ohne ihm ein einziges Wort über sein Buch sagen zu können. Jeder, der sich Kafka auslieferte, erfuhr entweder die stärkste Bestätigung oder mußte verzweifeln – ein Zwischending gab es nicht. Mit derselben unerbittlichen Strenge verfuhr er gegen seine eigenen Arbeiten. Und obwohl er seine Absichten niemals wirklich erfüllt zu haben glaubte, empfand er sich meiner Meinung nach doch niemals als Dilettant.

Bei Kafka fühlte sich niemand unbehaglich, im Gegenteil, er zog jeden an, und man besuchte ihn mit einem gewissen feierlichen Gefühl, so als ob man vorsichtig auf den Zehenspitzen oder über weiche Teppiche ginge. Gewöhnlich aber waren wir allein, und oft las Kafka mir laut vor, aus Grimms und Andersens Märchen, aus E.T.A. Hoffmanns ›Kater Murr‹ oder aus Hebels ›Schatzkästlein‹. Da war zum Beispiel die Geschichte von der Liebsten des Bergmanns, die ihren Geliebten zur Grube begleitete und ihn dann niemals lebendig wiedersehen sollte. Ihr Leben verstrich, sie wurde alt und grau. Da wurde eines Tages seine Leiche in einem Schacht gefunden, sie war durch die Gase konserviert und völlig unverändert geblieben. Die alte Frau trat herzu und küßte ihren Geliebten; jahrelang hatte sie auf ihn gewartet, und nun hielten sie Hochzeit und Begräbnis zugleich. Kafka liebte diese Erzählung wegen ihrer »Ganzheit«, weil sie so natürlich war, wie große Dinge immer sind. Und dann liebte er Kleist. Er konnte mir ›Die Marquise von O.‹ fünf- oder sechsmal hintereinander vorlesen. Oft las er mir auch aus Goethes ›Hermann und Dorothea‹ vor, wovon ihn unter anderem die Liebe zum alltäglichen Leben besonders anzog. Die Hoffnung, doch ein Leben nach seinem Wunsche führen zu können, ließ ihn eine konkrete Beziehung zu Heim, Geld und Familie eingehen, freilich in einem ganz unbürgerlichen Sinne. Ich betone das, weil ich mich daran erinnere, wie ruhig und objektiv Kafka zu mir von seiner früheren Braut[96] sprach. Sie war ein prächtiges, aber vollkommen bürgerliches Mädchen. Kafka hatte das Gefühl, daß eine Ehe mit ihr zugleich die Heirat mit der ganzen Verlogenheit Europas bedeuten würde. Und dann hatte er Angst davor, daß er keine Zeit zum Schreiben haben würde. Andererseits war diese Verlobung ein Versuch, sich dem Leben der bürgerlichen Mittelklasse zu akklimatisieren, und zugleich Ausdruck einer gewissen Neugier. Er wollte alles kennenlernen, alles selbst aufspüren. Ein Blutsturz, der mit seiner Tuberkulose zusammenhing, befreite ihn von allen seinen Zweifeln.

Sich von Prag loszureißen – das war, obwohl es erst sehr spät geschah, die große Errungenschaft seines Lebens, ohne die er gleichsam kein Recht auf den Tod hatte. Die Rückkehr ins Elternhaus bedeutete für ihn die Rückkehr zum Lebensdilettantismus. Das quälte Kafka vor allem; man konnte es an der seelischen Bedrückung sehen, die ihn überkam.

Ich blieb in Berlin.[97] Kafka wollte nicht, daß ich nach Prag und in das Haus käme, aus dem all sein Unglück entsprungen war. Der Haß auf seinen Vater und das Schuldgefühl wegen dieses Hasses war ein Teil seines Gesamtkomplexes. Ich bin überzeugt, daß er ihn so manches Mal in seinen Träumen umgebracht hat. Ich erhielt damals täglich Briefe von ihm. Sie sind mir später zusammen mit seinen Tagebüchern von der Gestapo abgenommen worden, und trotz aller Bemühungen sind sie bisher unauffindbar geblieben. Es waren ungefähr fünfunddreißig Briefe. In einem davon sprach Kafka von »technischen Fehlern« des Menschen im Umgang mit sich selbst. Er beschäftigte sich damals gerade mit Tolstois Ringen um Selbstbefreiung, und darin hatte er einige dieser »technischen Fehler« entdeckt. Ein andermal erzählte er mir von einem Traum, den er gehabt hatte. Straßenräuber hatten ihn aus seiner Berliner Wohnung geholt, auf irgendeinem Hinterhof in einen Schuppen eingeschlossen und geknebelt. »Ich wußte, daß ich verloren bin, weil du mich nicht finden kannst.« Und dann hörte er plötzlich, daß ich noch in der Nähe sei, er versucht sich loszumachen, glaubt sich schon frei und hat es sogar geschafft, sich den Knebel aus dem Mund zu reißen. Ich brauchte nur noch seinen Schrei zu hören – aber gerade in diesem Augenblick wird er von den Räubern entdeckt, und sie knebeln ihn von neuem.

Das Unheimliche an Kafkas tödlicher Krankheit war ihr Ausbruch. Ich spürte es, daß er ihn geradezu mit Gewalt herbeigezwungen hatte. Er kam für ihn wie eine Befreiung: nun war ihm die Entscheidung aus der Hand genommen worden. Kafka begrüßte die Krankheit direkt, wenn er auch in den letzten Augenblicken seines Lebens gern wieder weitergelebt hätte.

Er verließ Prag als kranker Mann, wenn auch bei voller geistiger Frische. In einem Sanatorium im Wiener Wald, wohin ihn seine Schwester gebracht hatte, traf ich ihn wieder. Hier wurde zum erstenmal Kehlkopftuberkulose festgestellt. Er durfte nicht mehr sprechen und schrieb mir alles auf, vor allem die vernichtende Wirkung, die Prag auf ihn gehabt hatte. Er blieb drei Wochen lang dort. Als sich die Krankheit verschlimmerte, wurde er zu einem Spezialisten in ein Wiener Krankenhaus gebracht. Dort lag er mit mehreren anderen Schwerkranken in einem Zimmer zusammen. Jede Nacht starb einer der Patienten. Er ließ es mich wissen, indem er stumm auf das leere Bett hinwies. Ein andermal zeigte er mir einen Patienten, einen vergnügten Gesellen, der viel herumlief und Freude am Essen hatte, obwohl ihm in die Kehle ein Schlauch eingesetzt war. Er hatte einen Schnurrbart und strahlende Augen. Kafka freute sich sehr über seinen guten Appetit. Am nächsten Tag zeigte er auf sein leeres Bett, doch war er weniger erschüttert als ausgesprochen ärgerlich, als könnte er es nicht fassen, daß dieser stets so lustige Mann sterben mußte.[98] Nie werde ich sein etwas boshaftes, ironisches Lächeln vergessen.

Aus dem Krankenhaus wurde Kafka in ein Sanatorium in Klosterneuburg-Kierling in der Nähe von Wien überführt. Dort hatte er ein wunderbares, zu jeder Tageszeit sonniges Zimmer mit einem Balkon. Ich blieb dort bei ihm, später kam noch sein Freund Dr. Klopstock. Von diesem Sanatorium aus schrieb Kafka verschiedene Briefe an seine Eltern, an seine Brüder[99] und Schwestern und an Max Brod, der ihn auch besuchen kam, nachdem er erst eine Vorlesung in Wien gehalten hatte, um Kafka nicht merken zu lassen, für wie gefährlich er seinen Zustand hielt. Während er im Sanatorium war, arbeitete Kafka kaum, außer an den »Gesprächen«[100], die in Dr. Klopstocks Besitz sein müssen. Am Abend vor seinem Tode las er Korrekturen.[101] Gegen vier Uhr früh ließ ich Dr. Klopstock kommen, weil Kafka Atemnot hatte. Dr. Klopstock erkannte augenblicklich die Krisis und weckte den Arzt, der ihm Eisbeutel auf den Hals legte. Gegen Mittag des nächsten Tages starb Kafka. Es war der 3. Juni 1924.

Jahre danach habe ich oft Kafkas Bücher gelesen, immer mit der Erinnerung daran, wie er selbst mir laut daraus vorlas. Da fühlte ich, wie sehr mir dabei die deutsche Sprache im Wege war. Deutsch ist eine allzu moderne, allzu heutige Sprache, Kafkas ganze Welt verlangt nach einer älteren Sprache; in ihm steckte ein uraltes Bewußtsein, alte Dinge und alte Furcht. Sein Gehirn kannte feinere Nuancen, als sie das moderne Gehirn überhaupt fassen kann. Er ist so wenig der Repräsentant eines Zeitalters wie er Repräsentant eines Volkes und seines Schicksals ist. Sein Realismus gibt auch nicht das Leben des Alltags wieder: es ist eine absolute, komprimierte Logik, in der man nur ein paar kurze Augenblicke lang leben kann.

Begegnung mit Franz Kafka 1923 in Berlin

ERINNERUNGEN VON RAOUL HAUSMANN

Eines Frühjahrs ewiggleiches Abendleuchten über notiger berliner Vorstadtstraße, spärlichgrüne Rasenstreifen hinter Eisengittern bewachen häßliche Häuserfronten.

Entspannt schlendere ich langsam meiner Wohnung zu. Von weitem kommt mir ein Mann entgegen. Beim Näherkommen scheint er etwas Besonderes zu sein. Nicht größer denn ich, sehe ich unter einem weiten Hut ein ovales Gesicht, scharf geschnitten, einen bittren Mundzug und sternbrennende Augen.

Das ist – ist das? Kafka! Dies ist Franz Kafka, ohne Zweifel! Hundert Gedanken zucken durch mein Hirn – ich will, muß ihn sprechen.

Ich stehe vor ihm, lüfte meine Mütze.

»Herr Kafka?«

Erstaunend blickt er mich an: »Bitte? ich weiß nicht –«

»Mein Name ist Hausmann.«

»Aha, der Dadaist.«

»Ja, und über Dada möchte ich Sie etwas fragen.«

Er mustert mich, vielleicht bin ich eine ungewöhnliche Erscheinung mit einem dicken Monokel im linken Auge.

»Was also wollen Sie von mir wissen? Was ich über Dada denke, natürlich?«

»Das ist es, Sie nehmen mir die Antwort vom Mund. Also, Herr Kafka?«

Da stehen wir, Vertreter zweier Welten, doch vielleicht nicht so unnahe, wie wir beide glauben.

»Ja, das ist schwer zu sagen. Ich habe keiner dadaistischen Vorführung beigewohnt, nur gelegentlich darüber gelesen. Wahrscheinlich habe ich eine sehr ungenaue Vorstellung davon. Ich kannte selbst den Dadaabend in der Prager Produktenbörse nur vom Hörensagen. Aber ich urteile nie auf's Geratewohl, leichtfertig. Sagen Sie mir doch, wie Sie den Dadaismus sehen, was er für Sie vorstellt.«

»Schön, ich bin gern bereit – aber ich will ihn in Verbindung

Raoul Hausmann (rechts)
und Richard Huelsenbeck
im März 1920 in Prag

mit Ihren Gedanken bringen, die Verwandtschaften suchend. Ja, die gegensätzlichen Verwandtschaften, auch wenn Sie dies erstaunen macht. Sie haben fraglos das Buch von Rudolf Kassner ›Zahl und Gesicht‹ gelesen?«

»Ja, und die darin ausgesprochenen Wahrheiten beschäftigen mich sehr. Aber Dada – ich sähe nicht, was das …«

»Oh doch, warten Sie. Gerade weil Sie das Wort Wahrheit auf Kassner anwenden. Er bringt keine neuen Wahrheiten, er …«

»Gewiß nicht. Aber nochmals, was hätte er mit Dada gemeinsam? Er ist ein Metaphysiker und Dada ist, sagen wir, zumindest ironisch, persiflierend, nimmt nichts ernst und …«

»Halt, halt, Sie irren, Herr Kafka. Sie werden gleich sehen. Zunächst halte ich Kassner für pragmatischer, als Sie wahrscheinlich glauben. Bezüglich der Wahrheiten – es gibt in unserer Epoche nur alte Wahrheiten. Neue Wahrheiten sind meistens sehr alt. Eine neue Wahrheit läßt sich in 1000 Fällen bis ins Altertum verfolgen – einfach deshalb, weil es in den seltensten Fällen eine Wahrheit war, das heißt, stets ein Etwas ohne Realität – Wahrheiten waren meist vorweggenommene Hypothesen, zu deren Ausführung die Technik und die Kraft des Entschlusses fehlte. Die Probleme Kassners bleiben im Gewohnten stehen, er setzt an die Stelle der gegensätzlichen Übereinstimmung des Nikolaus von Cusa den Zwiespalt der endlichen Identität oder des unendlichen Individuums. Das haben die Griechen auch schon gewußt.«

Kafka nickt mit dem Kopf, sagt:

»Ja, doch bedenken Sie – der Mensch ist vielleicht der Gefangene eines Vaterhauses. Ich sah dies und ich wehrte mich gegen den Golem, den Strohmann, den ewigen Nachkömmling der alten Gesetze. Ich bin nicht Determinist, aber es gibt Bindungen, über die wir uns nicht hinwegsetzen dürfen. Ich könnte mit Plotin sagen: wer sich über die Natur der Welt beklagt, weiß nicht, was er unternimmt und bis wohin ihn sein Wagemut führen kann. Hier scheinen mir auch die Grenzen selbst für den Dadaismus gezogen zu sein.«

»Zugegeben. Aber Dada, wenigstens in Berlin, war auf psychologischen Erkenntnissen aufgebaut. Dada war für uns weder ein Bierulk, noch so etwas wie die Philosophie von Scheeler oder der Phänomenologisten. Wir hatten erkannt, dass der Freudismus auf einem Irrtum beruht: Ödipus ist nicht der Ausgangspunkt einer Moral, die aus der Unterdrückung des Vatermordgedankens über das »ES« zur Befreiung von Komplexen führen kann. Wir gingen von den Gedanken Otto Gross' aus, daß am Anfang der Leitlinie jedes Individuums der Komplex des Eigenen und des Fremden steht, und daß das Individuum in unserer Gesellschaft sich stets gegen die von der Familie aufrechterhaltenen Minderwertigkeitserklärungen wehren muß. Dada hat diese Erkenntnisse nur ins Allgemeine und Ironische, in die Selbstauflösung verlegt. Angewandt auf den Künstler, so haben wir ihn von der Fremdautorität befreit.«

»Sehr interessant. Umsomehr, als ich Otto Gross persönlich kannte. Aber wir wollen nicht hier in dieser Straße anwurzeln, auch muß ich zum Bahnhof Zoologischer Garten. Sie entschuldigen, aber vielleicht können Sie mich bis an die Ecke Kaiserallee begleiten, ich steige dort in die Straßenbahn.«

»Gewiß, gerne, lassen Sie uns gehen.«

»Das Alles ist mir neu. Ich wußte nicht, daß die Dadaisten so sehr für die Psychoanalyse waren. Ich kenne diese Theorien natürlich auch, finde aber, daß sie sehr vieles Abstoßendes enthalten. Auch habe ich nicht bemerkt, daß sie praktisch jemals zu einer Befreiung von Komplexen geführt hätten. Wie haben Sie sich diese Befreiung vorgestellt? Für mich sind die Mittel des Schriftstellers keineswegs so außerordentlich und diskursiv wie für einen Wissenschaftler, schon die ›parabolische Form‹, die ich oft anwende, steht dem Mythos nahe und weist auf eine Metaphysik. Es besteht eine komplementäre Übereinstimmung zwischen dem persönlichen Bemühen und einer Annäherung an die gesellschaftlichen Andränge, die durch nichts anderes überwunden werden können, als die künstlerische Schöpfung. Dies entgeht mir im Dadaismus.«

»Sehen Sie, Dada war eine Explosion des individuellen sowie des allgemeinen Bewußtseinszustandes, es hat in der Auflösung und Wiederformulierung des ›Objekts‹ und dem Konzept der ›Realität‹ neue Möglichkeiten für alle bildenden Künste gezeigt. Hier finden sich Berührungspunkte zwischen Ihren Anschauungen und dem Dadaismus. Sie wenden die Psychologie nicht mehr an, wie dies etwa Jean-Paul forderte, sondern Sie nehmen sie als Gegebenheit. Wir taten das Gleiche, wir bemächtigten uns dieser Gedankengänge als Konstruktionsmaterial. Wir hörten auf zu schildern und waren unrhetorisch. Für uns war eine Auffassung der Literatur, wie sie Walzel vertritt, unannehmbar: wenn Literatur oder Kunst nichts andres ist als eine wechselnde Verkleidung des Individuums, dann stellt eine solche Selbstabschilderung für uns keine Schöpfung, sondern gar nichts vor.«

Wir gehen nun der Haltestelle der Linie F zu.

»Sie erlauben, daß ich Ihnen nicht ganz zustimmen kann, wenn auch Ihre Gedanken nicht unrichtig sind. Der Künstler, vor allem der Schriftsteller wendet sich doch meist unter einer Maske an die Leserschaft. Er enthüllt niemals gänzlich sein Ich, wie Sie dies vielleicht wollen. Auch der Dadaismus, scheint mir, verbirgt sich noch hinter der Maske der Ironie. Ein Abstand zwischen dem Leser und dem Künstler erscheint mir wünschenswert, um dem individuellen Sonderfall eine breitere, metaphorische Angriffsfläche zu geben. – Wenn der Dadaismus auf solche Zwischenschaltungen verzichtet, um das Publikum, den ›Anderen‹ direkt anzugehen, so erscheint mir dies eher ein Hindernis für den Kontakt zu sein und hiermit das Gegenteil dessen, was Sie alle wollten. Außerdem bin ich fest überzeugt davon, daß dieser Kontakt metaphysisch unerläßlich ist, denn der Einzelne kann nicht ohne ein ununterbrochenes Vertrauen in irgend etwas Unzerstörbares leben – Dada hat vielleicht zu viel zerstört. Sie schuldigen an, ich nicht. Ich versuche nicht zu überzeugen. Ich habe auch niemals ein System gehabt, wie Dada, so etwas würde mich eher erschrecken. Ich ziehe die Parabel, den Vergleich vor.«

Es bleibt nicht mehr viel Zeit. Ich wage noch einen Vorstoß.

»Dada blieb jenseits der ontologistischen Vereinfachung und des expressionistischen Sturmes und Dranges, jenseits des Symbolismus, kraft seiner ständigen Erneuerungsfähigkeit. Seine geschichtliche Rolle ist unleugbar.«

Hier kommt die Straßenbahn angebrummt. Kafka bietet mir die Hand: »Alles, was Sie mir kurz angedeutet haben, Herr Hausmann, war mir neuartig. Ich fühle auch irgendwie gewisse Zusammenhänge zwischen Ihrer und meiner Einstellung zum Leben, weniger zur Kunst. Die Überwindung der Tradition ist hier vielleicht entscheidend, auch gefällt mir der persönliche Mut, mit dem die Dadaisten ihre Auffassungen verteidigt haben. Aber Dadaist kann ich natürlich nicht sein und auch nicht werden, das ist nicht in meiner Natur vorgezeichnet, das werden Sie wohl verstehen.«

Die Straßenbahn, nach einem Klingelsignal des Schaffners, hält. »Es hat mich sehr gefreut, Ihre Bekanntschaft gemacht zu haben. Auf Wiedersehen, vielleicht ein andermal.«

Wir lüften gegenseitig unsere Kopfbedeckungen.

»Auf Wiedersehen, Herr Kafka.«

Sehe ihn leichtfüßig auf die Plattform steigen, höre das Abklingelsignal des Schaffners, Gepolter des Anfahrens – langsam entschwindet Kafka mit dem Wagen gegen die Kaiserallee. In eine ungewisse Dämmerung, in der es kein Wiedersehen gibt.

Ein Arztbesuch bei Kafka

LUDWIG NELKENS ERINNERUNGEN AUFGEZEICHNET VON ERIC GOTTGETREU

»Mit einem freundlichen Lächeln lehnte er sich gegen die Fensterbank, beinahe als ob er mich bemitleidete und sagen wollte: Warum verschwenden Sie Ihre Zeit und Ihr Talent an mich, junger Mann. Mir kann nicht mehr geholfen werden ...«

So die Erinnerung von Dr. Ludwig Nelken, einem bekannten Jerusalemer Arzt, an seinen Besuch bei Franz Kafka im nahe bei Berlin gelegenen Ort Fichtengrund, wo dieser ein möbliertes Zimmer – das dritte seit seiner Ankunft in der Stadt – bewohnte. Dieser Besuch fand im März 1924 statt, weniger als drei Monate vor Kafkas Tod am 3. Juni 1924. Es war Dora Diamant, Kafkas letzte Gefährtin, die die beiden Männer zusammenbrachte. Dora hatte Dr. Nelken das erste Mal ein paar Jahre zuvor in dessen Heimatstadt Breslau getroffen, wohin sie während des Ersten Weltkrieges aus ihrem Heimatland Polen gekommen war. Dr. Nelken erinnert sich, daß Dora damals Jiddisch sprach, aber Deutsch sehr schnell erlernte und daß sie eine hübsche, intelligente Frau war, deren intensive Verbundenheit mit dem Judentum eine Reihe von jungen Juden beeinflußte, die sich sonst dem Lager der Assimilanten oder Linken angeschlossen hätten.

Als er Dora in Berlin wiedersah, arbeitete Dr. Nelken als Assistent von Professor Hermann Strauß im Jüdischen Krankenhaus und Dora als Haushälterin im Haus von Dr. Hermann Badt, einem der Führer der Berliner orthodoxen Gemeinde und hohen Beamten im preußischen Innenministerium – dem ersten Juden, der im preußischen Staatsdienst zugelassen wurde.

Dr. Nelken hörte Dora einmal bei einer Versammlung linker Kreise im früheren »Preußischen Herrenhaus« sprechen, die andere Rednerin war die führende sozialistische Schriftstellerin Angelica Balabanoff. Aber Doras Hauptinteresse galt jüdischen Problemen und sie nahm eine Stelle als Betreuerin in dem von Dr. Siegfried Lehmann geleiteten Berliner »Jüdischen Volksheim« an, einem Heim für die Kinder ostjüdischer Einwanderer.

Dr. Lehmann gründete später das Ben-Shemen-Jugenddorf in Israel. Im Sommer 1923 begleitete Dora eine Gruppe von Kindern aus dem Volksheim auf einer Ferienreise nach Müritz an der Ostsee; hier begegnete sie Kafka zum ersten Mal. Ihn faszinierte ihr einfaches Wesen, ihr Individualismus und ihre Intelligenz, aber offensichtlich auch ihr tief verwurzeltes Judentum, ihre Kenntnis der chassidischen Traditionen und des Hebräischen. In Müritz las Dora Kafka einmal ein Kapitel aus Jesajah vor.

Es muß im Frühmärz 1924 gewesen sein, als Dora Dr. Nelken im Jüdischen Krankenhaus anrief und ihn um einen Besuch und eine Untersuchung Kafkas bat. »Er lag nicht im Bett, als ich seinen Raum betrat«, erinnert sich Dr. Nelken heute. »Aber er war in einem fürchterlichen Zustand. Wenn nur damals bereits Streptomycin verfügbar gewesen wäre oder irgendeines der anderen Medikamente, die so viel zur Bekämpfung der Tuberkulose beigetragen haben. Alles was ich zu jener Zeit tun konnte, war, etwas zur Linderung des Hustens und anderer Symptome zu verschreiben.«

Als Dr. Nelken sich weigerte, ihm eine Rechnung zu schreiben, sandte ihm Kafka ein Buch mit einer persönlichen Widmung – nicht eines seiner eigenen Bücher, dies hätte schlecht zu der ihm eigenen Zurückhaltung gepaßt, sondern Georg Simmels Arbeit über Rembrandt.[102]

Dr. Nelken sah seinen Patienten nicht wieder. Noch vor Ende des Monats zogen Dora und Kafka nach Prag und von hier aus weiter in jenes Sanatorium in Kierling bei Wien, in dem Kafka schließlich, nachdem er furchtbare durch die Lungen- und Kehlkopftuberkulose ausgelöste Schmerzen erlitten hatte, starb.

Der Autor und sein Rezitator

ERINNERUNGEN VON LUDWIG HARDT

Als ich Franz Kafka das letztemal sah, etwa ein Jahr vor seinem Tode, und dem Schwerleidenden den Vorschlag machte, mit mir nach Italien zu reisen, bekam ich zum Abschied eine Beschreibung Sibiriens, die er gerade las, mit der Widmung: »Als Vorbereitung zu einer gemeinsamen Italienfahrt.«

Kann man zarter die Hoffnungslosigkeit eines Planes andeuten? Fühlt man die Narbe seines Lächelns über diese Widmung? Dieses Lächeln möchte wohl seine Abgründe überschütten – nicht nur dem Fremden gegenüber. Es verlockte zur Annäherung, war es doch ein Herzens-Lächeln, das ihn, vorübergehend, von sich selbst befreien und ihn einhüllen sollte in eine fast bürgerliche Unscheinbarkeit. Ach, welche Erlösung: seinen Dämonen Stille anzubieten, ihnen ein wenig schalkhaft zuzuzwinkern, und dabei selbst nett auszusehen! Wie wohl wurde einem da in seiner Gegenwart!

Da war z. B. dieses kleine bucklige Mädchen, seine Hausbesorgerin, als er in einem Häuschen der Alchimistengasse in Prag an den großen Romanen arbeitete.[103] Sie wußte so wenig von dem Dichter Franz Kafka – wie die anderen. Für den Menschen jedoch hatte sie eine solche Verehrung, daß sie jedes Zettelchen von seiner Hand aufgehoben hat, und für nichts in der Welt zu bewegen gewesen wäre, auch nur einen einzigen herzugeben – trotz ihrer Bedürftigkeit und der ziemlich hohen Summe, die man ihr angeboten hat. Diese Zettelchen enthielten stets ein freundliches oder scherzhaftes Wort mit dem Kafka seine Wünsche, die Hausordnung angehend, begleitete: »Ich habe heute nacht im Lehnstuhl geschlafen; denken Sie nur nicht, ich hätte mein Bett selbst gemacht!« heißt es da in tschechischer Sprache. (Das Mädchen verstand kein Deutsch.) In Wirklichkeit hatte Kafka die ganze Nacht geschrieben.

Solcher Scheu entsprachen auch die ausweichenden Antworten, die er einem geben konnte. Als ich ihn einmal in seinem Büro aufsuchte, war er nicht da; nur sein Hut lag auf dem Tisch.

Als er eintrat, sagte ich, der Hut habe ihn vollkommen vertreten. Da hätte man Kafkas Lachen hören sollen – an dem seine skeptische Meinung von seinen amtlichen Leistungen einen nur zu beträchtlichen Anteil hatte. Als ich mir dann die Frage entschlüpfen ließ, warum er, der Schriftsteller, als kleiner Beamter, er war der Vizesekretär einer Versicherungsgesellschaft in Prag, arbeiten müsse, antwortete er: »Ich glaube, der Direktor hat mich gerne.« –

Darf ich hier zwei Episoden erzählen, so bezeichnend für Kafka, daß sie beinahe den Menschen zeigen: Als er einmal seinen Freund Max Brod aufsuchen wollte, fand er dessen Vater im Vorraum schlafend. Tief erschrocken, eines Menschen »heiligen Schlummer« gestört zu haben, flüsterte der Dichter, auf den Zehenspitzen davonschleichend: »Bitte, betrachten Sie mich als einen Traum.«[104]

Kafka, Vegetarier aus Überzeugung, mußte, auf Anraten seines Arztes, Fleisch essen. Dabei zog er sich eine Fischvergiftung zu und war froh, zum Vegetarismus zurückkehren zu dürfen. Während dieser Periode ging er einmal in das Berliner Aquarium, trat ganz nahe an ein Bassin und sagte den Fischen: »Jetzt kann ich euch wieder ruhig in die Augen sehen.« Er konnte nicht ahnen, daß seine Begleiter es gehört hatten; und St. Franziskus Kafka möge verzeihen, daß Menschen erfahren, was doch so ausschließlich für Fische bestimmt war.

»Familien können nicht mehr zu Gott« – vielleicht hat dieses Wort Rilkes kein Mensch auf Erden tiefer und verzweifelter gefühlt als Kafka. Als ich ihm an seinem Krankenbett einmal Gedichte von Matthias Claudius rezitierte, sagte Kafka: »Ja, wenn man sein könnte wie er!« Und wirklich: Franz Kafka hatte viel von diesem frommen Dichter. Das Ergreifendste an seinem Genius bleibt doch, daß auf seinem Grunde seine Schlichtheit, Aufrichtigkeit, Herzensteilnahme, Naivität, ja Primitivität, ruht, Eigenschaften, die einer solchen Frömmigkeit recht nahe kommen und ihr beinahe entsprechen – mögen sie auch der Welt lange verborgen bleiben, einer Welt, die viel eher ein Rätselraten anstimmen will über die schier unübersehbare Vielfältigkeit der Deutungen, die Kafkas Werk ihr aufgibt. Das soll sie immerhin tun, wenn sie sich dabei nur eindringlich vergegenwärtigen möchte, daß ohne jene Eigenschaft das Werk gar nicht vorhanden wäre – in seiner Unbedingtheit, Wahrhaftigkeit und Reinheit – mag er auch, mit all diesen Eigenschaften, bleiben – ein magischer Gerichtshof, dem er sich immer wieder stellte und dessen Freispruch er sich glaubte immer wieder versagen zu müssen. Solcher Begnadung, ihm auferlegt als Ausgleich für sein unvorstellbar schweres Hiersein, entspringt diese höchstkarätige Prosa, leuchtend über seinem Werk in eben der höheren Sphäre, um die er gerungen wie vermutlich kein anderer Mensch unserer Zeit – bis zur äußersten Ermattung, bis zum endlich gewährten Tode.

Ludwig Hardt

Deshalb ist es auch so gefährlich für seine Kritiker, ihn zu zitieren; mit einem Satz, mit einem einzigen Aphorismus, mit dem tiefsten »Negativum« noch droht er ihre Betrachtungen zu sprengen und aufzulösen, die sich nur allzu »gemütlich« ausnehmen einem Manne gegenüber, dem Schreiben »eine Form des Gebetes« bedeutete.[105] (»Sie entschwanden förmlich vor seiner Entschlossenheit, und gerade als er ihnen am nächsten war, wußte er nichts mehr von ihnen.«) Es ist einem denn auch meistens bei diesen Unternehmungen zumute wie dem Besucher von authentischen Kriegsfilmen, der, bequem im Sessel zurückgelehnt, mehr oder weniger »fachmännisch« einem Kampf auf Leben und Tod zuschaut.

»Ich danke Ihnen für diese Stunden des Herzklopfens«, diese gewiß fromme Zeile schrieb mir der Dichter nach dem Vortragsabend, an dem er mich das erste Mal hörte (obwohl ich schon jahrelang aus seinen Werken rezitiert hatte). Das war 1919[106], im Mozarteum zu Prag. Das Programm lautete: Kleine Prosa von Kleist, Johann Peter Hebel, Robert Walser und Franz Kafka. (Die drei Erstgenannten waren Lieblinge Kafkas, wie ich wohl wußte.) Kafka war also unter den Zuhörern und ich lernte ihn am selben

Abend persönlich kennen. Er gestand mir, wie er sich amüsiert habe über die ironische Feierlichkeit, mit der ich den folgenden Satz von Robert Walser gestaltet hätte: »Wenn Sie die Kassiererin auch Brot oder Wurst essen sehen, so müssen Sie nicht degoutiert umkehren, sondern sogleich bedenken, daß es Abendbrot ist, welches dort verzehrt wird.« Das Wort »Abendbrot« hätte ich wahrhaftig so gesprochen, als ob es »Abendrot« laute. Und dann fügte er hinzu: »Etwas Ähnliches finden Sie bei mir; von einem seiner ›Elf Söhne‹ sagte der Vater: Es entzückt, ihn in Fechterstellung zu sehen; bei ›entzückt‹ sieht man förmlich das Zücken des Schwertes.« Als ich das Kafkas Schwester Ottla nach seinem Tode erzählte, sagte sie: »Das ist nicht wahr! Das haben Sie erfunden!« Als ich jedoch auf der Wahrhaftigkeit des Vorgangs beharrte, sagte sie: »Entschuldigen Sie bitte; es war für mich zu unglaubhaft. Mein Bruder hat nie in seinem Leben etwas von seinen Arbeiten zum Vergleich herangezogen. Das ist ganz gegen seine Natur. Wenn er bei Ihnen solche Ausnahme gemacht hat, dann muß er Sie besonders liebgewonnen haben.«

Dieser Zweifel seiner Schwester wird jedem begreiflich scheinen, der sich folgende Begebenheit vergegenwärtigt: Als Kafka in der Hohen Tatra Heilung von seinem Leiden suchte, lag neben ihm in der Kur ein Doktor K. Nach wochenlanger täglicher Begegnung fragt dieser: »Sagen Sie, bitte, sind Sie nicht der gleiche Franz Kafka, der den Band ›Ein Landarzt‹ verfaßt hat?« Und darauf Kafka, gewissermaßen in sich zusammenfallend, traurig abgewandt, schlägt verzweifelt die Hände zusammen und flüstert: »Auch das noch!« Man wird danach verstehen, daß er es gewiß nicht gerne gehört hat, wenn man von seinem Werk sprach. Ich habe denn auch – was ich trotzdem jetzt manchmal bitter bereue – aus diesem Gefühl heraus niemals eine diesbezügliche Frage an ihn gerichtet. (O! Was würde er wohl für ein kopfschüttelndes Lachen anstimmen, wenn er sähe, daß in diesem »entfernten Erdteil« gar vierzig Schriftsteller gleichzeitig über ihn – herfallen (so würde er es gewiß nennen), – herfallen über einen Wehrlosen – würde er wohl hinzufügen in seiner Art.)

So wird er es bestimmt nicht gerne gesehen haben, daß ich ihn vortrage. Vortrag war ihm wohl zu sehr Verlockung. Und gerade verlocken wollte und sollte sein Werk durchaus nicht. Möge er es mir nicht verargen, daß ich es dennoch getan – aus Nötigung und reinem Entzücken über die Epik, die in jedem Wort Begnadigung ist, in diesen großen, reinen Atemzügen einer Prosa, wo unter dem ruhigen Auf und Ab quälende Träume ziehen in unauslotbarer Tiefe und in geheimnisvoller Ordnung, wo Rätsel von hoher Bedeutung sich spiegeln im Kristall ihrer Unlösbarkeit und wo das Gewissen schluchzt in Bildern und Gestalten von tiefsinniger und deutlicher Seltsamkeit.

Mag er sich also innerlich abweisend verhalten haben gegen meine Bemühungen, sein damals fast ganz unbekanntes Werk der Welt zu vermitteln, seine ergreifende Freundlichkeit handelte anders. Nach jener ersten Begegnung brachte er mir am nächsten Morgen seine Kinder-Ausgabe von Hebels ›Schatzkästlein‹; und auf meine Bitte um eine kleine Widmung schrieb der Meister sofort, ohne sich zu besinnen: »Für Ludwig Hardt, um Hebel eine Freude zu machen.« So scherzhaft dieses Wort klingt, ist es nicht gleichzeitig eine hohe Auszeichnung? Mein höchster Orden, der mich in die Bruderschaft der Dichter aufnimmt, – und damit wäre ich also auch Franz Kafkas Bruder geworden, Treue gelobend ihm und seinem Werk.

Wird er es lächelnd anhören, dieses Gelöbnis? Oder wiederholt er heute, mit einer Hand, die nicht mehr bebt, auf seine Brust weisend, den Satz, den er mir einmal schrieb: »Es scheint also das alte Gesetz recht zu behalten, daß dem Unrettbar-Verlorenen jeder gern helfen möchte!« Und dann würde ich ihm wohl erwidern mit einem Dichter-Wort, das als Motto über dem gewaltigen Bau stehen könnte, der seinen Namen trägt:

»Wer spricht von Siegen?
Überstehn ist alles.«

Die letzten Tage

ERINNERUNGEN EINER KRANKENSCHWESTER
AUFGEZEICHNET VON WILLY HAAS

Eine Frau hat mir einen Brief geschrieben, Schwester Anna, die Kafka bis zu seinem Tode am 3. Juni 1924 im Sanatorium Dr. Hoffmann in Kierling bei Klosterneuburg gepflegt hat. Sie wünscht nicht, daß ich ihren vollen Namen nenne. Ihr einfaches, liebevolles Herz hat die große, seltene Persönlichkeit gefühlt, obgleich sie natürlich vorher nichts von ihm gekannt hatte. Es war wohl dieses Herz, das sie schließlich, als sie nach seinem Tode auch seine Bücher las, vieles Wesentliche richtiger und tiefer verstehen ließ, als literarische Kommentare im allgemeinen es vermöchten. Sie war es, der die traurige Aufgabe zufiel, dem Toten die Augen zuzudrücken. »Über den Dichter Franz Kafka kann ich nicht urteilen«, sagt diese bescheidene Frau, »aber als Mensch ist er der einzige Patient, der mir unvergeßlich ist und dessen Tod, so einfach er sich vollzog, so erschütternd war, daß uns allen, die wir an seinem Lager standen, die Tränen liefen.«

Kafka war völlig hoffnungslos an Kehlkopf-, Lungen- und zuletzt Darmtuberkulose erkrankt. Seine Umgebung bestand aus Dora Diamant, einer jungen Schauspielerin, bei der er, der Vielgequälte, zuletzt den Frieden seines Herzens gefunden hatte, und aus einem jungen Freunde, dem Arzt Dr. Klopstock, der Tag und Nacht an dem Sterbelager wachte und der Kafka in mehr als einer Hinsicht viel bedeutete: wir kennen ganz wesentliche Diskussionen mit ihm über ein zentrales Problem Kafkas, das Problem des alttestamentarischen Gottes in Kierkegaards Predigt über Abrahams Opfer.

Kafka schrieb noch immer täglich mehrere Stunden. Aber allmählich konnte er überhaupt nichts mehr essen. Die Pflegerin machte eine erstaunliche Beobachtung: »In der Novelle ›Der Hungerkünstler‹ schildert er den Ekel vor Speisen, sieben Jahre vor seinem Tode[107], so, wie er ihn dann selbst empfand, als der kranke Kehlkopf immer mehr versagte.« Sein wahrer Ekel vor Fleischnahrung, auch in gesünderen Jahren, ist bekannt und hat

Das Sanatorium Hoffmann in Kierling (Niederösterreich)

sehr tiefe, fast rituelle Ursachen – »rituell« verankert in der Privatreligion Kafkas, nicht in seinem jüdischen Glauben. Er hat nichts zu tun etwa mit dem aufklärerischen Vegetarismus eines G. B. Shaw. Aber Kafka sah es gern, wenn andere sich an etwas Gutem erfreuten. Den Wein, der ihm gebracht worden war, mußte Schwester Anna trinken, und Kafka lächelte glücklich, wenn er sah, wie sie ihn genoß. »Es ist so, wie wenn ich ihn tränke«, sagte er.

»Sein Geist beschäftigte sich überwiegend mit dem, was er schrieb«, sagt die alte, jetzt dreiundsiebzigjährige Frau und daher war – ein ganz einmaliger Fall, wie diese erfahrene Pflegerin bemerkt – von dem intensiv gesteigerten Lebensgefühl und der Euphorie, wie sie bei Tbc-Kranken allgemein vor dem Ende auftreten, bei ihm nichts zu spüren. Der Sterbende noch wehrte sich, so gut er konnte, gegen Injektionen. »Die Lilien auf dem Felde brauchen auch keine Injektionen«, sagte er zu dem behandelnden Arzt Dr. Orenstein.

Für den Todesfall hatte Kafka verschiedene Vorkehrungen getroffen. Bekannt ist die mit Dr. Klopstock, daß jener, wenn nichts mehr zu hoffen sei, das rasche Ende mit einer Spritze beschleunigen werde. Es scheint, daß Kafka auch seiner Lebensgefährtin Dora in einer schwachen Stunde die Einwilligung gegeben hatte, mit ihm zu sterben. Nichts davon wurde eingehalten; wohl aber erfüllte der treue Klopstock eine dritte, geheime Abmachung, daß er Dora unter einem Vorwand in der letzten Stunde fortschicken werde, damit sie den Todeskampf nicht sehe. Das tat Klopstock auch und sandte Dora mit einem Brief zur Post.

Aber in den letzten Minuten vermißte Kafka Dora. »Ich schickte das Stubenmädchen hinterher«, schreibt die Pflegerin, »denn die Post war in der Nähe.« Dora kam atemlos zurück, Blumen in der Hand, die sie wohl eben gekauft hatte. Kafka schien völlig bewußtlos. Dora hielt ihm die Blumen vor das Gesicht. »Franz, sieh mal die schönen Blumen, rieche mal!« flüsterte Dora. »Da richtete sich der Sterbende, der schon entrückt schien, noch einmal auf, und er roch an den Blumen. Es war unfaßbar. Und noch unfaßbarer war es, daß sich das linke Auge wieder öffnete und lebendig wirkte. Er hatte so wunderbar strahlende Augen, und sein Lächeln war so vielsagend, und Hände und Augen waren beredt, als er nicht mehr sprechen konnte.«

Franz Kafka

NACHRUF VON RUDOLF KAYSER

Die Nachricht von seinem Tode ruft in mir zunächst das Bild unserer letzten einzigen Begegnung wach. Es war im vergangenen Winter und in einem Berliner Vorort, wo er einsam lebte, unter dem Schicksal seiner Krankheit, die er lächelnd ertrug. Er wohnte in einer verschneiten Villenstraße, an einem Walde, wo die Stadt, ganz an ihr Ende gekommen, schweigt. Er wollte durch mich hören: vom Leben, von Büchern, Theatern und Menschen. Das Dasein der Welt: er sah es fern von sich und betrachtete es, wie Kinder das Leben der Erwachsenen betrachten: mit Sehnsucht und Lächeln zugleich. Seine Krankheit war anderes noch als körperliches Leiden, sie war ganz in sein Wesen übergegangen. Sie gehörte zu ihm, wie er zu ihr. Sie gab diesem vierzigjährigen Manne ein schmales Knabengesicht, ein junges Lachen, eine zarte Stimme. Er hatte durch sie so viel Jugend in sich, daß die Todesnähe ihn seiner Kindheit näher zu bringen schien. Von sich sprach er kaum, nur unter Zwang von seinen Arbeiten und der Not seines Lebens.

Sein Wesen und seine Bücher zeigen als gleichen Grundzug: Redlichkeit. Kafka stellte keine Ansprüche. Er sprach und schrieb das, was er war, ohne Ehrgeiz der Form und des Erfolges. Seine Sprache ist klar, sachlich und reinlich. Sie meidet jeden Schmuck, sie kommt ohne Kantilenen und dröhnende Akkorde aus. Trotzdem ist sie reich, gibt Visionen und Träume und ist immer persönlich. Kafkas Prosa gehört zur besten in der heutigen deutschen Literatur. Trotz Einfachheit und Sachlichkeit weiß sie um die Magie des Worts. Unsere Leser erinnern sich der Novelle ›Der Hungerkünstler‹, die unsere Zeitschrift vor etwa zwei Jahren brachte. Alles ist in ihr konkret, klar, durchsichtig und doch von heimlichen Tiefen, die nur zu erahnen sind. Seine Novellen sind sich ereignende unerhörte Begebenheiten, im Sinne der Goetheschen Definition. Ihre klare und schlichte Architektur aber gibt Durchblicke in alle Heimlichkeiten und Abgründe der Seele. Sie werden nicht dargestellt: weder durch Dostojewskische Emotionen noch durch Stendhalsche Analyse; aber sie sind da durch die Perspektiven, die über die Begebenheiten hinausweisen. Man lese seine Bücher: ›Betrachtung‹, ›Der Heizer‹, ›Die Verwandlung‹ ... und man spürt alles, was diesen Menschen ausmachte: Zartheit, Reinheit, Künstlertum und wissendes, schmerzliches Lächeln.

Das letzte Portrait (1923/24)

Erinnerungen an meinen Onkel

VON GERTI KAUFMANN

Ich war ein Kind, als der Onkel starb, und ich habe also keine direkten Erinnerungen an Gespräche mit ihm oder gar an seine Handlungen. Trotzdem kann ich mich sehr genau an ihn erinnern, denn er warf seinen Schatten auf unsere Kindheit. Seine drei Schwestern standen ganz unter seinem Einfluß, sie liebten und verehrten ihn als eine Art höheres Wesen. Wir Kinder liebten ihn nicht sehr, er schien uns unnahbar und etwas unheimlich und wir wichen ihm gewöhnlich aus. Ich sehe ihn klar vor mir, wie ich einmal in der Mikulášská třída an ihm vorüberging, eine große dunkle Gestalt mit einem Taschentuch vor dem Mund – er war damals schon krank und sehr darauf bedacht, niemanden anzustecken. Er wurde von seiner Umgebung sehr verwöhnt, bekam immer ganz besondere Speisen, so kann ich mich zum Beispiel erinnern, daß er ganze Teller voll geschälter Mandeln und Nüsse bekam, die ich natürlich viel lieber selbst gegessen hätte. Die zwei älteren Schwestern heirateten Geschäftsleute, die jüngere einen Dr. juris und sie blieben auch nachher, als wir Kinder aufwuchsen, sehr unter dem Einfluß des Bruders. Meine Mutter hat mir erzählt, daß, als sie noch alle Kinder waren, sie sehr von dem Onkel tyrannisiert wurden, so wie es ja natürlich ist für einen Bruder mit drei jüngeren Schwestern. Diese – ich möchte fast sagen – Anbetung hat sich erst in den späteren Jahren herausgebildet. Die Menschen in seiner Umgebung spürten seine Persönlichkeit auch ohne seine Bücher zu lesen und er wurde von den meisten Menschen sehr geliebt und geschätzt. Gewöhnlich reagierte er darauf gar nicht, denn er war ganz in seine eigene Welt versponnen.

Er konnte aber auch sehr liebevoll in Kleinigkeiten sein, so kann ich mich zum Beispiel erinnern, wie er einmal der Haushälterin meiner Großeltern[108] einen Regenschirm zum Geburtstag schenkte. An der Spitze jedes Drahtes hingen, sorgfältig angebunden, Bonbons. Und plötzlich war das ein ganz besonderer Regenschirm. Der einzige in seiner Umgebung, der vollkommen

Marie Wernerová (das »Fräulein«) mit
Felix und Gerti Hermann 1917 im Baumgarten

negativ auf ihn reagierte, war sein Vater, dem wäre ein Sohn wie mein Vater viel lieber gewesen. Sein Sohn war ihm vollkommen fremd und eine große Enttäuschung. Er war ein Geschäftsmann, der sich von klein auf durch harte Arbeit, großen Fleiß und praktischen Sinn emporgearbeitet hatte. Er hätte sich gewünscht, daß sein einziger Sohn sein Geschäft übernehmen würde und in seinen Fußstapfen durch das Leben gehen würde. Mit einem Träumer, der unsichtbare Kämpfe führte und unverständliche Bücher schrieb, die damals kein Geld einbrachten, wußte er überhaupt nichts anzufangen. Der Onkel spürte das natürlich, und das Verhältnis zu seinem Vater wuchs zu einem enormen Hindernis, über das er in seinem ganzen Leben nicht hinweg-

Brunshaupten an der Ostsee 1922.
Kafkas Schwestern Valli (hinten vierte von links)
und Elli (vor ihrer Schwester sitzend) mit ihren Familien;
vorne links Marie Wernerová, das »Fräulein«;
Gerti Kaufmann vorn, zweite von rechts, neben ihrer Mutter

kam. Der Onkel, der selbst nicht verheiratet war, interessierte sich sehr für Kindererziehung. Er beeinflußte auch in dieser Hinsicht seine Schwestern und nahm Anteil an uns Kindern. Er schenkte uns Bücher, riet den Schwestern zu welchen Vorträgen und Theaterstücken zu gehen usw. Ich kann mich erinnern, daß er meiner Mutter einmal den Rat gab, mich mit 10 oder 12 Jahren wegzugeben von zu Hause und mich in eine Tanzschule nach Hellerau zu geben. Aus diesem Experiment wurde nichts, weil meine Mutter davor zurückschreckte mich so bald von zu Hause wegzuschicken. Er muß wohl eine sehr unglückliche Kindheit gehabt haben, denn ich erinnere mich noch an den Ruf »weg von zu Hause mit den Kindern«, der von ihm stammte. Die Atmosphäre, die von ihm ausging und sich in seinen Schwestern widerspiegelte, war sehr eigenartig. Wir Kinder wuchsen auf in einem gutbürgerlichen, sehr geregelten Milieu, das aber doch sehr verschieden war von dem anderer Menschen in derselben sozialen Schicht, eben durch diesen Einfluß, der von Franz Kafka ausging und sich auf seine Schwestern übertrug. Meine Mutter war seine älteste Schwester. Aber alle drei Schwestern Franz Kafkas waren sehr sensitiv und hatten eine große Einfühlungskraft. Im Leben meiner Mutter spielten wir Kinder, ihr Mann eine sehr positive Rolle, die sie ausfüllte, aber all das war ihr irgendwie sehr selbstverständlich. Tiefer als das ging der Einfluß ihres Bruders. Durch ihn war sie mit allem Kostbaren und Schönen und auch Schwerem und Unerklärlichem verbunden, und sie konnte sich einfühlen in seine Welt. Aber eben durch ihre passive Veranlagung konnte sie ihm nie viel helfen, sondern immer nur verstehen, sich einfühlen. Die jüngste Schwester war viel energischer und aktiver, und sie stand meinem Onkel, glaube ich, am nächsten. Sie war ihm mehr ein Kamerad und sie verbrachten oft Ferien zusammen. Der Tod ihres Bruders war der erste schwere Schlag, den das Leben den drei Schwestern versetzte. Die Zeit verwischte etwas sein Antlitz, aber nie ihre Liebe und Verehrung für ihn. Und das Schicksal versetzte ihnen bald viele andere Hiebe. – Die Nazis sind mit der Familie Franz Kafkas so verfahren wie mit tausenden anderen. Alle drei Schwestern wurden irgendwo, irgendwann in Polen vergast...

Erinnerungen zu Lebzeiten

VON MILENA JESENSKÁ

Auf Ihren Brief hätte ich tage- und nächtelang zu antworten. Sie sagen, wie es komme, daß sich Frank[109] vor der Liebe fürchtet und vor dem Leben nicht fürchtet? Aber ich denke, daß es anders ist. Für ihn ist das Leben etwas gänzlich anderes als für alle andern Menschen, vor allem sind für ihn das Geld, die Börse, die Devisenzentrale, eine Schreibmaschine völlig mystische Dinge (und sie sind es ja in der Tat, nur für uns andere nicht), sie sind für ihn die seltsamsten Rätsel, zu denen er durchaus nicht so steht wie wir –. Ist denn etwa seine Beamtenarbeit eine gewöhnliche Ausführung eines Dienstes? Für ihn ist das Amt – auch sein eigenes – etwas so Rätselhaftes, so Bewundernswertes wie für ein kleines Kind eine Lokomotive. Die einfachste Sache auf der Welt versteht er nicht. Waren Sie einmal mit ihm in einem Postamt? Wenn er ein Telegramm stilisiert und kopfschüttelnd ein Schalterfensterchen sucht, das ihm am besten gefällt, wenn er dann, ohne im geringsten zu begreifen, warum und weswegen, von einem Schalter zum nächsten wandert, bis er an den richtigen gerät, und wenn er zahlt und Kleingeld zurückbekommt, zählt er nach, was er erhalten hat, findet, daß man ihm eine Krone zu viel herausgegeben hat, und gibt dem Fräulein hinter dem Fenster die Krone zurück. Darin geht er langsam weg, zählt nochmals nach und auf der letzten Stiege unten sieht er nun, daß die zurückerstattete Krone ihm gehört hat. Nun, jetzt stehen Sie ratlos neben ihm, er tritt von einem Fuß auf den andern und denkt nach, was zu tun wäre. Zurückgehen, das ist schwer, oben drängt sich ein Haufen von Menschen. ›Also laß es doch sein‹, sage ich. Er schaut mich ganz entsetzt an. Wie kann man es lassen? Nicht daß ihm um die Krone leid wäre. Aber gut ist es nicht. Da ist um eine Krone zu wenig. Wie kann man das auf sich beruhen lassen? Er hat lange darüber geredet. War mit mir sehr unzufrieden. Und das wiederholte sich in jedem Geschäft, in jedem Restaurant, bei jeder Bettlerin, in verschiedenen Variationen. Einmal hat er einer Bettlerin zwei Kronen gegeben und wollte eine Krone heraushaben. Sie sagte, daß sie nichts habe. Wir sind gute zwei Minuten dagestanden und haben darüber nachgedacht, wie wir die Sache durchführen sollten. Da fällt ihm ein, er könnte ihr beide Kronen lassen. Aber kaum hat er ein paar Schritte gemacht, wird er sehr verdrießlich. Und derselbe Mensch würde mir selbstverständlich sofort mit Begeisterung, voll Glück zwanzigtausend Kronen geben. Aber würde ich ihn um zwanzigtausendundeine Kronen bitten und wir müßten irgendwo Geld wechseln und wüßten nicht, wo, so würde er ernstlich überlegen, wie er das mit der einen Krone machen solle, die mir nicht gebührt. Seine Beengtheit dem Geld gegenüber ist fast die gleiche wie der Frau gegenüber. Seine Angst vor dem Amt ebenso. Ich habe ihm einmal telegraphiert, telephoniert, geschrieben, ihn bei Gott angefleht, er möge für einen Tag zu mir kommen. Es war mir damals sehr notwendig. Ich habe ihn auf Tod und Leben verflucht. Er hat nächtelang nicht geschlafen, sich gequält, Briefe voll Selbstvernichtung geschrieben, ist aber nicht gekommen. Warum? Er hat nicht um Urlaub ersuchen können. Er hat doch dem Direktor, demselben Direktor, den er aus tiefster Seele bewundert (ernstlich!), weil er so schnell Maschine schreibt, – er hat ihm doch nicht sagen können, daß er zu mir fährt. Und etwas anderes sagen – wieder ein entsetzter Brief – wie denn? Lügen? Dem Direktor eine Lüge sagen? Unmöglich. Wenn Sie ihn fragen, warum er seine erste Braut geliebt hat, antwortet er: ›Sie war so geschäftstüchtig‹ und sein Gesicht beginnt vor Ehrerbietung zu strahlen.

Ach nein, diese ganze Welt ist und bleibt ihm rätselhaft. Ein mystisches Geheimnis. Etwas, was er nicht zu leisten vermag und was er mit rührender reiner Naivität hochschätzt, weil es »geschäftstüchtig« ist. Als ich ihm von meinem Mann erzählte, der mir hundertmal im Jahr untreu ist, der mich und viele andere Frauen in einer Art Bann hält, erhellte sich sein Gesicht in derselben Ehrfurcht wie damals, als er von seinem Direktor sprach, der so schnell Maschine schreibt und daher ein so vorzüglicher Mensch ist, und wie damals, als er von seiner Braut sprach, die so »geschäftstüchtig« war. Das alles ist für ihn etwas Fremdes. Ein Mensch, der an der Schreibmaschine schnell ist, und einer, der vier Liebchen hat, ist ihm genau so unbegreiflich wie die Krone

Milena Jesenská, verh. Pollak

beim Postamt und die Krone bei der Bettlerin, unbegreiflich deshalb, weil es lebendig ist. Aber Frank kann nicht leben. Frank hat nicht die Fähigkeit zu leben. Frank wird nie gesund werden. Frank wird bald sterben.

Persönliches

VON MAX BROD

Quodsi me lyricis vatibus inseres,
Sublimi feriam sidera vertice.

Wenn du mich also in die Schar der Dichter
und Seher einreihst /
Werde ich mit erhobenem Scheitel
an die Sterne schlagen.

Diese Worte des Horaz an Maecenas nachzufühlen, nachzusprechen, würde sich Kafka niemandem gegenüber bewogen sehen. Als ich die Verse des Horaz wieder einmal las, stieß mir unversehens die grundsätzliche Unterscheidung der beiden Persönlichkeiten ins Auge, und ich fand, daß sie, selbst wenn man von allen höfischen Künsten des Römers absieht, etwas für Kafka ungemein Charakteristisches haben. Nein, mein Freund hätte nie und unter keinen Umständen an die Sterne schlagen wollen. Das Leitwort seines Lebens war: im Hintergrund bleiben – unauffällig sein. Unauffällig in allem war sein Benehmen, selten verstärkte er seine leise Stimme – war er in einer Gesellschaft von mehreren Leuten, so verstummte er meist ganz. Und nur in einem Beisammensein zu zweit oder zu dritt verlor er seine Schüchternheit – dann allerdings brach mit staunenswerter Kraft eine Fülle von Einfällen aus ihm hervor, die ahnen ließ, daß dieser stille Mensch eine ungeheure Welt von noch nicht gestalteten Figuren und Gedanken in sich herumtrug. Nie wieder habe ich solch hurtig in fernste Ferne springende Assoziationen, solch lustig bizarre Einfälle, solch ungezwungene Phantastereien erlebt. Der Band ›Hochzeitsvorbereitungen auf dem Lande‹[110] enthält, wie zur Stütze meiner Erinnerung, eine Unzahl begonnener und nicht zu Ende geführter Geschichten, Situationen, Erwägungen, einen geradezu unwahrscheinlichen Reichtum an Phantasien, die in aller Herren Länder und in tausendundeinen Tag führen:

so daß man, wie vor den Fragmenten des Novalis, vor so viel Licht erschrickt und, das zu Ende geführte Werk des Verfassers mit dem vergleichend, was er unvollendet zurückgelassen hat, das Areal der Trümmerstätte vergleichsweise tausendmal größer findet als das der zu Ende gebauten Monumente. ›Amerika‹, ›Prozeß‹, ›Schloß‹, ›Die Verwandlung‹, ›In der Strafkolonie‹ – das erscheint einem nur wie eine Zufallsbeute gegenüber dem unsagbar vielen, das das Schicksal, Kafkas früher Tod, uns entrissen hat. Man muß daher zur Beurteilung dieses Riesenwuchses auch immer das Ungeformte, das bloß Angedeutete neben den festeren Konturen in Betracht ziehen. – Und dieser Riese ging als ein Zwerg unter uns herum. Er gab sich nicht zu erkennen. »Nur die Lumpen sind bescheiden«, sagt Goethe, lebte man aber mit Kafka, so war man eher versucht, diesen Satz in sein freilich ebenso unberechtigtes, extremes Gegenteil umzukehren: »Jeder Unbescheidene ist ein Lump.«

Ich will hier nochmals die Gestalt meines Freundes heraufbeschwören: Schlank, groß, etwas vorgebeugt – die Augen kühn, blitzend-grau, die Gesichtsfarbe bräunlich, der Haarbusch hoch und pechschwarz, schöne Zähne, ein freundliches höfliches Lächeln, wenn nicht zuweilen ein geistesabwesend trüber Ausdruck das schöne scharfgeschnittene Gesicht verdüsterte; doch eigentlich fast nie unmutig, meist sehr beherrscht; in seltenen Momenten (die in frühen Jahren, vor der Krankheit überwogen), in diesen herrlichen Momenten jungenhaft aufgeschlossen, fröhlich, naiv, witzig, mit einer untergründig gutartigen, rasch korrigierten Neigung zu boshaften Wendungen, zu Mystifikationen, die er meist sofort bedauerte, – der Anzug dunkelgrau oder dunkelblau, ohne Muster, glatt, von nicht hervortretender Eleganz, stets sehr sorgfältig und geschmackvoll gekleidet, die schmalen Hände ausdrucksvoll, doch sparsam in ihren Bewegungen. Keine Baskenmütze, keine Haarmähne, überhaupt kein äußeres Abzeichen des Dichtertums; auch kein breiter Carbonarahut, keine Schmetterlingskrawatte à la Byron, wie ihm dies jetzt plötzlich von einem, der »sich erinnert«, zugeschrieben wird. Einfach und dabei prinzlich fein – so steht er vor mir. Sich verschließend und dabei doch von unendlicher Güte. Er, der sich selbst in seinem Werk immer Lieblosigkeit vorwarf, der sich (nach seinem eige-

Max Brod (1914)

nen hohen Maßstab) zu wenig liebesdurchglüht fand, – er war in Wirklichkeit der sorglichste Freund und Mitmensch. Ich erinnere mich oft, mit welcher Aufmerksamkeit er danach strebte, einem alten Dienstmädchen in seiner Familie, einem Fräulein Werner, um das sich niemand mehr so recht kümmerte, freundliche Zeiten, so zum Beispiel einen unerwarteten Theaterbesuch, zu verschaffen. – War er krank und schwach, so regte er doch immer wieder andre an, andern zu helfen. In den ›Briefen 1902–1924‹ findet man viele Beispiele dafür. Jede Art von Egozentrismus verabscheute er. Solange seine Kräfte reichten, war er darauf aus, sich in die Seelen anderer mit edler Selbstverständlichkeit einzuleben, ihnen auf zarte Art Gutes zu tun, sie auf das Richtige hinzulenken oder ihnen doch Freude zu schaffen. Seine Lebensgefährtin Dora Diamant erzählte mir, wie sie einmal bei gemeinsamem Spaziergang im Stadtpark von Steglitz bei Berlin ein weinendes Mädelchen fanden. Es weinte, weil es seine Puppe verloren hatte. Kafka tröstete das Kind – doch es ließ sich nicht trösten. »Aber deine Puppe ist doch gar nicht verloren«, sagte der Dichter schließlich, »sie ist nur verreist, ich habe sie noch vorhin gesehen und mit ihr gesprochen. Sie hat mir fest zugesagt, dir einen Brief zu schicken. Morgen um diese Stunde sei hier, ich werde dir den Brief bringen.« Da hörte die Kleine auf zu weinen – und am nächsten Tag brachte Kafka wirklich den Brief, in dem die Puppe von ihren Reiseabenteuern erzählte. Daraus entspann sich nun eine richtige Puppenkorrespondenz, die wochenlang weitergeführt wurde und erst zu Ende kam, als der kranke Dichter seinen Wohnort wechseln, seine letzte Reise Prag-Wien-Kierling antreten mußte. Zum Schluß vergaß er nicht, in allem Trubel des für ihn so traurigen Umzugs, dem Kind eine Puppe zurückzulassen und sie als die alte, verlorene zu legitimieren, die nur während all der Erlebnisse in fernen Ländern eine gewisse Umwandlung erfahren habe. – Diese Sphäre der Güte und schalkhaften Erfindungslust – erinnert sie nicht ein wenig an die Sphäre von Hebels ›Schatzkästlein des rheinischen Hausfreundes‹, ein Buch, das Kafka neben dem ›Wandsbeker Boten‹ von Claudius und dem ›sanften Gesetz‹ Stifters besonders geliebt hat? Hier in diesem milden Sternenlicht und nicht in den sensationellen Unheimlichkeiten eines Edgar Allan Poe fühlte er sich zu Hause, dies war die Richtung, in die er sich entwickelte und zu entwickeln wünschte. Wäre er am Leben geblieben, so hätten wir wahrscheinlich ganz unerwartete Wendungen seiner Phantasiefreudigkeit erlebt. Vielleicht hätte er auch ganz aufgehört zu schreiben und alle seine schöpferische Leidenschaft hätte sich in der Form eines gottgeheiligten Lebens etwa in der Art Schweitzers, des großen Arzt-Befreiers, erfüllt. Vieles, was ich aus seinem Munde gehört habe, deutet in diese Richtung. Doch es ist müßig, über diese Geheimnisse nachzudenken, für deren Verhüllung er gerade durch sein unauffälliges Leben so nachdrücklich gesorgt hat. – Charakteristischer für ihn als manches andere, was erzählt wird, scheint mir das Folgende: Bei Herausgabe eines Gedenkbuches wurde auch einer seiner Mitschüler, ein zeitweilig Prominenter, gebeten, Erinnerungen an ihn mitzuteilen. Der Prominente, der acht Jahre mit ihm dieselbe Gymnasialschulbank geteilt hatte, war aufrichtig genug zu erwidern: Alles, woran er sich erinnern könne, sei das Eine, daß in der ganzen Zeit über Franz Kafka gar nichts zu sagen gewesen sei und daß er keinerlei Aufmerksamkeit erregt habe.

Was vor den Augen des Menschen nichts ist, kann vor den Augen Gottes sehr viel bedeuten, umgekehrt: Was vor den Augen der Menschen als ein immer weniger übersehbarer Komplex aufschwillt – wie der Nachruhm Kafkas und die Mißverständnisse, die sich an diesen welterfüllenden Ruhm heften –, das kann vor den Augen Gottes ein Nichts sein. Wenn wir an das Werk Kafkas mit Demut im Herzen herantreten, dürfen wir immerhin hoffen, einigen Partikeln jener Wahrheit und Reinheit, zu der es ihn hintrieb, eine Heimstätte in uns zu bereiten.

Anmerkungen

1 Fritz Mauthner, *Erinnerungen.* Bd. 1: *Prager Jugendjahre.* München 1918.

2 Klaus Wagenbach, *Franz Kafka. Eine Biographie seiner Jugend.* Bern 1958.

3 Was einer »2« entsprach.

4 Vgl. TZF 10–66.

5 Vgl. TBE 9; es handelt sich um den frühesten erhaltenen Kafka-Text.

6 Kafka erinnert sich daran in einer Tagebucheintragung, vgl. TT1 258f.

7 Die von der jiddischen Theatertruppe vermittelten Eindrücke hält Kafka im Tagebuch fest, vgl. TT1 48ff.

8 Im Dezember 1913, vgl. TT1 215.

9 Vgl. Br 364f.

10 Vgl. Br 433f.

11 Vgl. Br 436.

12 Vgl. Br 437f.

13 In einem Brief an Milena Jesenská erinnert sich Kafka an die »Köchin«, die ihn auf dem Schulweg begleitete, vgl. M 71.

14 Hermann Kafka trug einen Schnurrbart; keine der erhaltenen Photographien zeigt ihn mit einem »langen Bart«.

15 Korrektur: Nr. 3.

16 Zu jener Zeit Niklasstraße oder Mikulášská třída, ab 1926 Pařižská třída (Pariser Straße).

17 Kafka erwähnt den Lehrer Matthias Beck in einer Tagebucheintragung vom 11.12.1919, vgl. TT3 172f.

18 Ab hier zitiert Hecht eine Tagebucheintragung Kafkas, vgl. TT3 228.

19 Einem unpublizierten Brief Kafkas an seine Schwester Elli aus dem Jahr 1921 läßt sich entnehmen, daß es Hecht und der von ihm später erwähnte »Syphilitiker« waren, die ihn »aufklärten«: »Sie belehrten mich gleichzeitige, der eine von rechts, der andere von links, der Rechte lustig, väterlich, weltmännisch, mit einem Lachen, das ich später bei Männern aller Lebensalter, auch bei mir, genau so gehört habe [...], der Linke sachlich, teoretisch, das war viel abscheulicher. Beide haben längst geheiratet und sind in Prag geblieben, der Rechte ist schon viele Jahre von Syphilis bis zur Unkenntlichkeit zerstört, ich weiß nicht, ob

er noch lebt, der Linke ist Professor für Geschlechtskrankheiten und Gründer und Vorsitzender eines Vereines zur Bekämpfung der Geschlechtskrankheiten. Gegeneinander abschätzen will ich sie nicht, übrigens waren sie nicht etwa Freunde, damals sind sie nur zufällig zwecks meiner Belehrung zusammengekommen.«

20 Siehe die vorausgehende Anmerkung.

21 Vgl. Kafkas Schilderung im ›Brief an den Vater‹, TZF 16.

22 In seinem Tagebuch erinnert sich auch Kafka daran, vgl. TT3 200.

23 Siehe dagegen oben die Darstellung Bergmanns.

24 Korrektur: Die Familie Kafka zog erst 1913 in das sog. Oppeltsche Haus.

25 Egon Erwin Kisch (1885–1948) besuchte allerdings die Nikolander-Realschule, während sein älterer Bruder Paul dieselbe Klasse besuchte wie Kafka.

26 T. G. Masaryk trat öffentlich für den jüdischen Schustergesellen Leopold Hilsner ein, der beschuldigt wurde, im April 1899 einen Ritualmord an einem christlichen Mädchen begangen zu haben.

27 Gemeint ist der Kunsthistoriker Max Dvořák (1874–1921), der 1909 eine Professur an der Wiener Universität erhielt und Oskar Pollak zu seinem Assistenten machte.

28 Korrektur: Max Brod war nicht Schüler des Altstädter Gymnasiums, sondern des Stefansgymnasiums.

29 Im Oppeltschen Haus am Altstädter Ring, in dem die Familie Kafka ab 1913 wohnte.

30 Kafka legte bereits 1901 das Abitur ab.

31 Kafkas Vater benutzte Geschäftspapier sowohl mit tschechischem als auch mit deutschem Briefkopf, je nach Nationalität des Adressaten, vgl. die Abbildung.

32 Kafka betont verschiedentlich, er sei völlig unmusikalisch; in einer Tagebucheintragung gibt er allerdings an, Violinunterricht erhalten zu haben, vgl. TT3 206.

33 Korrektur: Hugo Bergmann studierte Mathematik, Physik und als Hauptfach Philosophie, aber nicht Romanistik.

34 Korrektur: Der Apotheker Max Fanta überlebte seine Frau – in deren »Cercle« er wohl keine Rolle spielte – um sieben Jahre.

35 Korrektur: Ehrenfels war ordentlicher Professor an der Karls-Universität.

36 Albert Einstein lehrte in den Jahren 1911 und 1912 in Prag.

37 Der Zwischenfall vom 4.4.1913 fand auch im Lokalteil der Prager Tageszeitung *Bohemia* seinen Niederschlag. Unter der Über-

schrift »Die Dichterin und der Polizist« berichtet die Abend-Ausgabe u.a.: »Heute um zwölf Uhr nachts erregte ein kurzer Vorfall die Beachtung der nächtlichen Passanten. Auf dem Altstädter Ring wurde eine abenteuerlich gekleidete Dame von einem Wachmann in brüsker Weise angefahren, weil sie mit verzückten Mienen und rhythmischen Schwingungen des Leibes unzusammenhängende Worte gegen das Firmament sang, in das die Silhouette der Theintürme schwarze Schatten schnitt. Die Dame, die ein schwarzes Gewand und um den Hals, der von schwarzen, wallenden Locken umsäumt war, ein[e] Onyxkette trug, war Else Lasker-Schüler. Vergeblich machten die Begleiter der Dichterin, insbesondere Paul Leppin, den Polizisten darauf aufmerksam, daß es sich um einen exotischen Gast aus Theben handle [...], der hier ein morgenländisches Gebet verrichte. ›Das ist mir wurscht!‹ antwortete der Wachmann, ›hier darfs niemand nicht singen‹ und forderte energisch die weltentrückte Dichterin zum Einstellen des Gesanges auf. Erschreckt fuhr diese zusammen und, erregt dem Wachmann das Wort ›Prinz‹ ins Gesicht schleudernd, entfernte sie sich [...]« (Nr. 92, S. 2). Vgl. hierzu auch Hartmut Binder, »Else Lasker-Schüler in Prag«. In: *Wirkendes Wort* 3 (1994), S. 405–438, bes. 413ff.

38 Bis Ende 1912 waren von Max Brod bereits ein gutes Dutzend Bücher erschienen.

39 Brod hat den jungen Franz Werfel »entdeckt« und gefördert.

40 Gemeint ist der Text ›Auf der Galerie‹, TEL 207f.

41 Gemeint ist wohl – auch wenn die Inhaltsbeschreibung abweicht – das Dramenfragment ›Der Gruftwächter‹, TBB 10ff.

42 ›Der Gruftwächter‹ ist handschriftlich in einem Oktavheft überliefert; außerdem fragmentarisch als Typoskriptreinschrift, vgl. TBB 10ff.

43 Br 272f.

44 Br 264.

45 Der Brief ist auf Januar/Februar 1921 zu datieren; Weltsch zitiert ihn in Auszügen, vgl. M 372 bzw. FK 204.

46 Im von Franz Blei herausgegebenen *Hyperion* erschienen 1908 acht kurze Prosastücke von Kafka unter dem Titel ›Betrachtung‹. Es war Kafkas erste Publikation.

47 Milena Jesenská und ihre Freundin Staša Jílovská. Milena, damals verheiratete Pollak, hat Kafka im Herbst 1919 kennengelernt; Willy Haas gab 1952 die erste Ausgabe der *Briefe an Milena* heraus.

48 Willy Haas besuchte Kafka noch im Winter 1923/24 in Berlin;

diese angeblich »letzte Erinnerung« kann – da Haas sie mit der »Berliner Verlobten« Felice Bauer in Verbindung bringt – spätestens aus dem Jahr 1917 stammen.

49 Kafka hielt sich vom 3. bis 9. Dezember 1910 in Berlin auf. Am letzten Tag schickte er Mareš eine Ansichtskarte vom Reichstagsgebäude, vgl. *Franz Kafka: Briefe 1900–1912.* Hrsg. von Hans-Gerd Koch. Frankfurt a. M. 1999, S. 130.

50 Hermann Kafka handelte Galanteriewaren en gros; von 1906 bis 1912 befand sich sein Geschäft im ersten Stock des Hauses Zeltnergasse 12, ab 1912 im Erdgeschoß des Kinsky-Palais am Altstädter Ring.

51 Korrektur: Kafka und seine beiden Kollegen wurden zunächst zu »Konzipisten« ernannt; zum »Vize-Sekretär« wurde Kafka erst am 1. März 1913 befördert.

52 Die Versicherungsanstalt hatte im »Mobilisierungsjahr 1915« ihre beiden landsturmpflichtigen Beamten Gütling und Kafka als »unentbehrlich« und »unersetzlich« vom Kriegsdienst freistellen lassen; Kafka wurde auf unbestimmte Zeit, Gütling nur für wenige Wochen vom Militärdienst »enthoben«, vgl. Franz Kafka, *Amtliche Schriften.* Hrsg. von Klaus Hermsdorf. Berlin 1984, S. 402–405.

53 Kafka blieb bis zu seiner vorläufigen Pensionierung im Sommer 1922 als Beamter im Dienst der Versicherungsanstalt, in den letzten Jahren allerdings mit größeren, durch seine Krankheit bedingten Unterbrechungen.

54 Erst nach Kafkas Tod, 1925 bzw. 1926.

55 Kurzform des offiziellen tschechischen Namens: Úrazová pojišťovna dělnická pro královstvi česke v Praze.

56 FK 110f.

57 KW 152

58 Abgedruckt in KuR I 34ff.

59 Zwei Postkarten vom 26. Juni 1922, vgl. BKB 370. – Es ist die Erzählung ›Erstes Leid‹, die Kafka hier als »widerliche kleine Geschichte« bezeichnet.

60 BKB 232

61 KW 54f.

62 So der von Max Brod gewählte Titel; in der 1983 erschienenen Kritischen Ausgabe sowie in der entsprechenden Taschenbuchausgabe trägt der Roman den von Kafka dafür vorgesehenen Titel ›Der Verschollene‹.

63 KW 29

64 BKB 429

65 Gemeint ist das dort gelegene Café Arco.
66 Korrektur: Beim Erscheinen der *Betrachtung* firmierte der Verlag noch als Ernst Rowohlt Verlag.
67 Die Lesung fand am 4. Dezember 1912 im Rahmen eines »Prager Autorenabends« der Herder-Vereinigung statt. Siehe auch KuR I 110–114.
68 Wohl ein Irrtum: Kafka hatte sich Anfang Juli 1916 in Marienbad zum zweitenmal mit der Berlinerin Felice Bauer verlobt. Im Juli 1917 fuhren sie gemeinsam zu einer Schwester Felices nach Budapest, von wo aus Kafka dann allein über Wien nach Prag zurückkehrte. Seine Absicht, nach Kriegsende zu heiraten und Prag zu verlassen, dokumentiert ein Brief an den Verleger Kurt Wolff vom 27. Juli 1917, vgl. KW 43.
69 Vgl. dazu Kafkas Tagebucheintragungen aus diesen Tagen, TT2 164–167.
70 Kafka hielt sich vom 2. bis zum 24. Juli 1916 in Marienbad auf, die ersten zehn Tage gemeinsam mit Felice Bauer.
71 Schlußsatz aus *Carmen* von Prosper Mérimée.
72 Korrektur: Es war der Band *Betrachtung*, vgl. oben die Erinnerung der Schwester.
73 Den Besuch einer Aufführung belegt Kafkas Tagebuch am 1.3.1922, vgl. TT3 223.
74 Gemeint ist Dora Diamant.
75 Im Rahmen der »Abende für neue Literatur« des Münchener Kunstsalons Hans Goltz las Kafka am 10. November 1916 seine damals noch unpublizierte Erzählung ›In der Strafkolonie‹. Vgl. KuR I 117ff.
76 Korrektur: Kafka las ›In der Strafkolonie‹.
77 Kafka nutzte die Lesung in München zu einem Treffen mit Felice Bauer.
78 Korrektur: Franz Blei, der 1915 vom Schutzverband deutscher Schriftsteller mit der Vergabe des Fontanepreises betraut war, bestimmte Carl Sternheim als Preisträger, legte diesem aber mit Erfolg nahe, Kafka durch die Weitergabe der Preissumme daran zu beteiligen und für seine Erzählung ›Die Verwandlung‹ zu ehren.
79 Korrektur: Kafka erkrankte fast ein Jahr später.
80 Kafka wurde wohl von einer Bediensteten abgeholt, vgl. TT1 17f., nicht aber von seiner Mutter, die ihren Mann im Geschäft unterstützte.
81 Kafka bat Felice Bauer im August 1916, Feigl in Berlin aufzusuchen und ein Bild auszuwählen, das als Hochzeitsgeschenk für

einen Vetter gedacht war, vgl. F 683. Ihren Besuch hatte er mit Feigl brieflich vereinbart.

82 Korrektur: Auch in ›Ein Landarzt‹ ist die betreffende Figur ein Junge.

83 Gemeint ist Minze Eisner, mit der Kafka tatsächlich noch längere Zeit korrespondierte, vgl. Br 256ff.

84 Kafka begab sich im Dezember 1920 zu einem Kuraufenthalt nach Matliary und blieb dort bis Ende August 1921.

85 Die Erzählung ›Josefine, die Sängerin‹ entstand während der knapp drei Wochen, die sich Kafka im März/April 1924 in Prag aufhielt, vor der Weiterreise in ein Sanatorium, siehe auch Br 521, Anm. 12. Kafka nahm sie als vierte Erzählung in seinen Band *Ein Hungerkünstler* auf, auf dessen Korrektur sich Klopstock im letzten Absatz bezieht.

86 In einem Brief vom September/Oktober 1921 an Robert Klopstock schreibt Kafka: »Ich war gestern noch in einer Gesellschaft, die zusammengekommen war, um eine neue junge Rezitatorin zu hören [...], dann war ich aus Schwäche noch im Kaffeehaus, kam nervenzitternd nachhause, ich ertrage jetzt nicht einmal die Blicke der Menschen mehr (nicht aus Menschenfeindschaft, aber die Blicke der Menschen, ihre Anwesenheit, ihr Dasitzen und Herüberschauen, das alles ist mir zu stark) [...]«, Br 357. Hartmut Binder geht davon aus, daß es sich um eine private Lesung mit Loni Lapper-Strich (der späteren Frau Fuchs) gehandelt hat, vgl. Hartmut Binder, *Prager Profile*, Berlin 1991, S. 67f.

87 Es ist unwahrscheinlich, daß Kafka – wie die Ausführungen von Bérence nahelegen – während seines kurzen Aufenthaltes in Prag vom 17.3. bis zum 4.4.1924 eine öffentliche Veranstaltung besuchte; möglicherweise erinnert sich Bérence an einen weiter zurückliegenden Auftritt des Rezitators Ludwig Hardt, der den Text ›Elf Söhne‹, auf den sich Bérence im folgenden bezieht, in sein Programm aufgenommen hatte.

88 ›Josefine, die Sängerin‹ erschien erstmals im April 1924, als Kafka Prag bereits verlassen hatte; die Romane erschienen erst nach Kafkas Tod.

89 Kafka war aufgrund seiner Krankheit zum 1. Juli 1922 vorläufig pensioniert worden.

90 von hebr. *kadosch*, heilig, für »Segen«, »Heiligung«

91 von hebr. »Freund«, »Genosse«

92 ein jüdisches Gebetbuch

93 Vgl. auch Br 439–441.
94 Korrektur: bei Rostock.
95 TDE 165–208
96 Felice Bauer, mit der Kafka zweimal verlobt war.
97 Die fortschreitende Verschlechterung seines Zustandes zwang Kafka im März 1924, Berlin zu verlassen und zunächst nach Prag zurückzukehren. Dora Diamant folgte ihm dann im April ins Sanatorium Wienerwald.
98 Rotraut Hackermüller hat Kafkas Mitpatienten als Josef Schrammel identifiziert; vgl. seine Photographie und die dazugehörigen Ausführungen in R. Hackermüller, *Das Leben, das mich stört.* Wien/Berlin 1984, S. 114ff.
99 Korrektur: Gemeint sind offenbar die Schwäger.
100 Gemeint sind die Gesprächsblätter, mit deren Hilfe sich Kafka in den letzten Lebenswochen hauptsächlich verständigte, da er wegen der Kehlkopferkrankung nur noch flüstern konnte und ihm die Ärzte eine »Schweigekur« verordnet hatten.
101 Kafka korrigierte den ersten Umbruchbogen seines Buches *Ein Hungerkünstler*, das ein Vierteljahr später im Verlag Die Schmiede erschien.
102 Georg Simmels Buch *Rembrandt. Ein kunstphilosophischer Versuch* gehörte zu den Büchern, die Kafka Ende November/Anfang Dezember 1923 beim Kurt Wolff Verlag bestellte und wohl Anfang 1924 erhielt, vgl. KW 59f.
103 In der Alchimistengasse auf dem Hradschin entstanden von Ende 1916 bis Frühjahr 1917 die Oktavheftaufzeichnungen, aus denen die Texte des Bandes *Ein Landarzt* hervorgingen, nicht die Romane. Kafkas zeitweilige »Hausbesorgerin« war Růžena Hejna, »ein kleines, buckliges, tschechisches Blumenmädchen«, vgl. Hartmut Binders Anmerkung in O 171f.
104 Vgl. FK 69f.
105 Vgl. TZF 171.
106 Wohl ein Irrtum Hardts; vermutlich lernte er Kafka erst 1921 kennen.
107 Korrektur: ›Ein Hungerkünstler‹ entstand im Frühsommer 1922, zwei Jahre vor Kafkas Tod.
108 Marie Wernerová, das »Fräulein«.
109 Milena Jesenská nannte Franz Kafka ›Frank‹; vgl. M 360.
110 Eine von Max Brod zusammengestellte Textsammlung (Frankfurt/M. 1953).

Biographien/Quellen

FRANTIŠEK XAVER BAŠÍK (1878–1963) besuchte in Prag die Volks- und die Bürgerschule bevor er als Lehrling in das Galanteriewarengeschäft von Hermann Kafka eintrat (15. September 1892 – 31. Januar 1895). Danach arbeitete er bis zu seiner Pensionierung als Buchhalter und Handlungsreisender. Bašík begann im Jahr 1940 seine Lebensgeschichte aufzuschreiben, und im Laufe von drei Jahren entstand ein umfangreiches, neunteiliges Manuskript mit dem Titel *Fünfzig Jahre*. Das war genau die Zeit, die seit seiner ersten Anstellung vergangen war. In der Familie Bašík wußte man von der Existenz dieser Erinnerungen, man las sie aber kaum, vielleicht weil die kleine Schrift und der Umfang des Manuskriptes von vornherein entmutigten. Erst im Jahre 1994 zeigte sich beim Vergleich der Fakten aus dem ersten Teil von *Fünfzig Jahre* mit Details aus dem Lebenslauf von Franz Kafka, daß die Gestalt des kleinen Frantík Kafka mit dem Schriftsteller identisch ist.

Quelle: ›Als Lehrjunge in der Galanteriewarenhandlung Hermann Kafka‹. In: *Franz Kafka. Brief an den Vater.* Mit einem unbekannten Bericht über Kafkas Vater als Lehrherr und anderen Materialien. Hrsg. von Hans-Gerd Koch. Berlin 2004, S. 69–130. Aus dem Tschechischen von Christof Groessl und Jaromir Konecny.

OSKAR BAUM (1883–1941) gehörte mit Max Brod und Felix Weltsch zum engsten Freundeskreis Kafkas. Er stammte aus Pilsen und war bereits als Kind erblindet. Seinen Lebensunterhalt verdiente er hauptsächlich als Klavierlehrer; von 1922 an war er Musikkritiker der *Prager Presse.* Als Schriftsteller wurde er vor allem mit seinem Buch *Das Leben im Dunkeln* (1909) bekannt.

Quelle: Oskar Baum, »Erinnerungen an Franz Kafka«. In: *Witiko.* Zeitschrift für Kunst und Dichtung der literarischen Adalbert-Stifter-Gesellschaft in Eger, 2 (1929) Heft 3, S. 126–128.

HERMINE BECK, geb. Pomeranz (1899–1988), Tochter einer wohlhabenden jüdischen Familie, zog mit neun Jahren mit ihren Eltern von Wien nach Prag. Mit 19 Jahren erkrankte sie und wurde zur Erholung nach Schelesen geschickt.

Quelle S. 157: Peter Engel, »›Warum lassen Sie die arme Fliege nicht in Ruh'...‹. Bisher unbekannte Erinnerungen an den Dichter Franz Kafka«. In: *Neue Zürcher Zeitung* (5.8.1985), Nr. 178, S. 14.

FRED BÉRENCE (1889–1977), in der Schweiz geborener Schriftsteller französischer Sprache, unterrichtete während seines Aufenthaltes in Prag an der Handelsakademie und an der Technischen Hochschule.

Quelle: Fred Bérence, »Deux soirées avec Franz Kafka«. In: *Les Nouvelles Litteraires* (Paris) Nr. 962 (10.1.1946), S. 1f. Für diese Ausgabe übersetzt von Jean-Marc Rouchouse.

HUGO S. BERGMANN, später Schmuel Hugo (Shmuel H.) Bergman (1883–1975), Philosoph und aktiver Zionist, Mitglied des Prager Brentanisten- (später mehr anthroposophisch orientierten) Kreises, der sich im Café Louvre bzw. im Haus des Apothekers Fanta traf (Bergmann heiratete 1908 die Tochter des Apothekers). Mit seiner Familie wanderte er 1920 nach Palästina aus.

Quelle: Hugo Bergman, »Schulerinnerungen an Franz Kafka«. In: *Mitteilungsblatt des Irgun Olej Merkas Europa* 34, Nr. 36/37 (9.9.1966), S. 16 sowie »Erinnerungen an Franz Kafka«. In: *Universitas.* Zeitschrift für Wissenschaft, Kunst und Literatur 27, Heft 7 (1972), S. 739–750.

MAX BROD (1884–1968), zu Kafkas Lebzeiten ein Erfolgsschriftsteller und zentrale Gestalt der Prager deutschen Literatur, lernte Kafka während der gemeinsamen Studienzeit am 29. Oktober 1902 in der »Lese- und Redehalle der deutschen Studenten« in Prag kennen. Es entwickelte sich eine enge Freundschaft, die bis zu Kafkas Tod bestand – und für Brod auch darüber hinaus: Er nahm den literarischen Nachlaß des Freundes in seine Obhut und ebnete als erster Editor dem Werk den Weg zum heutigen Weltruhm.

Quelle: Max Brod, »Persönliches«, FK 337–347, hier: 337–340.

DORA DIAMANT (1898–1952), Schreibung des Namens auch Dymant, gebürtig aus Brzezin, stammte aus einer orthodoxen ostjüdischen Familie. Während des Ersten Weltkriegs zog sie nach Breslau, später nach Berlin; Kafka lernte sie im Juli 1923 kennen, als er mit der Familie seiner Schwester Elli Hermann Ferien in Müritz machte. Nach Kafkas Entschluß, nach Berlin zu ziehen, lebten sie vom September 1923 an zunächst dort, dann in den verschiedenen Sanatorien bis zu seinem Tod zusammen.

Quelle: Josef Paul Hodin, »Erinnerungen an Franz Kafka«. In: *Der Monat* 1, Nr. 1–9 (Juni 1949), S. 89–96, hier: 91–95. (Engl. Fassung: »Memories of Franz Kafka. Notes for a definite biography, together with reflections on the problem of decadence«. In: *Horizon* 17 (1948),

Nr. 18, S. 26–45.) Sowie: Marthe Robert, »Dora Dymants Erinnerungen an Kafka«. In: *Merkur* VII, Heft 9 (Sept. 1953), S. 848–851, hier: 850f.

NELLY ENGEL, geb. Thieberger (1894–1977), Tochter des Rabbiners Karl Thieberger, Schwester von Gertrude Urzidil und Friedrich Thieberger, war in verschiedenen Prager Organisationen jüdischer Frauen und Mädchen tätig. In den letzten Jahren des Ersten Weltkriegs übernahm sie die Redaktion der jüdischen Wochenschrift *Selbstwehr*.

Quelle: Nelly Engel, »Erinnerungen an Franz Kafka«. In: *Neue Zürcher Zeitung* 193, Nr. 434 (Fernausgabe Nr. 256), (17.9.1972), S. 53.

FRIEDRICH FEIGL (1884–1965) trat 1894, ein Jahr nach seinem älteren Bruder Karl, der die ersten drei Klassen gemeinsam mit Kafka besuchte, ins Altstädter Gymnasium ein. Beide Brüder – Friedrich, nachdem er die erste Klasse wiederholt hatte – verließen im Schuljahr 1895/96 die Schule. In seiner Erinnerung kann Kafka später offenbar die beiden Brüder nicht auseinanderhalten; im Jahr 1916 schreibt er seiner Verlobten Felice Bauer über Friedrich Feigl: »Aus der Schule erinnere ich mich kaum mehr an ihn. Suche ich mir ihn vorzustellen, so steigt nur etwas sehr Unfähiges und Langes in der letzten Bank auf, aber es ist gar nicht sicher, daß er es ist.«, F 689. Friedrich Feigl war inzwischen ein von Kafka sehr geschätzter avantgardistischer Maler und Graphiker geworden; im Briefwechsel Kafkas mit Felice Bauer findet er mehrfach Erwähnung, vor allem da er – wie Kafkas zeitweilige Verlobte – in Berlin lebte, und sie in Kafkas Auftrag Bilder bei ihm kaufte.

Quelle: Josef Paul Hodin, »Erinnerungen an Franz Kafka«. In: *Der Monat* 1, Nr. 1–9 (Juni 1949), S. 89–96, hier: 89f. Engl. Fassung: »Memories of Franz Kafka. Notes for a definite biography, together with reflections on the problem of decadence.« In: *Horizon* 17, Nr. 18 (1948), S. 26–45.

RUDOLF FUCHS (1890–1942), in Poděbrady geboren, gehörte zum Kreis der deutschsprachigen Schriftsteller, die sich im Café Arco trafen. Kafka setzte sich verschiedentlich bei Verlegern und Herausgebern für ihn ein.

Quelle: Rudolf Fuchs, »Erinnerungen an Franz Kafka«. In: Max Brod, *Franz Kafka*. Eine Biographie (Erinnerungen und Dokumente). Prag 1937, S. 281–284.

DORA GERITT wird von Hartmut Binder mit Olga Stüdl (1873–1946) identifiziert, der Besitzerin der Pension in Schelesen, in die Kafka erstmals im November 1918 zur Erholung fuhr, vgl. Hartmut Binder, *Kafka in neuer Sicht*, Stuttgart 1976, S. 423.

Quelle: Dora Geritt, »Kleine Erinnerungen an Franz Kafka«. In: Max Brod, *Franz Kafka*. Eine Biographie (Erinnerungen und Dokumente). Prag 1937, S. 285–287. Zuerst in: *Deutsche Zeitung Bohemia* (Prag) 104, Nr. 50 (27.2.1931), S. 6.

ALOIS GÜTLING (1886–1970); während der gemeinsamen Dienstjahre in der Arbeiter-Unfall-Versicherungs-Anstalt erschienen seine Bücher *Liebeskranz* (1916), *Im Bad Bielohrad* (1917) und *Nächte* (1919).

Quelle: Alois Gütling, »Erinnerungen an Franz Kafka«. In: *Prager Nachrichten* 2, Nr. 10 (1. Oktober 1951), S. 3–5.

WILLY HAAS (1891–1973) besuchte zusammen mit Franz Werfel das Prager Stefansgymnasium; er war Mitbegründer der Prager ›Herder-Vereinigung‹ und der ›Herder-Blätter‹, später Berater und Lektor der Verlage Ernst Rowohlt und Kurt Wolff; ab 1921 arbeitete er als Schriftsteller und Journalist in Berlin.

Quelle S. 82–85: Willy Haas, »Um 1910 in Prag. Aus Jugendtagen mit Werfel, Kafka, Brod und Hofmannsthal«. In: *Forum* 4 (Juni 1957), S. 223– 226, hier: 224–225.

Quelle S. 218–220: Willy Haas, »Franz Kafkas Tod«. In: *Der Tagesspiegel* (Berlin) 9, Nr. 2497 (25.11.53), Beiblatt, S. 1.

LUDWIG HARDT (1886–1947) gilt als einer der großen Rezitatoren seiner Zeit; die freundschaftliche Beziehung zu Kafka geht vermutlich auf einen seiner Prager Rezitationsabende im Jahr 1921 zurück: im Oktober 1921 hat Hardt in Prag erstmals Texte von Kafka vorgetragen; siehe auch KuR I 129ff.

Quelle: Ludwig Hardt, »Erinnerung an Franz Kafka«. In: *Die Fähre* 2 (1947), S. 75–78.

RAOUL HAUSMANN (1886–1971), bildender Künstler und Texter, Mitbegründer der DADA-Bewegung, trat am 1. und 2. März 1920 mit Richard Huelsenbeck im Rahmen einer gemeinsamen Dada-Tournee in Prag auf. Die beiden Abende endeten in Tumulten; in der Presse wurde ausführlich darüber berichtet.

Quelle: Raoul Hausmann, »Begegnung mit Franz Kafka«. In: *Prager Nachrichten*, Nr. 5–6/XI, 1960, S. 3–5.

HUGO HECHT (1883–1970) studierte nach dem Abitur an der Karls-Universität Medizin und hielt bereits als Student Vorträge über Haut- und Geschlechtskrankheiten. Nach dem Ersten Weltkrieg habilitierte er sich in Prag.

Quelle: Hugo Hecht, »Zwölf Jahre in der Schule mit Franz Kafka«. In: *Prager Nachrichten* 17, Nr. 8 (August 1966), S. 1–7.

GUSTAV JANOUCH (1903–1968), Sohn von Kafkas Arbeitskollegen Gustav Kubasa, lernte Kafka vermutlich 1919 kennen; seine erstmals 1951 erschienenen *Gespräche mit Kafka* (erweiterte Ausgabe 1968) sorgten für Aufsehen, waren aber auch hinsichtlich ihrer Authentizität umstritten. Heute ist erwiesen, daß sie – vor allem was die erweiterte Ausgabe anbelangt – in großen Teilen als fiktional zu betrachten sind.

Quelle: Gustav Janouch, »Erinnerungen an Franz Kafka«. In: *Die Neue Rundschau* (Frankfurt/M.) 1951, S. 49–64, hier: 49 u. 63f. sowie »Die Feuerprobe«. In: Gustav Janouch, *Prager Begegnungen.* Leipzig 1959, S. 93–120, hier: 94f. u. 100ff.

MILENA JESENSKÁ (1896–1944), seit März 1918 mit dem Literaten und Bankangestellten Ernst Pollak verheiratet, lernte Kafka vermutlich im Frühjahr 1920 kennen. Über einen intensiven Briefwechsel entwickelte sich eine Liebesbeziehung, die aber im Winter 1920/21 endete, da weder Milena Pollak noch Kafka sich zu dem entscheidenden Schritt für eine gemeinsame Zukunft entschließen konnten.

Quelle: Brief Milena Jesenskás an Max Brod, FK 198–200.

GERTI KAUFMANN, geb. Hermann (1912–1972), war eine Tochter von Elli, Kafkas ältester Schwester. Im Tagebuch ihres Onkels findet sie im Oktober 1915 Erwähnung: »Als Hinkender die Gerti erschreckt...«, TT3 110.

Quelle: Gerti Kaufmann, »Erinnerungen an Franz Kafka«. In: Max Brod, *Der Prager Kreis.* Stuttgart u.a.O. 1966, S. 116–118.

RUDOLF KAYSER (1889–1964) trat 1918/19 in den S. Fischer Verlag ein und war von 1922 an Herausgeber der *Neuen Rundschau*, in der er im Oktoberheft 1922 Kafkas Erzählung ›Ein Hungerkünstler‹ veröffentlichte. Der von ihm erwähnte Besuch bei Kafka fand im Februar 1924 in Berlin statt.

Quelle: Rudolf Kayser, »Franz Kafka«. In: *Die Neue Rundschau* (Berlin) 35, 2. Bd., Heft 7 (Juli 1924), S. 752.

ROBERT KLOPSTOCK (1899–1972), in Dombovár (Ungarn) geboren, lernte Kafka während eines Kuraufenthaltes in Matliary kennen. An seine Schwester Ottla schreibt Kafka im Februar 1921 aus dem Sanatorium: »Dann habe ich noch zwei junge Leute da, einen Kaschauer und einen Budapester, die sind wirklich meine Freunde. Als ich jetzt drei Tage im Bett lag, kam z.B. der Budapester, er ist Medicinstudent, noch um 9 Uhr abends von der Hauptvilla herüber um mir einen (an sich unnötigen) äußerst sorgfältigen Prießnitzumschlag zu machen. Was ich will, holen sie mir, verschaffen sie mir, richten sie mir ein, und alles genau und sofort und ohne die geringste Aufdringlichkeit.« (O 108) Seine Lungenkrankheit zwang Klopstock, das in Budapest begonnene Medizinstudium zu unterbrechen; ab 1922 setzte er es in Prag fort. Er besuchte Kafka im Winter 1923/24 in Berlin, und er betreute den Freund in Prag, vor allem aber während der letzten Lebenswochen im Sanatorium Kierling.

Quelle: Im Rahmen der vorbereitenden Arbeiten zu dem Band *Franz Kafka. Briefe 1902–1924* (hrsg. von Max Brod, Frankfurt 1958) von Robert Klopstock gegebene Erläuterungen und Anmerkungen, die im New Yorker Schocken Verlag aufgezeichnet wurden.

LEOPOLD B. KREITNER (1892–1969), in Hohenbruck/b. Königgrätz geboren, besuchte zwar in Prag das Altstädter Gymnasium, aber nach Ausweis der Schulberichte nicht zu der Zeit, in der Kafka noch zur Schule ging. Anschließend hielt sich Kreitner nur zeitweilig in Prag auf; er studierte an der Karls-Universität, promovierte aber in Graz; er selbst berichtet, daß er während des Krieges in Wien war; ab 1921 lebte er als Journalist für einige Zeit in Berlin.

Quelle: L. B. Kreitner, »Kafka as a young man«. In: *Connecticut Review* 3, Nr. 2 (1970), S. 28–32. Für diese Ausgabe übersetzt von Roger Hermes.

V. K. KROFTA fand – trotz der nicht unwichtigen Rolle, die er offenbar nach dem Ende der Habsburger Monarchie für Kafkas Verbleib im Amt gespielt hat – weder in dessen Briefen noch im Tagebuch Erwähnung.

Quelle: V. K. Krofta, »V úřadě s Franzem Kafkou«. In: *Lidová Demokracie* (Praha) 6.5.1969, S. 4. Für diese Ausgabe übersetzt von Dana Veverková.

GEORG (auch: JIŘÍ) MORDECHAI (auch: MORDECHAI GEORGO) LANGER (1894–1943), ein entfernter Verwandter Max Brods, wandte sich zum Entsetzen seiner gutbürgerlichen, tschechisch assimilierten Familie früh dem ostjüdischen Chassidismus zu und lebte zeitweilig am Hof eines galizischen Wunderrabbis. Seine Erlebnisse und Begegnungen hielt er in seinem Buch *Neun Tore: Das Geheimnis des Chassidismus* fest (dt. erstmals München-Planegg 1959). Kafka, dem er zeitweilig Hebräischunterricht erteilte, lernte Langer vermutlich im Sommer 1915 kennen.

Quelle: *Hege* (Tel Aviv), 23.2.1941, S. 256. Aus dem Hebräischen von Anne Birkenhauer.

ANNA LICHTENSTERN, geb. Feigl (1895-?), besuchte das »Öffentliche Deutsche Mädchenlyzeum«, zu dessen »auswärtigen Lehrkräften« der von ihr erwähnte Prof. Kio zählte, mit richtigem Namen Karl Kyovsky, Lehrer am sog. Stefansgymnasium, vgl. Kurt Krolop, »Zu den Erinnerungen Anna Lichtensterns an Franz Kafka«. In: *Germanistica Pragensia* V (1968), S. 21–60.

Quelle: Anna Lichtenstern, »Was Franz Kafka für die deutsche Nachkriegsliteratur voraussah. Eine Prager Erinnerung«. In: *Die Wahrheit.* Unabhängiges Organ für öffentliche Fragen VIII, Nr. 15–16 (1. August 1929), S. 5–6.

JOSEF (Ps. MICHAL) MAREŠ (1893–1971), Anarchist, Journalist und Schriftsteller, arbeitete in Prag sowohl für tschechische als auch für deutsche Zeitschriften und Zeitungen.

Quelle: Michal Mareš, »Setkáni s Franzem Kafkou«. In: *Literární Noviny* (Praha) XV (1946), S. 85–86. Für diese Ausgabe übersetzt von Dana Veverková.

PUAH MENCZEL-BEN-TOVIM (1904–1991) lernte während des Ersten Weltkriegs in Palästina Deutsch, legte 1921 in Jerusalem ihr Abitur ab, reiste nach Prag und begann dort ein Mathematikstudium; in Prag trat sie mit zionistischen Kreisen in Verbindung. Im Frühjahr 1922 wurde sie vermutlich mit Kafka bekannt, im Winter 1922/23 erteilte sie ihm Hebräischunterricht. Sie begann 1923 eine sozialpädagogische Ausbildung in Berlin, bei der sie ihren späteren Mann, den Pädagogen Josef Menczel kennenlernte, mit dem sie dann nach Palästina zurückkehrte.

Quelle: »Pouha Menczel: ›J'Etais Professeur D'Hebreu de Kafka‹«. In: *Libération*, 2./3.7.1983, S. 19–20. Für diese Ausgabe übersetzt von Jean-Marc Rouchouse.

EUGEN MONDT (1888–1983), Journalist und Schriftsteller.

Quelle: Eugen Mondt, »Franz Kafka«. In: »München-Dachau, ein literarisches Erinnerungsbüchlein«. Typoskript. Stadtbibliothek München, Handschriften-Abteilung. Nachlaß Eugen Mondt, S. 42–44.

LUDWIG ELASAR NELKEN (1898–1985), aus Breslau stammender Arzt, engagierte sich in Berlin für das Jüdische Volksheim, arbeitete ab 1922 im Jüdischen Krankenhaus und ab 1925 in einer eigenen Praxis. Er ging 1933 nach Palästina. In Israel gehörte er später zu den angesehensten Medizinern des Landes.

Quelle S. 211 f.: Eric Gottgetreu, »They knew Kafka«. In: *Jerusalem Post* (14.6.1974). Für diese Ausgabe übersetzt von Roger Hermes.

ERNST POPPER (1890–1950) gehörte als ehemaliger Mitschüler auf dem Stefansgymnasium zum Freundeskreis um Franz Werfel und Willy Haas. – Im Frühjahr 1915 traf Kafka ihn zufällig, als er seine Schwester Elli zu einem Frontbesuch bei ihrem Mann begleitete, vgl. TT3 88.

Quelle: Ernst Popper, »Erinnerungen an Franz Kafka«. In: *Die Tat* (Zürich) 40, Nr. 162 (11.7.1975), S. 15.

ANNA POUZAROVÁ (1881–?) gehörte zu jener Reihe von Dienstmädchen, die während Kafkas Kindheit und Jugend nach jeweils etwa einem Jahr im Haushalt der Familie aufeinander folgten. In der Regel handelte es sich um junge katholische Tschechinnen aus den ländlichen Gebieten Böhmens.

Quelle S. 59: Hanuš Frank und Karel Šmejkal, »Ze vzpomínek vychovatelky v rodině Franze Kafky«. In: *Plamen* 6, Nr. 7 (1964), S. 104–107. Für diese Ausgabe übersetzt von Dana Veverková.

MAX PULVER (1889–1952), in Bern geborener schweizerischer Schriftsteller, lebte in den Jahren 1914–24 in München und war u. a. mit R. M. Rilke bekannt; ab 1918 war er als Graphologe tätig. Schriftstellerisch betätigte er sich vor allem als Lyriker und Dramatiker.

Quelle: Max Pulver, »Spaziergang mit Franz Kafka«. In: Max Pulver, *Erinnerungen an eine europäische Zeit.* Zürich 1953, S. 50–57.

SELMA ROBITSCHEK, geb. Kohn (1880–?), lernte Kafka in dem als Sommerfrische beliebten, nördlich von Prag an der Moldau gelegenen Ort Roztok kennen. Sie heiratete 1906 den aus Wien stammenden Max Robitschek. Den Nationalsozialisten entkam sie nach England.

Quelle: Brief an Max Brod vom 18. Juni 1955, vgl. Br. 495f.

TILE (TILLA) RÖSSLER (1907–1959) war das jüngste Kind einer ostjüdischen Familie, die bei Ausbruch des Ersten Weltkriegs nach Berlin zog. Zur Zeit ihrer Begegnung mit Kafka arbeitete sie in der Buchhandlung Jurovics. Später studierte sie modernen Tanz bei Gret Palucca, an deren Schule in Dresden sie dann auch unterrichtete. Der nationalsozialistischen Verfolgung entging sie durch die Ausreise nach Palästina, wo sie als Tanzpädagogin und Choreographin tätig war.

Quelle: Unveröffentlichte Lebenserinnerungen Tile Rösslers.

IRMA (auch MIRIAM oder MIRJAM) SINGER (1898–1987) hatte sich während des Ersten Weltkrieges in Prag der Betreuung ostgalizischer Flüchtlingskinder gewidmet; 1919 veröffentlichte sie ein Kinderbuch mit jüdischen Märchen, *Das verschlossene Buch* (Verlag R. Löwit), zu dem Max Brod das Nachwort schrieb; 1920 wanderte sie nach Palästina in den Kibbutz Degania (auch »Daganyah«) aus.

Quelle: Miriam Singer, »Begegnungen mit Kafka«. In: *Die Horen* 19 (1974), S. 83–84.

ALICE SOMMER, geb. Herz (geb. 1903), kannte Kafka durch ihre ältere Schwester Irma, die mit Felix Weltsch (siehe S. 251) verheiratet war. Von ihre Schwester erhielt Alice Sommer auch den ersten Klavierunterricht. Später besuchte sie die Klavier-Meisterklasse von Conrad Ansorge, einem Schüler von Franz Liszt, und zu Beginn der 1930er Jahre ist sie bereits eine bekannte Pianistin. Nach der Besetzung der Tschechoslowakei durch deutsche Truppen 1938 erhält sie Auftrittsverbot. Sie wird mit ihrer Familie ins Lager Theresienstadt deportiert, das sie mit Hilfe der Musik überlebt. Im Jahr 1949 zieht Alice Sommer nach Israel, seit 1984 lebt sie in London.

Quelle: Aufzeichnung eines Gesprächs mit Alice Sommer am 22. April 2005.

FRIEDRICH THIEBERGER (1888–1958) hatte bei August Sauer Germanistik studiert und war Gymnasiallehrer. Als Sohn eines Prager Rabbiners beherrschte er zwar die hebräische Sprache, allerdings jene der religiösen Texte. Aus diesem Grund war er erst nach einigem Zögern bereit, Kafka – der vor allem an Sprachübungen in Neuhebräisch interessiert war – zu unterrichten.

Quelle: Friedrich Thieberger, »Erinnerungen an Franz Kafka«. In: *Eckart* 23, Heft 10/12 (Okt.-Dez. 1953), S. 49–53.

GERTRUDE URZIDIL, geb. Thieberger (1898–1977), heiratete 1922 den Schriftsteller Johannes Urzidil. Sie war selbst schriftstellerisch tätig, schrieb vor allem Lyrik.

Quelle: Gertrude Urzidil, »Erinnerungen an Franz Kafka«. In: Maria Luise Caputo-Mayr, *Franz Kafka.* Eine Aufsatzsammlung nach einem Symposium in Philadelphia. Berlin, Darmstadt 1978, S. 3–4. Engl. Fassung: »My Personal Meetings With Franz Kafka«. In: *Journal of Modern Literature* 6 (1977), S. 446–447.

EMIL UTITZ (1883–1956) besuchte in den ersten drei Gymnasialjahren die Parallelklasse, anschließend dieselbe Klasse wie Kafka. Er gehörte später – wie seine Mitschüler Bergmann und Kafka – dem Brentanisten- und Fanta-Kreis an; nach dem Studium ging er 1910 als Privatdozent für Philosophie nach Rostock.

Quelle: Emil Utitz, »Vzpomínky na Franze Kafku«. In: *Franz Kafka a Praha.* Vzpomínky, Úvahy, Dokumenty. Hrsg. von Hugo Siebenschein, Edwin Muir, Emil Utitz, Petr Demetz. Prag 1947, S. 25–30. Für diese Ausgabe übersetzt von Dana Veverková.

ZDENKO VANĚK: Die Berichte des Altstädter Gymnasiums führen Vaněk in der Abschlußklasse 1901 als Mitschüler Kafkas; ein Widerspruch zu Vaněks Darstellung, Kafka sei eine Klasse unter ihm gewesen. Max Brod gibt an, er selbst habe ihn »nie kennengelernt« (Max Brod, *Der Prager Kreis.* Stuttgart u.a.O. 1966, S. 112).

Quelle: Jaroslav Procházka, »Spolužák F. Kafky vypravuje. K návštěvě Maxe Broda na janáčkovském kongresu v Brně«. In: *Lidová Demokracie* (Praha) 19.9.1965, S. 5. Für diese Ausgabe übersetzt von Dana Veverková.

FELIX WELTSCH (1884–1964) lernte Kafka 1903 durch Max Brod kennen und gehörte bis zu Kafkas Tod zum engsten Freundeskreis. Er arbeitete als Bibliothekar an der Prager Universitätsbibliothek und war Autor philosophischer Schriften. Die in Prag erscheinende jüdische Wochenschrift *Selbstwehr* wurde von ihm in den Jahren 1919 bis 1938 redigiert und herausgegeben.

Quelle S. 10–12: Felix Weltsch, »Franz Kafka gestorben«. In: *Selbstwehr.* Jüdisches Volksblatt 18, Nr. 23 (6. Juni 1924), S. 5; abgedruckt in KuR II 25–27.

Quelle S. 76–78: Felix Weltsch, »Kafka als Freund«. In: Ders., *Religion und Humor im Leben und Werk Franz Kafkas.* Berlin-Grunewald 1957, S. 13–18, hier: 15–18.

ALFRED WOLFENSTEIN (1883–1945) war Mitarbeiter der Zeitschriften *Die Aktion* und *Die weißen Blätter*. Er lebte zeitweilig in München und in Berlin.

Quelle: Alfred Wolfenstein, »Letzte Begegnung mit Franz Kafka«. In: *Die Ernte*. Ein Sammelheft jüdischer Dichtung. Hrsg. von Adolf Chajes. Unter Mitarbeit von Sch. Ben-Chorin. Jerusalem 1936, S. 3–5.

KURT WOLFF (1887–1963) übernahm Ende 1912 den Ernst Rowohlt Verlag, dessen Teilhaber er bis dahin gewesen war, und führte ihn als Kurt Wolff Verlag weiter; durch Max Brods Vermittlung lernte er am 29. Juni 1912 Kafka in Leipzig kennen; bis auf den Band *Ein Hungerkünstler* verlegte er alle von Kafka selbst publizierten Bücher.

Quelle: Kurt Wolff, »Franz Kafka«. Typoskript, Deutsches Literatur Archiv, Marbach am Neckar. In veränderter Form abgedruckt in: Kurt Wolff, *Autoren, Bücher, Abenteuer*. Betrachtungen und Erinnerungen eines Verlegers. Berlin 1965, S. 67–74.

Quellenverzeichnis der Abbildungen

Seiten 2, 13, 14, 35, 40, 48, 53–54, 60, 61, 64, 72, 77, 80, 83, 84, 88, 89, 93, 98, 102, 108, 109, 121, 130, 149, 156, 164, 167, 170, 178, 180, 201, 215, 219, 222, 229: Archiv Klaus Wagenbach
Seiten 17, 43, 99, 122, 184, 224, 225: Sammlung Hans-Gerd Koch
Seite 19: Jiří J. K. Nebeský
Seite 29: Schmuel Hugo Bergman, *Tagebücher & Briefe*. Bd. 1: 1901–1948. Königstein/Ts. 1985, S. 80.
Seite 37: Muzeum hlavního města Prahy, Prag
Seite 70: Jan Jindra
Seite 126: Leo-Baeck-Institut, New York
Seite 152: Bodleian Library, Oxford
Seite 175: Universitätsbibliothek Wuppertal
Seiten 180, 182, 183: Gemeindearchiv Graal-Müritz
Seite 207: *Dada Almanach*. Im Auftrag der deutschen Dada-Bewegung hrsg. von Richard Huelsenbeck. Berlin 1920, gegenüber S. 8.
Seite 232: Deutsches Literaturarchiv Marbach

Siglen

BKB Max Brod, Franz Kafka, *Eine Freundschaft. Briefwechsel.* Hrsg. von Malcolm Pasley. Frankfurt/M.: S. Fischer Verlag, 1989.

Br Franz Kafka, *Briefe 1902–1924.* Hrsg. von Max Brod. Frankfurt/M.: S. Fischer, 1958.

F Franz Kafka, *Briefe an Felice und andere Korrespondenz aus der Verlobungszeit.* Hrsg. von Erich Heller und Jürgen Born. Frankfurt/M.: S. Fischer, 1967.

FK Max Brod, *Über Franz Kafka.* Frankfurt/M.: Fischer Taschenbuch Verlag, 1974.

KuR I *Franz Kafka: Kritik und Rezeption zu seinen Lebzeiten, 1912–1924.* Hrsg. von Jürgen Born. Frankfurt/M.: S. Fischer, 1979.

KuR II *Franz Kafka: Kritik und Rezeption 1924–1938.* Hrsg. von Jürgen Born. Frankfurt/M.: S. Fischer, 1983.

KW Kurt Wolff, *Briefwechsel eines Verlegers.* Hrsg. von Bernhard Zeller und Ellen Otten. Frankfurt/M.: Verlag Heinrich Scheffler, 1966.

M Franz Kafka, *Briefe an Milena.* Hrsg. von Jürgen Born und Michael Müller. Frankfurt/M.: S. Fischer, 1983.

O Franz Kafka, *Briefe an Ottla und die Familie.* Hrsg. von Hartmut Binder und Klaus Wagenbach. Frankfurt/M.: S. Fischer, 1974.

TBB Franz Kafka, *Beim Bau der chinesischen Mauer und andere Schriften aus dem Nachlaß.* Frankfurt/M.: Fischer Taschenbuch Verlag, 1994.

TBE Franz Kafka, *Beschreibung eines Kampfes und andere Schriften aus dem Nachlaß.* Frankfurt/M.: Fischer Taschenbuch Verlag, 1994.

TDE Franz Kafka, *Das Ehepaar und andere Schriften aus dem Nachlaß.* Frankfurt/M.: Fischer Taschenbuch Verlag, 1994.

TEL Franz Kafka, *Ein Landarzt und andere Drucke zu Lebzeiten.* Frankfurt/M.: Fischer Taschenbuch Verlag, 1994.

TT1 Franz Kafka, *Tagebücher. Band 1: 1909–1912.* Frankfurt/M.: Fischer Taschenbuch Verlag, 1994.

TT2 Franz Kafka, *Tagebücher. Band 2: 1912–1914.* Frankfurt/M.: Fischer Taschenbuch Verlag, 1994.

TT3 Franz Kafka, *Tagebücher. Band 3: 1914–1923.* Frankfurt/M.: Fischer Taschenbuch Verlag, 1994.

TZF Franz Kafka, *Zur Frage der Gesetze und andere Schriften aus dem Nachlaß.* Frankfurt/M.: Fischer Taschenbuch Verlag, 1994.

FRANZ KAFKA • FRANZ KAFKA. BIOGRAPHIE SEINER JUGEND

Die klassische Biographie über den jungen Kafka: eine immer wieder zitierte Quelle aller nachfolgenden biographischen Arbeiten. Erweitert und neu kommentiert.

Herausgegeben und mit einem Nachwort von Klaus Wagenbach

Gebunden mit Schutzumschlag. 328 Seiten mit vielen Abbildungen

»Die bestmögliche Biographie des jungen Kafka.«

Sigrid Löffler, Literaturen

FRANZ KAFKA • IN DER STRAFKOLONIE

Eine Geschichte aus dem Jahr 1914

Franz Kafkas Erzählung in ihrer zeitlichen, biographischen, literarischen und politischen Umgebung.

»Ein vorbildliches Buch, ein Beispiel, wie man, ohne den Leser zu bevormunden, ein Stück Literatur so mit Materialien zum Thema umgibt, daß dadurch ein besseres Verständnis entsteht.«

Gisela Lindemann, Norddeutscher Rundfunk

Herausgegeben von Klaus Wagenbach

WAT 319. 128 Seiten mit Quellen, Chronik und Anmerkungen

KURT WOLFF • AUTOREN – BÜCHER – ABENTEUER

Betrachtungen und Erinnerungen eines Verlegers

Der große Verleger großer Autoren – von Kafka bis Grass – erinnert sich: an seinen Beruf und die Abenteuer des Verlegens.

»Der Band erlaubt Einblicke ins Handwerk des Verlegens am Beispiel eines der wichtigsten Vertreter seiner Zunft. Das ist aufregend. Und es hat in vierzig Jahren nichts von seinem Reiz verloren.«

Hans von Trotha, Westdeutscher Rundfunk

WAT 488. 144 Seiten